创新型五年制高等职业教育精品教材

实用语文

（第2册）

主　编　余达锡　丁瑞昌

江苏大学出版社
JIANGSU UNIVERSITY PRESS
镇　江

内容提要

根据五年制高职的教学目标和要求，本书在编写过程中遵循以人为本、内容必需、实用够用的原则。全书内容包括“听”“说”“读”“写”“赏”五章。各部分内容涵盖理论知识、经典课文、辅助阅读及实际操练的相关内容，学练结合，实用性强。本书内容的难易程度，既达到了高中阶段语文课程的基本标准，又有利于五年制高职学生衔接初中教育和高职教育。

本书体例合理、编排新颖、针对性强、难易适中，既可供五年制高等职业学校教学使用，也可供中等职业学校教学使用。

图书在版编目（CIP）数据

实用语文．第2册 / 余达锡，丁瑞昌主编．-- 镇江 ：江苏大学出版社，2015.7（2023.1重印）
ISBN 978-7-81130-975-1

Ⅰ．①实… Ⅱ．①余… ②丁… Ⅲ．①大学语文课－高等职业教育－教材 Ⅳ．①H19

中国版本图书馆CIP数据核字(2015)第114688号

实用语文（第2册）
Shiyong Yuwen (Di-er Ce)

主　　编 / 余达锡　丁瑞昌
责任编辑 / 张　平
出版发行 / 江苏大学出版社
地　　址 / 江苏省镇江市京口区学府路301号（邮编：212013）
电　　话 / 0511-84446464（传真）
网　　址 / http://press.ujs.edu.cn
排　　版 / 北京谊兴印刷有限公司
印　　刷 / 北京谊兴印刷有限公司
开　　本 / 787 mm×1 092 mm　1/16
印　　张 / 13.25
字　　数 / 306千字
版　　次 / 2015年7月第1版
印　　次 / 2023年1月第8次印刷
书　　号 / ISBN 978-7-81130-975-1
定　　价 / 35.80元

如有印装质量问题请与本社营销部联系（电话：0511-84440882）

编者的话

为了满足高职院校五年制人才培养的需求，适应课程改革的发展，我们对五年制基础课教学情况进行了全面调查，总结并结合了多年的教改和教学经验，编写了五年制高职《实用语文（第 2 册）》这本书。

本教材根据五年制高职的特点和学生年龄小、可塑性强的优势，合理设计、统筹安排，体现了五年制高职教材的特色，突出了“立足实用，打好基础，强化能力”的高职公共课教学原则，在注重科学性和前瞻性的同时，强调实用性和实践性。

总体而言，本教材主要具有以下几个方面的特色：

- 体例新颖，图文并茂：本书内容分为“听”“说”“读”“写”“赏”五章，每章内容侧重锻炼一种能力。每章内容的正文中，设有“单元导读”“案例分析”“拓展阅读”“名人名言”等辅助性项目；附录美文中，设有“阅读提示”“作品评析”“思考与练习”“拓展训练”“书信示例”等辅助性项目。这些项目使得正文体例丰富、新颖，令人赏心悦目。此外，每篇课文中都配有与内容相关联的图片，有助于提高学生的阅读兴趣和审美能力。
- 内容系统，重点突出：本书在知识编排方面，分项讲述听、说、读、写、赏五种能力的相关知识，以便学生先对每种能力各个击破，再综合提高。其中，第一章“听”侧重于讲“筛选信息”，第二章“说”侧重于讲“交谈”，第三章“读”侧重于讲记说明文的诵读、散文赏读和两汉魏晋南北朝文言文品读，第四章“写”侧重于讲基础写作的立意、选材和文书写作中的计划、总结，第五章“赏”侧重于讲影视作品的赏析。各章内容的重点突出，能为学生学习下一册语文夯实基础。
- 学练结合，注重实践：本书充分结合高职语文的教学特点，适当增强了正文中辅助性项目的实用性，注重学练结合。例如，“听”内容中的“案例分析”“拓展阅读”项目，课文或附录美文中的“思考与练习”“拓展训练”项目，“写”内容中的“书信示例”项目，均有助于学生加深对正文的理解和拓展思维，增强对理论知识的运用能力，进而提高人文素养。
- 体现人文精神：本书将人文素养培育贯穿于全文，以便学生在学习过程中陶冶情操、感悟人生、提高思想境界、培养高尚人格。通过不同文章的选读，或可培养学生的审美情趣，丰富学生的情感表达方式；或可帮助学生树立正确的三观，明确追求梦想的正确方法；或可熏陶学生为人处世的态度和笃学的准则。

本书由余达锡、丁瑞昌担任主编，王战、李瑞华、张和明、温倩、余霞、易新香、张善霞、朱佳玥、张瑞雪、薛承广、余满仓、裘琛、常薇、赵佳、罗颖、符秀敏担任副主编，方观洋、周明芳、熊莹参与编写。希望我们的辛勤付出能为我国职业教育的发展及人才培

养做出一定的贡献。

无论我们如何追求完美，但书中仍难免存在不完善和疏漏之处，敬请各位同行和读者给予指正。此外，在本书编写的过程中，我们借鉴、引用了许多文献资料，在此向这些文献的作者致以最诚挚的谢意！

最后，感谢使用本教材的老师和学生，是你们的选择让我们感受到所有付出的努力都是值得的，请你们将本书的不足之处告诉我们，以便我们再版时修订。

目　录

第一章　听 …… 1
一、筛选信息能力的重要性 …… 2
二、如何提高筛选信息“听”的能力 …… 3
三、筛选信息能力训练示例 …… 5
附录——美文赏析 …… 14
第二章　说 …… 29
第一单元　交　谈 …… 30
一、交谈的特点 …… 30
二、交谈的基本要求 …… 31
三、交谈的技巧 …… 32
四、交谈的谦敬语 …… 33
五、电话交谈 …… 35
第二单元　解　说 …… 40
一、解说的特点 …… 40
二、解说的种类 …… 42
三、解说的基本要求 …… 44
附录——美文赏析 …… 46
第三章　读 …… 57
第一单元　基础诵读 …… 58
一、奇妙的人体 …… 59
二、谈谈记忆 …… 63
三、相对论中的空间和时间（节选） …… 67
四、沙漠里的奇怪现象 …… 72
五、黄金分割漫谈 …… 75
六、景泰蓝的制作 …… 79
七、古代的服装及其他 …… 84
八、白蚁王国 …… 88

第二单元　文学作品赏读 …… 93
一、现代散文两篇 …… 94
二、当代散文两篇 …… 101
三、外国散文两篇 …… 109
第三单元　两汉魏晋南北朝文言文名作选读 …… 120
一、爱情篇 …… 121
二、志趣篇 …… 130
三、谏言篇 …… 135
四、故事篇 …… 140
五、治国篇 …… 147

第四章　写 …… 153
第一单元　基础写作 …… 154
一、朱自清先生 …… 154
二、套袖 …… 158
三、我的母亲 …… 162
四、白发苏州 …… 167
五、咬文嚼字 …… 173
第二单元　文书写作 …… 178
一、计划 …… 178
二、总结 …… 184

第五章　赏 …… 191
一、散文式电影的精品——电影《城南旧事》赏析 …… 192
二、一个中国的故事——电影《黄土地》赏析 …… 196
三、感人肺腑的爱情悲剧——电影《魂断蓝桥》赏析 …… 199
四、当代美国生活童话和文化寓言——电影《阿甘正传》赏析 …… 201
五、编年史巨作——电视剧《三国演义》赏析 …… 204

第一章

听

听　珠落玉盘　风风韵韵

刮垢磨光——筛选信息

听力对于绝大多数人来说是一种与生俱来的能力。能够接收、处理日常生活中的各种语音信息，是不是就说明理解了其深层含义呢？答案是否定的。面对庞大、复杂的信息源，如何快速、准确地获取自己所需的信息呢？这时，筛选信息的重要性就凸显出来了。

一、筛选信息能力的重要性

人类已经进入信息时代。人们在学习、工作、生活的各个领域每天都要面对大量的信息。信息往来无时不有，无处不在。信息深入社会生活的各个角落，并对社会生活产生着广泛而深刻的影响。

面对纷繁的各种信息，我们必须及时加以鉴别，从中筛选出有价值的信息，并依据信息内容及时做出反应，从而把握发展机遇。因此，准确而迅速地筛选信息的能力，也就成为信息时代优秀人才的必备素质之一。

> **名人名言**
>
> 科学技术史表明，过多的知识信息有时反倒会妨碍和限制创新。
>
> ——朗加明

随着人们生活节奏的加快和市场经济中人与人之间交往的密切，以及现代通信手段的发达，人们将越来越多地使用听、说而减少读、写的活动。听力对于绝大多数人来说是与生俱来的能力，但是如果想听懂并深刻理解所接收到的信息，还是需要训练的。

听力是直接获取信息的重要能力，是语文素质的最基本能力之一。具备良好的听力，不仅能促进说、读、写能力的发展，更能直接增强参与实践、大胆创新的意识，能够培养创新精神和实践能力。

听力训练中的“筛选信息”训练，就是根据获取信息的目的，从纷繁的语言材料中找出所需的重要信息，提取主要信息，筛掉次要信息。其实也就是对词语、句子、段落、篇章的高度概括性理解。

二、如何提高筛选信息"听"的能力

本节的主要内容是从"听"的角度来训练筛选信息的能力，包括从"通知"中筛选信息，从"消息"中筛选信息，从"日常对话"中筛选信息，从"说明文"中筛选信息，从"记叙文"中筛选信息，从"议论文"中筛选信息等。

（一）如何从"通知"中筛选信息

通知，是运用广泛的知照性公文。通知用来发布法规、规章，转发上级机关、同级机关和不相隶属机关的公文，批转下级机关的公文，要求下级机关办理某项事务等。一般情况下，通知都会以书面的形式发布，但也常用到口头、广播等方式。那么，这时用"听"来筛选信息的能力就显得异常重要了。

那么，如何从"通知"中快速筛选关键信息呢？首先，我们要了解"通知"这种公文的写作要求。虽然通知的种类很多、写法有异，但我们日常学习、工作、生活中常见的通知，一般都会包括以下要素：① 时间；② 地点；③ 事由；④ 相关人员；⑤ 通知对象；⑥ 通知发布者等。只要抓住以上关键因素，无论通知内容是简单还是复杂，我们都可以轻松、快速、准确地筛选出所需的主要信息。

（二）如何从"消息"中筛选信息

这里的"消息"是指狭义上的消息，它是对新进发生的有社会意义并引起公众兴趣的事实的简短报道。最常见的消息主要通过电视、广播、网站、报刊等媒介发布。接收消息有通过视觉的，也有通过听觉的，本书主要侧重通过听觉获取的消息，如广播发布、口头传达等。

与"通知"一样，首先我们应先了解"消息"的写作方法。消息写作的构成要素通常为"5W"，即 When（何时）、Where（何地）、Who（何人）、What（何事）、Why（何故）。新闻学上还补充了一个要素 How（如何）。从消息中筛选信息的关键就是把握住"5W"。这样，不论消息内容如何，我们都可以从中快速筛选出所需的主要信息。

（三）如何从"日常对话"中筛选信息

在日常生活中，我们往往会发现有些人很擅长捕捉信息，他们往往能快速抓住关键，获得自己所需信息。而有些人看起来也很认真地在听，但总是不能准确地筛选出重要信息，从而影响工作和生活。那么，如何准确地从别人的讲话中筛选信息呢？其实很简单，一般情况下，我们可以参照"通知"和"消息"筛选信息的方法去做。

（四）如何从“说明文”中筛选信息

说明文是以说明为主要表达方式来解说事物、阐明事理的文章体裁。它通过揭示概念来说明事物的特征、本质及规律性。筛选说明文主要信息，可以从以下几个方面入手：

（1）区分说明文的类型。由于说明对象的不同，说明文主要包括事物性说明文和事理性说明文两种。事物性说明文通常从事物的形状、性质、方位、构造、类别、功能等方面进行说明；事理性说明文则常从概念、原理、成因、规律等方面进行说明。

（2）准确把握说明的对象。要带着疑问去听，如这篇文章说明的对象及其主要特征是什么？可以分为几个部分？每个部分主要介绍了什么？具体来说，事物性说明文要重点了解文章到底在说明什么；事理性说明文则侧重搞清它究竟是在阐释一个怎样的道理。

（3）段意合并。即在听的过程中，注意那些内容集中的段落，把整个文章分成几个大部分。分段可按照时间顺序、事情发展顺序和结构总分顺序等来划分。分段以后，用一两句话说出大意。然后将各段的段意合并就是文章的主要内容了。

（4）注意听文章中的关键句、中心句。一般来说，作者会把关键句或中心句放在显著的位置，如篇首或节前，以清晰、简明地说明事物的特征。关键句或中心句一般都简洁而明确，所以，把握住关键句或中心句是迅速把握被说明事物特征、迅速筛选主要信息的有效方法。

（5）要对听到的信息进行归纳整合、重组。整合信息的原则是依据原文信息和自己所需，把原文中能够表现题意的有关词语或句子，尤其是重点词句，作为整合的主要对象。只有在此前提下进行整合，才能提高准确度。

（五）如何从“记叙文”中筛选信息

记叙文，是以叙述为主要表达方式，以写人、叙事、写景、状物为主要内容，通过描述人物、时间及状物、写景来表达一定中心的文体。筛选记叙文的主要信息时，可参看筛选说明文的（3）（4）（5）点。同时，要注意以下几点：

（1）提取六要素。记叙文的主要信息就是其六要素，即时间、地点、人物和事情的起因、经过、结果。可以表达为：主要人物在什么时间什么地点什么情形下做或说了什么事情或话，最终结果怎样。

（2）去粗取精。即在最后的整合阶段，找准与原因或条件相关联的词句，去除不必要的修饰语，保留极为重要、必不可少、关键的、能够揭示事物因果关系或条件关系的词句。

（六）如何从“议论文”中筛选信息

议论文是一种剖析事物、论述道理、发表意见、提出主张的文体。其主要特点是以摆事实、讲道理为主要表现方式，运用概念、判断、推理、证明等逻辑思维等手段来论证自己的主张和见解。

> **名人名言**
>
> 任何事情，到了明天，都会比今天更少使人感兴趣。
>
> ——佚名

议论文的信息筛选，主要就是找出中心论点、分论点及关键论据。

议论文的中心论点通常以以下形式出现：

（1）文章开头。在议论文写作中，开头就提出中心论点的居多。常见的表达形式有解题型、设问型、引言型和叙述型。

（2）文章标题。有的议论文的题目就是中心论点。

（3）文章结尾。有的作者经过层层深入的论述，最终在文章结尾指明中心论点。

（4）归纳总结。有的文章并不会直接将论点摆出，而是需要读者自己通过仔细分析，领悟文章内容，最终归纳总结出来。

三、筛选信息能力训练示例

（一）通知

会议通知

政府有关部门：

县政府定于2012年3月26日召开每周县长例会，现将会议有关事项通知如下：

一、会议时间：2012年3月26日上午8:10。

二、会议地点：县行政中心二楼第三会议室。

三、参加人员：县长，副县长，县政府办公室主任、副主任，县发改、经信、统计、财政、招商、商务、人社、科技、国土、住建、房改办、中小企业担保公司主要负责人。

四、会议内容：县长、副县长总结上周工作情况，安排本周工作任务；分析分管部门涉及的市政府考核县域经济18项指标1～3月份完成情况。各参加单位主要负责人汇报本部门涉及的市政府考核指标1～3月份完成情况。

泗县人民政府办公室

2012年3月23日

从这则通知中，我们可以筛选出如下关键信息：

（1）时间：2012年3月26日上午8:10。

（2）地点：县行政中心二楼第三会议室。

（3）事由：县长例会。

（4）通知对象：县长、副县长等。

（5）通知发布者：泗县人民政府办公室。

关于缴纳社保的通知

新进公司的全体员工：

经公司领导班子研究决定，新进公司的员工，一年转正定级后，公司给予统一办理缴纳社保。现在由员工自己缴纳社保，缴费收据上交到公司人事部门。为保证员工的合法权益，公司将以现金的形式给予补偿，每月每人补偿人民币 180 元，体现在个人的工资里。此规定从 2010 年 6 月 1 日起执行。

特此通知。

公司人事部

2010 年 5 月 25 日

从这则通知中，我们可以筛选出如下关键信息：

（1）时间：2010 年 6 月 1 日。

（2）地点：无。

（3）事由：新员工先自己缴纳社保，公司每月给予 180 元补偿，一年转正后再由公司缴纳。

（4）通知对象：新员工。

（5）通知发布者：公司人事部。

（二）消息

我校首届校园管乐节圆满成功

本报讯 5 月 15、16 两日，悠扬而动感的音乐打破了校园昔日的沉寂。由校团委主办的以“迎农大七十周年庆，展校园管乐风采”为主题的我校首届校园管乐节成功举办。

15 日晚，管乐节专场音乐会在大礼堂开幕，会场嘉宾云集。南昌大学军乐团、城市学院交响管乐团及其韩籍教授李根浩应邀出席，我校副校长王华林教授、廖为明教授，校长助理胡春晓教授、徐斌华教授及我校上千师生观看了演出。

本次专场共安排有 18 首精彩曲目。演出伊始，军乐团一队队员以其精湛的技艺、高超的水平演奏了《鼓乐》《春天的故事》等四首曲目。16 日下午，一位前去观看的学生说：“我现在脑海里一直回荡着《喜悦组曲》的旋律，真是余音绕梁、三日不绝啊！”

在铜管乐器演奏《双鹰旗下》时，台下听众不由自主地在其强烈的节奏感下整齐地以鼓掌的形式为其伴奏。

在中场，不断的有些大人带着小孩进来观看，而当《烟花易冷》及《蝶恋》上演时，台下顿时安静了，连小孩的嘈杂声也没有了。

演出结束时，李根浩教授上台发言，说我们的乐团可以算得上具有（业余的）国家级水平。

音乐会后一位观众对我说："我很庆幸自己来欣赏了他们的演出，那是视觉和听觉的盛宴。谢谢他们！"

16 日上午是管乐节的露天展演活动时间，军乐团的"管乐一条街"作为展示形式。乐团队员早早布置好了一个个设展帐篷。10 点左右，南区门口乐团队员为大家露天演奏。演奏时下起了雨，可是队员们没有一个离开，坚持为大家演奏完毕。

接着，露天管乐展演开幕。每个帐篷都吸引了不少同学赏玩乐器，其中动感劲爆的打击乐声部的帐篷人气最旺。展演一直到 12 点结束，同学们充分享受到了接近、了解并尝试吹奏乐器的乐趣。

从这则消息中，我们可以根据"5W"的构成要素筛选出如下关键信息：

（1）When：5 月 15、16 日。

（2）Where：学校大礼堂。

（3）Who：管乐演奏人员、全校师生。

（4）What：学校首届校园管乐节。

（5）Why：学校首届校园管乐节圆满成功。

黑龙江一男子潜入千余 QQ 群诈骗 20 余万元

新华网哈尔滨 4 月 9 日电（记者梁树彬）黑龙江一男子以虚假身份加入千余个 QQ 群，通过群友聊天获取信息实施诈骗，在一年多的时间里先后作案 10 余起，诈骗 20 余万元。大庆市警方日前将犯罪嫌疑人赵某抓获。

3 月 28 日，大庆市公安局网安支队接到市民张某报案称，3 月 27 日，有人在 QQ 群中冒用其好友网名，以购买按摩椅为名，请求他帮助垫付 6 万元，张某付钱后发现被骗。接报后，警方立即开展了调查工作。

经调查，警方查明了犯罪嫌疑人的真实身份和犯罪实施地。3 月 30 日，民警赶赴沈阳市。4 月 1 日，在当地警方的配合下，将犯罪嫌疑人赵某抓获，警方当场收缴实施诈骗用的银行卡 3 张、电话卡 2 张。

赵某供认，2009 年以来，他利用虚假信息注册 QQ 号码，先后加入全国住宅小区群 1000 余个，通过观察群成员的聊天内容确定群成员之间的关系，利用受害人麻痹大意的心理，冒充受害人的亲友诈取钱财，先后作案 13 起。其中，涉及深圳市 5 起、北京市 2 起、杭州市 5 起、大庆市 2 起，涉案金额 20 余万元。

从这则消息中，我们可以根据“5W”的构成要素筛选出如下关键信息：

（1）When：4 月 1 日；

（2）Where：沈阳市；

（3）Who：大庆市警方、犯罪嫌疑人赵某；

（4）What：大庆市警方抓获犯罪嫌疑人赵某；

（5）Why：赵某以虚假身份加入千余 QQ 群，诈骗 20 余万元。

（三）日常讲话

某学校班主任老师走进教室对同学们说了下面一番话：

同学们：

请安静，我说几件事。

一是凡是上学期考试不及格且补考还不及格的同学，可以参加重修。但是，如果重修补考再不及格，如果再次重修的话，就必须交重修费了，一门课 90 元。需要参加重修的同学到学习委员那报名。明天上午学习委员王玲把名单交给我。

第二件事是关于运动会的。学校的秋季田径运动会下个月举行，咱们一定要赛出好成绩。希望大家积极报名参加。每个项目限报 3 人，比赛项目表格在体育委员张军那里。张军同学，明天下午请把报名名单交给体育组赵老师。

最后一件事是下周一每人交 50 元保险费，周末回家跟家长说一声。生活委员刘丽同学收齐登记好后把名单交给我。

还有，放学以后大扫除，每位同学都要参加，如果溜号，记旷课一次。

从老师的这段讲话中，我们可以得到很多信息，但信息的针对对象不同，应各取所需。我们可以从这段讲话中筛选出以下所需的主要信息：

（1）如果我是需要参加补考的同学，且不打算参加运动会，那么，从班主任的讲话中可以筛选出我所需的重要信息：

时间：明天上午前/放学后/下周一；

地点：本班教室/同/同；

事由：补考报名/大扫除/交保险费 50 元；

相关人员：学习委员王玲/生活委员刘丽。

（2）如果我是打算参加运动会田径比赛的同学，且不需要参加补考，那么：

时间：明天下午前/下周一/放学后；

地点：本班教室/同/同；

事由：报名参加运动会/交 50 元保险费/大扫除；

相关人员：体育委员张军/生活委员刘丽。

（3）如果我是其他同学，那么……

以此类推。

（四）说明文

中国石拱桥

茅以升

石拱桥的桥洞成弧形，就像虹。古代神话里说，雨后彩虹是“人间天上的桥”，通过彩虹就能上天。我国的诗人爱把拱桥比作虹，说拱桥是“卧虹”“飞虹”，把水上拱桥形容为“长虹卧波”。

石拱桥在世界桥梁史上出现得比较早。这种桥不但形式优美，而且结构坚固，能几十年几百年甚至上千年雄跨在江河之上，在交通方面发挥作用。

我国的石拱桥有悠久的历史。《水经注》里提到的“旅人桥”，大约建成于公元 282 年，可能是有记载的最早的石拱桥了。我国的石拱桥几乎到处都有。这些桥大小不一，形式多样，有许多是惊人的杰作。其中最著名的当推河北省赵县的赵州桥，还有北京丰台区的卢沟桥。

赵州桥横跨在洨河上，是世界著名的古代石拱桥，也是造成后一直使用到现在的最古的石桥。这座桥修建于公元 605 年左右，到现在已经一千三百多年了，还保持着原来的雄姿。到解放的时候，桥身有些残损了，在人民政府的领导下，经过彻底整修，这座古桥又恢复了青春。

赵州桥非常雄伟，全长 50.82 米，两端宽 9.6 米，中部略窄，宽 9 米。桥的设计完全合乎科学原理，施工技术更是巧妙绝伦。唐朝的张嘉贞说它“制造奇特，人不知其所以为”。这座桥的特点是：（一）全桥只有一个大拱，长达 37.4 米，在当时可算是世界上最长的石拱。桥洞不是普通半圆形，而是像一张弓，因而大拱上面的道路没有陡坡，便于车马上下。（二）大拱的两肩上，各有两个小拱。这个创造性的设计，不但节约了石料，减轻了桥身的重量，而且在河水暴涨的时候，还可以增加桥洞的过水量，减轻洪水对桥身的冲击。同时，拱上加拱，桥身也更美观。（三）大拱由 28 道拱圈拼成，就像这么多同样形状的弓合拢在一起，做成一个弧形的桥洞。每道拱圈都能独立支撑上面的重量，一道坏了，其他各道不致受到影响。（四）全桥结构匀称，和四周景色配合得十分和谐；桥上的石栏石板也雕刻得古朴美观。唐朝的张鷟说，远望这座桥就像“初月出云，长虹饮涧”。赵州桥高度的技术水平和不朽的艺术价值，充分显示了我国劳动人民的智慧和力量。桥的主要设计者李春就是一位杰出的工匠，在桥头的碑文里刻着他的名字。

永定河上的卢沟桥，修建于公元 1189 到 1192 年间。桥长 265 米，由 11 个半圆形的石拱组成，每个石拱长度不一，自 16 米到 21.6 米。桥宽约 8 米，路面平坦，几乎与河面

平行。每两个石拱之间有石砌桥墩，把 11 个石拱联成一个整体。由于各拱相联，所以这种桥叫作联拱石桥。永定河发水时，来势很猛，以前两岸河堤常被冲毁，但是这座桥却从没出过事，足见它的坚固。桥面用石板铺砌，两旁有石栏石柱。每个柱头上都雕刻着不同姿态的狮子。这些石刻狮子，有的母子相抱，有的交头接耳，有的像倾听水声，有的像注视行人，千态万状，惟妙惟肖。

早在 13 世纪，卢沟桥就闻名世界。那时候有个意大利人马可·波罗来过中国，他的游记里，十分推崇这座桥，说它“是世界上独一无二的”，并且特别欣赏桥栏柱上刻的狮子，说它们“共同构成美丽的奇观”。在国内，这座桥也是历来为人们所称赞的。它地处入都要道，而且建筑优美，“卢沟晓月”很早就成为北京的胜景之一。

卢沟桥在我国人民反抗帝国主义侵略战争的历史上，也是值得纪念的。1937 年 7 月 7 日中国军队在此抗击日本帝国主义的侵略，揭开了抗日战争的序幕。

为什么我国的石拱桥会有这样光辉的成就呢？首先，在于我国劳动人民的勤劳和智慧。他们制作石料的工艺极其精巧，能把石料切成整块大石碑，又能把石块雕刻成各种形象。在建筑技术上有很多创造，在起重吊装方面更有意想不到的办法。如福建漳州的江东桥，修建于八百年前，有的石梁一块就有二百来吨重，究竟是怎样安装上去的，至今还不完全知道。其次，我国石拱桥的设计施工有优良传统，建成的桥，用料省，结构巧，强度高。再其次，我国富有建筑用的各种石料，便于就地取材，这也为修造石桥提供了有利条件。

两千年来，我国修建了无数的石拱桥。解放后，全国大规模兴建起各种型式的公路桥与铁路桥，其中就有不少石拱桥。1961 年，云南省建成了一座世界最长的独拱石桥，名叫“长虹大桥”，石拱长达 112.5 米。在传统的石拱桥的基础上，我们还造了大量的钢筋混凝土拱桥，其中“双曲拱桥”是我国劳动人民的新创造，是世界上所仅有的。近几年来，全国造了总长二十余万米的这种拱桥，其中最大的一孔，长达 150 米。我国桥梁事业的飞跃发展，表明了我国社会主义制度的无比优越。

从这篇说明文中，我们可以筛选出以下主要信息：

说明文类别：事物性说明文；

说明对象：中国石拱桥；

说明对象的特征：历史悠久，形式优美，结构坚固。

（五）记叙文

北国冬日情

叶苏阳

我是 2009 年来的哈尔滨，而今也有了四五个年头。虽说不是故里，但人总是这样，在一个地方呆久了难免心生情愫。

还记得在南国上学的时候，就有同学说他最想去的地方就是北国，幸运的，我比他先来。对于生长在南国的人来讲，北国到底有什么地方诱惑着大家伙的心呢？可能很多人会异口同声地回答是冰雕，雪花，还有冬日农家里的别样生活了。

迎来我在北国第一个冬日的时候，开始显然有些不适应，通俗地讲叫水土不服。好家伙，打记事起就没觉着生病是什么问题，这次算是真真切切地感受了一番，一休养便是半月，孔子曰：有朋自远方来，不亦乐乎？一来宝地，冬日便这番毫不客气地给了我一个下马威，也算是一种特殊的盛情吧。

冬日总是要见雪的，更何况是在北国这雪之盛都。在南国我也曾见过无数次雪，但当我亲历北国这雪，一下子就觉得那是小意思，这才是大手笔啊。北国风光，千里冰封，万里雪飘。望长城内外，惟余莽莽。大河上下，顿失滔滔。山舞银蛇，原驰蜡象，如此描写，恰到好处。家乡的雪更像一望无际的薄纱，轻飘飘的盖在宽广的土地上，但雪下的时日不长，可能三五日便不再下雪，待太阳光一出就会化成水，留不得。地上经过的人群纷纷你踩我踏，顿时像一个漂亮的女子被毁掉了容颜，实乃不堪入目。而北国呢，这雪则像一床厚厚的，软绵绵的棉丝被，让人觉着是在温暖着脚下的黑土地。

雪多见丰年啊，这真算得上是。我不会担心这雪会戛然而止，也不会担心它会被人踩得没了模样。听这里土生土长的老大爷说，这雪长着呢，往年都得下它个一月两月的，今年也不会例外了。我可以尽情地和大伙做雪人，打雪仗，享受着老天赐予我们的如此丰盛的礼物。这令我想到圣诞老人，我觉得此时老天就像是圣诞老人，让每个人都能分到礼品，此后几年中年年如此，而处在南国却是无福享受。

冬日里人们丝毫不会感觉到冷，虽然个个手上、脸上冻得发红，一眼望去像是喝酒上头了，却增添了几分特殊的朴实美。这个季节热闹的除了大街小巷，那要数松花江上了。早就听闻凿冰洞捕鱼，怎么也得眼见为实嘛，如此好奇心当然不可错过呀。到了江面，极目四望，果然非虚，到处是人。还有那不知是骡子是马的驾车，后面坐着人来回地跑，也有机动的。走下石头台阶的最后一个台阶的时候，我竟犹豫了，担心这江面的冰块不够结实，可能是一直生在南国，没长见过那种能走人的厚冰吧，我由轻而重地往前迈步，心中暗喜，终于打消害怕的念头了。

往人少的地方走去，竟真有捕鱼的，是个大叔。走上前去看着大叔鱼桶里面的鱼，还都是活蹦乱跳的呢。问大叔这时捕鱼有什么讲究，他很热情，也毫不见外，边收网边乐呵地告诉我说，这个时候捕上来的鱼很鲜的，而且拿到集市上去能卖个好价钱呢，看到大叔高兴的样子，我也会心一笑。

如果说什么是北国奇观之一的话，除了雪，冰雕是不可错过的。感受过江面的快感，便可直接去有名的中央大街观赏冰雕。很近地，走上前去，有各种各样的冰雕，冰灯、冰屋、冰人和冰塔，都算得上是巧夺天工了，是一种美，一种艺术，一种装饰，给大街增添了不少的气氛。有拍照的，有观赏的，有本地人，有外地人，还有外国人。此时若有灰姑

娘，工匠们定能做出水晶鞋来，又能重新找回美好。

最是欢笑在农家。每次冬日放假去我父母那边，免不了走街串巷的，走进一家到另一家。一进小院，便可看到墙上或棚子里挂满玉米棒子，颜色显得尤为鲜亮，还能看到大串大串的红辣子，真是辣妹子啊，漂亮!往屋里走，便可听到主人出来迎客的热情的声音，赶忙让我们进里头炕上坐坐，这里不像南方，没有火炉子，大多烧暖气，还得烧炕。用此方法来取暖，坐上去，还真别说，是个好方法。北国人算得上是豪爽好客了。呵，一家人这么坐在一起谈笑，其乐融融，暖意怎不油然而生啊!在谈笑间，若能再来碗倭瓜汤或粥，那更是快活了。最高兴的还是要数孩子了，一点都不怕冷，带个小手套带个小帽子尽往外头跑，卡跟头了也不哭闹，实在是叫一可爱。

不知不觉的，今年又是到了秋冬季节，高兴的是，我将再一次尽情地感受北国冬日的浓浓之情。

从这篇记叙文中，可以筛选出以下主要信息：

时间：冬天；

地点：哈尔滨；

人物：“我”；

事件：对北国冬日的浓浓深情。

（六）议论文

谈骨气

吴晗

我们中国人是有骨气的。

战国时代的孟子，有几句很好的话：“富贵不能淫，贫贱不能移，威武不能屈，此之谓大丈夫。”意思是说，高官厚禄收买不了，贫穷困苦折磨不了，强暴武力威胁不了，这就是所谓大丈夫。大丈夫的这种种行为，表现出了英雄气概，我们今天就叫做有骨气。

我国经过了奴隶社会、封建社会的漫长时期，每个时代都有很多这样有骨气的人，我们就是这些有骨气的人的子孙，我们是有着优良革命传统的民族。

当然，社会不同，阶级不同，骨气的具体含义也不相同。这一点必须认识清楚。但是，就坚定不移地为当时的进步事业服务这一原则来说，我们祖先的许多有骨气的动人事迹，还有它积极的教育意义，是值得我们学习的。

南宋末年，首都临安被元军攻入，丞相文天祥组织武装力量坚决抵抗，失败被俘后，元朝劝他投降，他写了一首诗，其中有两句是：“人生自古谁无死，留取丹心照汗青。”意思是人总是要死的，就看怎样死法，是屈辱而死呢，还是为民族利益而死？他选取了后者，要把这片忠心记录在历史上。文天祥被拘囚在北京一个阴湿的地牢里，受尽了折磨，元朝多次派人劝他，只要投降，便可以做大官，但他坚决拒绝，终于在公元1283年被杀害了。

孟子说的几句话，在文天祥身上都表现出来了。他写的有名的《正气歌》，歌颂了古代有骨气的人的英雄气概，并且以自己的生命来抗拒压迫，号召人民继续起来反抗。

另一个故事是古代有一个穷人，饿得快死了，有人丢给他一碗饭，说："嗟，来食！"（喂，来吃！）饿人拒绝了"嗟来"的施舍，不吃这碗饭，后来就饿死了。不食嗟来之食这个故事很有名，传说了千百年，也是有积极意义的。那人摆着一副慈善家的面孔，吆喝一声"喂，来吃！"这个味道是不好受的。吃了这碗饭，第二步怎样呢？显然，他不会白白施舍，吃他的饭就要替他办事。那位穷人是有骨气的：看你那副脸孔、那个神气，宁可饿死，也不吃你的饭。

不食嗟来之食，表现了中国人民的骨气。

还有个例子。民主战士闻一多是在1946年7月15日被国民党枪杀的。在这之前，朋友们得到要暗杀他的消息，劝告他暂时隐蔽，他毫不在乎，照常工作，而且更加努力。明知敌人要杀他，在被害前几分钟还大声疾呼，痛斥国民党特务，指出他们的日子不会很长久了，人民民主一定得到胜利。毛主席在《别了，司徒雷登》一文中指出："许多曾经是自由主义者或民主个人主义者的人们，在美国帝国主义者及其走狗国民党反动派面前站起来了。闻一多拍案而起，横眉怒对国民党的手枪，宁可倒下去，不愿屈服。"高度赞扬他表现了我们民族的英雄气概。

孟子的这些话，虽然是在两千多年以前说的，但直到现在，还有它积极的意义。当然我们无产阶级有自己的英雄气概，有自己的骨气，这就是绝不向任何困难低头，压不扁，折不弯，顶得住，吓不倒，为了社会主义、共产主义建设的胜利，我们一定能够克服任何困难，奋勇前进。

从这篇议论文中，我们可以筛选出以下主要信息：

中心论点：中国人是有骨气的；

分论点：（1）人生自古谁无死，留取丹心照汗青。论据：文天祥的故事。

（2）不食嗟来之食。论据：不吃嗟来之食的穷人的故事。

（3）宁可倒下去，不愿屈服。论据：闻一多先生的故事。

附录——美文赏析[①]

一、闽中桥梁甲天下

林剑华

阅读提示

林剑华（1901－1966 年），原名景滢，字剑华，福建莆田人。他早年就读于上海大学中国文学系，其时革命先烈瞿秋白、邓中夏等人就在该校执教，因此林剑华受他们思想的影响，对中国共产党救国救民的主张有一定的认识。1927 年，林剑华经上海大学校长于右任推介到江西南昌任《国民日报》总编辑。1933 年，他参加了以张琴为社长的“壶社”诗社，研究诗歌创作。林剑华文学造诣颇深，新中国诞生不久，他应社会科学院的邀请来到首都北京，协助北京大学教授、历史学家顾颉刚校点《二十四史》。1961 年秋，在党和政府的关怀下，他被指派赴北戴河休养。在这段时间里，他把沿途所见和感受写成《北戴河诗稿》，计三十首。

本文十分注意语言的准确和周密，如介绍福建经济，五代时期是“得到了较快的发展”，到了宋代是“空前繁荣”；说明闽南造桥技术先进，特别强调“在当时处于世界领先水平”。此外，作者还使用了一些富有表现力的成语和文言词语。学习时可通过推敲和辨析来体会并把握这些特点。

福建古代桥梁以数量多、坚固雄伟和精巧别致而著称于世。古人有“闽中桥梁甲天下。虽山坳细涧，皆以巨石梁之，备极壮观”的赞誉。早在 12 世纪，意大利的旅行家马可·波罗[②]在他的游记中就曾盛赞建宁的三座桥。1577 年，葡萄牙人伽列脱·佩雷拉从中国返回欧洲后，对福建为数众多、雕刻精美的石桥无限感叹，说：“全世界建筑工人要数中国第一。”李约瑟博士在《中国科学技术史》中写道：“中国古代桥梁在宋代有一个惊人的发展，造了一系列巨大的板梁桥，特别是福建省。在中国其他地方或国外任何地方，都无法与之相比。”

福建古代桥梁建筑又以闽南地区最为发达，有“泉州桥梁甲天下”的称誉。五代时期，中原地区向福建大批移民，加上相对安全的社会环境，福建经济得到了较快的发展。到了宋代，福建经济空前繁荣，泉州港成为中国四大港口之一，海外贸易相当发达。尤其是南宋王朝偏安[③]江南之后，泉州一跃成为中国第一大港，海外贸易进一步繁荣。外贸的繁荣，

---

① 美文赏析供读者进行听的能力的训练。

② 马可·波罗（1254－1324 年）：意大利旅行家。曾在元朝做官，几乎游遍中国。著有《马可·波罗行记》，盛赞东方的富庶，对新航路的开通有一定影响。

③ 偏安：指封建王朝失去中原而苟安于仅存的部分领土。

对陆地货物的集散提出了更高的要求，客观上要求改善交通条件，以便迅速地集散货物。适应经济发展的需要，桥梁建筑在福建蓬勃兴起。到了南宋时期，闽南出现了持续近百年的“造桥热”。据有关文献记载，当时晋江、南安、安溪、惠安、同安五县新建桥梁 76 座，修建桥梁 22 座，总长度达 50 余里[①]，其中南宋绍兴年间（1131－1162 年）为泉州造桥热的高峰，平均每年造桥一座，长度达一里以上。这在当时的历史条件下确实是非常了不起的成就。

闽南桥梁建筑除了数量多和建桥速度快外，还有以下几个鲜明特征。

1. 规模宏大

由于海外贸易的需要，桥梁大多建在近海、靠海或入海处。因此，许多桥梁规模宏大，长度惊人。如苏棣桥长达 2 400 丈[②]，宏济桥长 1 300 丈，玉澜桥长 1 000 余丈，濑窟桥长 1 000 余丈，海岸长桥长 770 丈，东洋桥长 432 丈，乌屿桥长 400 余丈。这些桥梁至今都已倾废。现存的晋江安平桥（又名五里桥）长 811 丈，直到 1950 年黄河大铁桥建成之前的七八百年间，它一直是我国最长的桥梁，被誉为“天下无桥长此桥”。

2. 技术先进

闽南造桥技术在当时处于世界领先地位。如被誉为中国古代三大名桥[③]之一的泉州洛阳桥就有三大技术突破，对中国古代桥梁建筑产生了巨大影响。首先，洛阳桥采用了“筏形基础”的新技术，即针对江流湍急，在建桥时先向江底沿桥梁中线抛掷大石块，形成一条宽约 25 米、长 500 米、高 3 米以上的江底矮石堤，作为桥墩的基础。然后在此基础上用一排横一排直的条石砌筑桥墩，有效地防止桥墩基础被急流冲走。洛阳桥建成以后，福建沿海不少桥梁如盘光桥、石荀桥、万寿桥、宁海桥、江南桥、虎跳桥均仿照“筏形基础”的技术而建筑起来，“其他各省仿效兴建者，尤难胜计”。其次，洛阳桥独创了“种蛎固础法”，即在桥下大量种植海蛎，利用海蛎可以无孔不入地在海边岩礁间密集繁殖的习性，把松散的矮石堤与桥墩石胶结[④]成一个整体以加固桥基。这种方法比过去采用腰铁或铸铁连接基石的方法来得简单而科学，收到了奇异的效果。洛阳桥经历近千年的风浪考验，至今仍安然无恙，造福于人民，实有赖于此。第三，洛阳桥最先采用了浮运架梁法，即把重达七八吨的石梁置于木排之上，利用海潮的涨落，把石梁架设在桥墩上。古人称之为“激浪以涨舟，悬机以弦牵”。这是世界上浮运架梁的先例。这种技术被后世的许多桥梁建筑

① 里：已废用市制长度单位，1 里等于 500 米。

② 丈：已废用长度单位，1 丈约等于 3.33 米。

③ 三大名桥：指福建泉州洛阳桥、河北赵县安济桥和四川泸定县泸定桥。

④ 胶结：胶合凝结。

所采用。如漳州的虎跳桥（又名江东桥），最大的石梁重达 207 吨（为世界上最大的石梁），也是采用浮运架梁法而架设的。除此之外，古代福建人民还创造了“睡木沉基”的建桥方法，即在桥墩下以大木作卧桩，整座桥梁就建造在这个水下基础上，既简便又牢固。永春东关桥首创此法，对桥梁建筑也是一大贡献。

3. 以石梁桥为主

福建是我国花岗岩的主要产区之一，沿海地区花岗岩尤为丰富，因此沿海地区的桥梁除了少数木桥外，大多是梁式石桥。全桥从基础、桥墩、桥梁直到桥面、栏杆，都是长而大的条石或石板砌成。石梁桥既克服了柱式木桥因结构单薄承受不了湍急江流冲击的弱点，又克服了拱桥费工（雕琢石料费工数倍于石梁桥）、废料（所需石材数倍于石梁桥）等不足之处，而且具有施工简便、人力畜力车来往如履平地、十分方便等优点。

4. 工艺精巧

福建古代桥梁建筑也十分注重艺术性。《闽书》载，宋代福建建造桥梁时，首先要严格挑选石工工艺师，择优雇用。“初造时，石匠四至，各逞其艺。有献石狮者，其发玲珑有条理。又一人所献，其口开处不容指，有珠圆转在口中。”沿海梁式石桥上往往有石雕、碑记、亭、塔幢[①]、扶栏等艺术品来装饰，使桥梁更加壮丽。如洛阳桥上有石塔 5 座、武士石雕 4 尊、中亭 2 座、碑记 20 余块、栏杆石柱 500 根、雕琢精细的石狮 28 座。桥北有昭惠祠、真神祠。桥南有蔡忠惠公祠。蔡忠惠公祠内立有蔡襄[②]书写的《万安桥记》碑刻，文字洗练，书法遒劲，刻工精细，世称“三绝”。它酷似一座小型的博物馆，具有较高的艺术欣赏价值。另外，福建境内雨量多，为了便于行人避雨和休息，往往在桥上架屋，十分壮观精巧，古人赞叹不已，说：“闽中桥梁最为巨丽[③]，桥上架屋，翼翼楚楚[④]，无处不堪图画，吴文中[⑤]落笔，即仿而为之。”

5. 因地制宜，形式多样

福建地处亚热带，雨水充足，溪河纵横，地理条件复杂。古代福建人民充分利用各地自然条件，因地制宜，建造出各式多样的桥梁。既有长达数千丈的长桥，也有仅几尺的短桥；既有规模宏大的大桥，也有简便粗陋的独木桥、踏步桥；既有石梁桥，也有柱式木桥、

---

① 幢（chuáng）：此处指刻着佛号或经咒的石柱子。

② 蔡襄（1012—1067 年）：字君谟，宋代仙游（今福建省仙游县）人。曾任开封、福州、泉州、杭州太守，谥号中惠。精通诗文，擅长书法。著有《茶录》《荔枝谱》及《蔡中惠集》。

③ 巨丽：极其美好。

④ 翼翼楚楚：翼翼，庄严雄伟。楚楚，鲜明整齐。

⑤ 吴文中：名彬，明代山水画家，福建莆田人。

拱桥、吊桥、浮桥；还有利用围垦海滩的海堤、水利工程的堤坝作为交通桥的，表现出古代福建人民的聪明才智。

元明清各代，福建都建有不少桥梁。据统计，福建尚有古桥两三千座，其中一半以上集中在福州、兴化、泉州、漳州、福宁五府。这些桥梁至今仍造福人类，是福建古代文化的宝贵遗产。

作品评析

本文是一篇介绍我国古代桥梁建筑的说明文。文章介绍了福建地区，特别是闽南地区古代桥梁建筑的情况，重点介绍了闽南桥梁建筑的特征，是一篇以静态的实体事物为说明对象的说明文。本文作者紧紧抓住闽南桥梁建筑的“规模宏大，技术先进、以石梁桥为主、工艺精巧、形式多样”等特征来说明其“甲天下”。全文结构合理、逻辑清晰，充分彰显了说明文科学、严谨的文体魅力。

二、我国古代的几种建筑

郭黛姮

阅读提示

郭黛姮，清华大学建筑学院教授、博士生导师，国家一级注册建筑师，兼任中国建筑史学会常务理事、学术委员；中国紫禁城学会理事，“雷峰塔”改建总设计师，著名古建筑专家。师从中国建筑史学大师梁思成先生。主要著作有：《中国古代建筑史·第3卷·宋辽金西夏建筑》电子版《营造法式新注》《乾隆御品圆明园》等。参与文物建筑保护和建筑设计的工程实践有：主持维修的杭州六和塔、雷峰塔重建工程，主持珠海圆明新园设计、登封少林寺扩建、北京恭王府修缮、嵩山历史建筑群保护规划等。

该文介绍了七种建筑，有些是彼此相近的，例如亭与堂、楼与阁、亭与轩，作者抓住他们各自的特征加以说明，而且将形式相近的建筑在篇章上也放在相近的位置加以介绍，有利于读者对它们进行比较。

文章介绍每一种建筑，先说功能上的特点，再说建筑上的特征。因为功用决定建筑形式。由于抓住了二者的内在联系来说明各种建筑的特征，因此不仅使人知其然，而且让人知其所以然。全文结构简明紧凑，值得我们认知学习。

我们祖国的建筑，具有久远的历史和独特的艺术传统。在长期的发展演变中，我国古代宅第和园林建筑，逐步形成了多种类型，它们各有特点，具有比较固定的制式[1]。人们常常提到的有厅、堂、楼、阁、亭、榭、轩等。这里仅就这几种建筑作些简单的介绍。

厅

厅在古典园林或宅第中，多具有小型公共建筑的性质，用来会客、宴请宾客、观赏花木，需要用较大的室内空间来满足接纳众多宾客的要求，因此，在建筑群中，厅的体量往往是最大的。门、窗等装修也是最考究的。厅的造型典雅端庄，前后多置花木、叠石，使人们在里面就能够欣赏园林景色。有些厅四面都开门窗，称为“四面厅”；有些厅由前后两幢[2]长方形房屋并在一起，以增加进深[3]，扩大室内空间，但两幢房屋的结构又常自成体系，称为“鸳鸯厅”。还有一些厅当中少用几根立柱，代之以自梁悬吊的木雕花篮，这就是江南园林或住宅中所特有的“花篮厅”。

堂

堂常常是对居住建筑群中正房的称呼。它是长者居住的地方，也常作为举行家庭重要庆典的场所。在离宫[4]型园林中，供居住用的那一部分建筑也往往称为堂。如颐和园内光绪居住的四合院正房名为“玉澜堂”，慈禧居住的四合院正房名为“乐寿堂”。一些文人、士大夫喜欢把自己宅第的正房叫作堂，如“世伦堂”“秉礼堂”“慎德堂”等，以标榜[5]其风雅和有德。堂多位于居住建筑群的中轴线上，体型严整，整修瑰丽，一般作两坡悬山[6]、硬山屋顶，偶有用歇山顶的。室内往往用隔扇、屏门、落地罩[7]、博古架[8]、太师壁[9]等分隔空间。

---

① 制式：统一规定的样式。

② 幢：用于房屋的量词。

③ 进深：房屋纵向的深度。

④ 离宫：帝王在都城之外的宫殿，也泛指皇帝出巡时居住和处理朝政的处所。

⑤ 标榜：提出某种好听的名义，加以宣扬。多用作贬义。

⑥ 山：指山墙，即房屋两侧的墙壁。山墙顶部和屋顶衔接部分有繁简不同的结构式样。一般民房山墙的样式最简单，称作硬山；屋顶突出山墙的叫悬山，如天安门城楼的屋顶；一种比悬山结构样式更复杂的叫歇山，如庑殿的屋顶。

⑦ 落地罩：室内作间隔和装饰用的木质构件。

⑧ 博古架：一种放置古玩器物的陈设。

⑨ 太师壁：正堂迎面装饰字画的屏风。

楼

“重屋曰楼”，这是古人常说的一句话。从古代建筑实例来看，这“重”字不限于两重，二层以上的就可称之为“楼”。楼有很广泛的用途，在宋画《清明上河图》中绘有作为商业建筑的茶楼酒肆；在明、清的住宅和园林中有作为卧室、书房和观赏风景的楼，如“见山楼”“明瑟楼”“听橹楼”等。古代建筑中还有许多不同于前者的楼，如汉画像石所刻的大住宅旁的“望楼”，北宋在汴梁城中所建监视火警用的“望火楼”，古代城防工程中的敌楼、城楼，许多古城中的钟楼、鼓楼。它们虽然很高，但多数不是“重屋”，下半部有的以木构架支撑，有的是夯土台[①]或城墙。楼的体型繁简不一，人们常见的钟楼、鼓楼、城楼是较简单的型式，历史上曾出现过体型非常复杂的楼，如宋画中的黄鹤楼。类似这样的建筑今天已不多见，仅山西省还幸存有明、清所建的万泉[②]飞云楼和介休玄神楼，是极宝贵的遗构[③]。

阁

阁在古代往往是对收藏贵重文献的建筑的称呼。历代的寺院中常可见到“藏经阁”这样的名字；汉代陈建有藏书的“天禄阁”“石渠阁”；清代乾隆皇帝为收藏四库全书专门修建类似国家图书馆性质的“内廷四阁”，即北京故宫的“文渊阁”，沈阳的“文溯阁”，圆明园的“文源阁”，承德避暑山庄的“文津阁”。这四阁的建筑型式均仿宁波私人藏书的“天一阁”，做成长方形平面，两坡硬山顶，二层楼，阁的正面满开门窗，其余三面都是实墙。

阁在园林中是作观赏风景用的建筑。例如苏州拙政园的“留听阁”，命名用了“留得枯荷听雨声[④]”这句诗的意思，表明建它是为了欣赏荷花。

在一些宗教建筑群中，供奉高大佛像的多层建筑也被称为阁，如辽代建筑的河北蓟县独乐寺“观音阁”，明代建筑的广西容县“真武阁”，清代建筑的承德普宁寺“大乘阁”、颐和园“佛香阁”等。它们的平面有长方形、凸字形、八角形，立面造型挺拔庄重，是中国多层木构建筑的代表，其中“大乘阁”在现存木构建筑中高度居第二位（39 米多），“佛香阁”高度居第三位。

---

① 夯土台：一种通过夯砸泥土成为地基的高台。
② 万泉：旧县名，在山西省西南部，1954 年与荣河县合并为万荣县。
③ 遗构：古代留传下来的建筑物。
④ 留得枯荷听雨声：李商隐《宿骆氏亭寄怀崔雍崔衮》一诗中的最后一句。

亭

亭是我国园林中几乎不可缺少的建筑，无论公园、私园，大园、小园，古园、今园，都可找到亭子。在我国古典文学作品中，有许多名篇描写了亭子，至今脍炙人口。亭既是供游人在内停留小憩①的得景建筑②，又是供游人自外观赏的点景建筑③。例如苏州拙政园西部的“补园”，本来是另一家的园子，园内小山上有一座“宜两亭”，这个亭名据说寓意是“一亭宜作两家春”。登上这个亭子，就可以饱览两园春色。由于亭子是点景建筑，人们对它们的体型推敲得更为细致，总是力求完美。匠师们依据它们所处的不同自然环境，常把它们的平面设计成三角、四面、六边、八边、扇面、圆形、梅花等不同的形式，供人们欣赏。

榭

东汉末年刘熙著的分科词典《释名》中说：“榭者，藉也；藉景而成者也。”这个解释点明了榭的含义。榭也属于园林中的得景建筑。它的突出特点是建在水边，往往从岸上延伸到水上。榭多是长方形或近于方形的单层建筑，结构轻巧，立面开敞，常用歇山屋顶。跨水部分由立在水中的石构梁柱支撑，临水的一面多不设门窗，而置带弓形靠背的坐凳栏杆，供人凭栏而坐。典型的实例如苏州拙政园的“芙蓉榭”，网师园的“濯缨水阁”，颐和园里谐趣园的“饮绿”“洗秋”等都是。

轩

轩是古典园林中观赏性的小建筑，也是起点景作用的，但在轩中往往陈放简单家具，供人们饮茶、下棋、鉴赏书画使用，这是和亭不同的地方。轩可以露在水边，也可以隐于半山，建筑布局较为自由，风格也多轻盈疏朗。网师园的“竹外一枝轩”和颐和园的“写秋轩”，代表了私家园林和皇家园林中轩的不同形式。

轩还是江南民间厅、堂等建筑中天花板装

---

① 小憩：休息。

② 得景建筑：在风景区中便于游人饱览到最优美景色的建筑。

③ 点景建筑：在自然风景区，经过人为的设计而起美化作用可以成为风景点的建筑。

修的名称。这是一种以弧面向上凸起的天花板，表面显露出一条条假椽，可以在两排纵列的柱子间形成一个单元。一座厅内如在进深方向设五列柱子，则可出现四个单元，称为“四轩”。假椽弯曲的曲线形式不同，又有不同的名称，如弓形轩、菱角轩、鹤胫轩等。

上述几种建筑，从它们的用途与建筑形式看，有些是彼此相近的，例如厅与堂，楼与阁，亭与轩。因此有些园林建筑往往把名称搞混，如拙政园的主厅被称为“堂”，有些私人的藏书建筑，往往被称为藏书楼。也有些建筑则由于文人士大夫随意题名，把厅、堂类型的建筑称为轩、馆，如苏州留园的“五峰仙馆”“林泉耆硕馆”，怡园的“藕香榭”，网师园的“小山丛桂轩”等，实际上都属厅一类的建筑。这种称呼往往使人们不易把握厅、堂、楼、阁的确切含义。

今天，对建筑的称呼，有的还保留着传统的含义，有的随着时代的变迁，含义已经发生了变化，如人民大会堂的“堂”就跟乐寿堂的“堂”大不相同了。

作品评析

厅、堂、楼、阁、亭、榭、轩是我国古代建筑艺术传统的具体展示，是我国非常珍贵的一笔文化遗产。文章按照“总—分—总”的结构，介绍了我国古代的这几种建筑，让我们对我国璀璨的建筑文化有了初步的了解。全文行文典雅，使人充分感受到了我国古代建筑的民族文化特色。

三、龙的传人

古方

阅读提示

古方，1962年生，北京玉学玉文化研究中心研究员。著有《古玉之美》。

本文首先从我国龙文化起源写起，早在红山文化时期，龙已经成为中华民族的图腾标志，并很早就被作为素材选入玉器的制作中。接着作者介绍了玉猪龙的外形，并分析了龙的头部为什么具有猪首的特点。之后作者穿插了诸多龙的传说。在分析完中国龙文化及最早的玉龙后，作者重点介绍了玉龙的发展历史，使读者对“龙的传人”有了更为深刻的理解。

中国是龙的国度，中华民族是龙的传人，五六千年前的红山文化①时期，龙就已经成为中华民族祖先的一种图腾②标志。兴隆洼文化③中龙的发现则把中国人崇龙的礼俗推到了

---

① 红山文化：距今五六千年间一个在燕山以北、大凌河与西辽河上游流域活动的部落集团创造的农业文化。因最早发现于内蒙古自治区赤峰市市郊的红山遗址而得名。

② 图腾：原始社会的人认为跟本氏族有血缘关系的某种动物或自然物，一般用作本氏族的标志。

③ 兴隆洼文化：中国北方地区的新石器文化。因内蒙古自治区敖汉旗兴隆洼遗址而得名。主要分布在内蒙古西喇木伦河南岸和辽宁省辽西地区。居民以从事农业生产为主。

至少8 000年前。在民间，龙被视为一种吉祥动物成为具有悠久传统的十二生肖之一，始终得到广大百姓的崇敬和喜爱。由于龙与水的密切关系，农民在天旱求雨时首先要祭拜龙王。赛龙舟、舞龙灯也一直是中国人逢年过节长盛不衰的喜庆活动。其中还包含着祈盼风调雨顺、丰衣足食的深刻寓意。而源远流长的龙文化也已经成为中华文化的源头之一。

龙在中国百姓心中是吉兆、智慧的象征，也是人与天、神沟通的媒介，被赋予了主宰风雨、载人升天、降临祥瑞等神奇功能。在中国古代，龙还被引入到古天象学、命理学以及帝王政治等领域，被赋予了浓厚的神秘色彩。龙的形象实际是古人综合了许多动物的特征想象而成的一种神物。东汉时期，许慎在《说文解字》一书中描绘龙是“鳞虫之长，能幽能明，能细能巨，春分而登天，秋分而潜渊。”[①]可见，那时人们认为龙身有鳞，颜色、粗细和长短变化不一，而且能够在不同的季节上天入水。在古代传说中，龙的种类也很多，例如有鳞的称为蛟龙，有双翼的称为应龙，有角的称为虬龙，无角的称为螭龙[②]，还有烛龙[③]、苍龙[④]、蟠龙[⑤]等。最早的玉龙是什么样子呢？

红山文化　玉龙

玉器中龙的形象，最早见于中原和东北地区的新石器时代文化遗址中，如距今七千年前的红山文化遗址就有玉龙出土。红山文化玉龙无足、无爪、无角、无鳞、无鳍，代表了早期龙的形象。红山文化遗址的玉龙中，尤以内蒙古三星他拉出土的玉龙刻画得最为栩栩如生。这件玉龙为墨绿色，高26厘米，身体呈“C”字形，吻部前伸，嘴紧闭，有对称的双鼻孔，双眼突起呈梭形，眼尾细长上翘，额上及颚底均刻细密的方格网状纹。龙须及脊背上雕刻有长鬣，长21厘米，占龙体三分之一以上。龙背钻有一个圆孔，经试验，以绳系孔悬挂，龙的头尾恰好处于同一水平线上，被誉为“中华第一龙”。这件大型玉龙，是用一整块玉料圆雕而成，细部运用平雕，浅浮雕手法表现，通体琢磨光滑圆润，龙体曲伸刚劲有力，长鬣高扬飘举，显得极有生气。

玉猪龙是最常见的龙形玉器。它的身体为环体，首部似龙又似猪，有宽厚的双耳和肥硕的躯体，嘴上和眼周围还有表现颜面皮皱的线纹多道，有的玉猪龙还有露在嘴外的獠牙。

---

① 春分而登天，秋分而潜渊：出自《说文解字》。二十八宿中的在东方的七个宿分别是：角、亢、氐、房、心、尾、箕，它们被称为东方苍龙。“春分而登天”是指春分时期，苍龙七宿开始出现在天空；“秋分而潜渊”是指秋分时节，苍龙七宿潜入深渊，不出现在天空。

② 螭（chī）龙：传说中无角的龙。

③ 烛龙：古代的神名，传说能“衔珠吐光照天下”。

④ 苍龙：传说中的青龙，为祥瑞之物。

⑤ 蟠龙：盘曲着、伏着的龙。

有的学者指出，这种形象主要来源于猪首，是高度概括化、图案化了的猪首形象，三星他拉出土的那件大型玉龙也是从玉猪龙演变来的。

那么龙的头部为什么会具有猪首的特点？在我国史书中，有“云从龙”“飞龙在天”①等记载，说明龙与自然界的云、天、水有密切联系。古代将龙作为神灵崇拜，反映了龙与农事、天象、祈雨活动的关系。在远古时期，原始畜牧业中猪的饲养是很重要的。古人除了把猪作为食物外，还视它为“水畜”，在祈天、求雨、防洪涝等祭祀活动中，选择它作为祭品。红山文化的遗址和墓葬中，曾出土大量的猪骨，还有陶制的猪模型，所有这些信仰观念反映到玉器造型中，出现猪、龙合一的形象就不足为奇了。另一种观点认为，玉猪龙是作为“地母”的象征而出现的。龙体的形状源于蛇身，而蛇的活动与季节的循环是相符合的，在春天万物萌生时，蛇就开始活动，到秋季植物凋萎时，蛇便入地而居，正所谓“春分而登天，秋天而潜渊。”因此古人以蛇象征土地和繁殖力是自然而然的事。今天的瑶族人民就认为泥土山是龙肉，石山是龙骨，小山的起伏是龙的鳞骨，山崩树倒则是龙翻身，滔滔河水是龙吐水，由此可以推测红山文化玉龙很可能是土地的象征，加上当时有发达的养猪业，龙首便具备了猪首的形象。

红山文化的玉龙形象，还使我们联想到一些古史传说。远古时期，龙作为氏族的祖先和保护神（即图腾）而存在，许多著名人物都与龙有关系。例如，开天辟地的盘古就被描绘成“龙首蛇身，嘘为风雨，吹为雷电，开目为昼，闭目为夜②”的形象；神农氏的妃子受孕于神龙而生的炎帝、黄帝都是龙的后裔。人、神都可以乘龙上天或巡游太空，屈原在自己幻想超脱尘世的“驾青虬兮骖白螭，吾与重华游兮瑶之圃③”的诗句中，也是欲借助于飞龙驮载而升天。因此，古代对龙的崇拜是随着社会的不断进步而深化的，可以说，龙的孕育和出现，意味着中国远古文明的黎明期已经到来。

商代玉龙

商代玉龙常呈片状，最常见的是被称作“蟠龙”的龙形玉佩，它细致、生动，线条清晰流畅，较为精美。商代玉龙龙体大多作盘曲状，头尾衔接，眼珠外凸，有钝角，或有爪或无爪，遍体装饰鳞纹和卷云纹。龙的头部刻画往往以夸张手法表现，这一点与红山文化玉猪龙有异曲同工之妙。除玉蟠龙外，龙的形象也

---

① 飞龙在天：出自《易经》“乾，九五：飞龙在天，利见大人”。

② “龙首蛇身”句出自《绎史》卷引《五运历年纪》。嘘，慢慢地吐气、呵气。

③ 驾青虬兮骖白螭，吾与重华游兮瑶之圃：出自屈原《涉江》，意思是：驾着有角青龙驾辕无角白龙拉着的车，我与舜帝重华同游瑶圃。

常用于龙形玦[①]、双龙首玉璜[②]等玉器的装饰上。商代不仅玉雕龙形佩很多，而且铜器上也常见各种龙纹，甲骨文中也有一些龙字，犹如带角的长虫，非常形象，这一切说明龙在当时的社会经济、文化艺术和日常生活中占有特殊的地位。

商代也有少数筒状玉龙，如妇好墓[③]出土的玉龙就是圆雕玉龙，玉料呈墨绿色，局部有浅褐色沁。玉龙张口露齿，“臣”字形目，头顶有一对柱形角贴于颈上，双爪足，背有扉牙[④]，身饰菱形鳞纹，短尾卷于身侧，呈伏卧状。玉龙下颏正中有一对钻的小孔，可供系挂用。此器为所见商代玉龙中唯一一件圆雕作品，且制作精致，身形五官清楚可见，对了解玉龙及龙文化的产生发展，特别是商代玉龙的具体形态，有重要的价值。

周代玉龙的龙身较商代瘦长，一般呈环状或半圆璜形；龙背部出现锯齿状的脊；龙口上唇呈钺形[⑤]，下唇向内翻卷；龙尾比商代厚而无刃；大多数玉龙不琢雕腿和足。西周的玉龙常以单彻法雕琢，且一面斜入刀，另一面阴刻线，从而产生阴纹凸起的效果，俗称一面坡法。周代玉龙的装饰较商代复杂，出现简单的组合形纹饰，阴阳线并用，多采用弯曲形线，直线雕琢纹较少。

商周是龙凤文化的成熟期。各种物质文化离不开龙凤艺术的造型与纹饰，楚文化亦然。龙凤造型艺术，在楚国的铜器、帛画、漆器、织绣等文物中普遍存在，玉器更为突出。玉龙是楚国玉文化的代表之一。楚国雄踞南土，文化丰厚，是江南文化的代表。据统计，截至 20 世纪 80 年代末所发掘的东周墓葬中，楚墓约占 80%。周代的中华文化是二元制社会文化，北方山河雄壮，南方风光佳丽，楚代表了南方；黄帝神圣，炎帝胜任，楚属于炎帝统系；龙威武，凤秀美。楚玉龙的艺术风格除雄奇奔放外，还有一个重要的造型特点，即玉龙头部为脸狭长，面额平直，有的犹似马头。这令人想到古代神话的“龙马”。《尚书·顾命·传》记述，古帝伏羲治天下，龙马出河，身刻八卦图，谓之“河图”。《礼记·礼运》：“河出马图。”疏：“是龙马负图而出。”把楚玉龙视为中国早期的龙马神像，恰与楚文化的特质合拍。而且楚玉龙超乎想象外的文化内涵，可能表现的就是楚人创新与开放气魄的龙马精神。

此时，儒家思想将君子之德与玉之特性比较，即君子比德如玉，使得佩玉之风盛行。春秋时期的玉龙多为佩饰，继承了西周玉龙的装饰意味，并创出自己特有的时代风格。造型以璜形器为主，两端作对称龙首，中间雕琢成曲折盘绕的蟠螭纹。纹饰繁简结合。雕琢时阴阳线并用但以阴刻线为主。此时的玉龙，边角处理圆润，特别重视玉器表面的质地抛光，选料较商、周时期精良，很少使用劣质玉材。常见的玉质为白玉和青玉。

---

① 玦（jué）：半环形有缺口的佩玉，古代常用以表示决绝。

② 璜：半璧型的玉。

③ 妇好墓：商王武丁的王后妇好的坟墓，拥有王家的奢华礼遇。墓室不大，但保存完好，随葬品极为丰富，共出土随葬物品 1 928 件，其中青铜器 460 多件，玉器 590 多件，骨器 560 多件。

④ 扉牙：齿牙。

⑤ 钺（yuè）：古代兵器，青铜或铁制成，形状像板斧而较大。

战国玉龙的龙身很长，蜿蜒曲折，造型呈S形状；一般成对出现，龙身上的装饰以谷纹或勾连云纹为主，还出现了一条阴刻线，横穿在两三个小圆圈中间，这是极为特殊的纹饰。战国中晚期的玉龙或玉虎，口形相似，均为大张口，形象凶猛，两个钳状獠牙对峙，下唇琢成钺形。另外龙身躯为S形，头部近似马头；龙眼多琢雕成圆形代梢、菱形、腰圆形等几种。战国时期的玉器雕琢工艺在继承前代的基础上又有了新的发展，玉龙身常见的谷纹，制作运用了新的减地突雕法，工艺即先将谷纹形状大致突现，再将四周地子减低，然后把谷纹出芽弯曲的尾部慢慢地用心琢磨，使每条尾巴均无痕迹，达到完美无缺的境地。战国时期的玉器在抛光技术的运用上也非常独特，边角处理锋润，玉器的表面打磨平滑，抛光均匀，经过二千多年的流传，至今表面光亮度极高，被后世赞誉为玻璃光。

战国玉龙

秦汉以后，龙被封建帝玉用作自身及其家族的象征。秦始皇被司马迁称为祖龙，而汉高祖刘邦更是我国历史上第一个将自己的身世与龙相联系的皇帝。从此以后，历代皇帝都把自己称为“真龙天子”，把自己的儿孙称为“龙子龙孙”。

汉代玉龙的龙身向盘形发展，一龙的四足吸收瑞兽的特征，呈尖爪状；龙的头部似马头，龙角似马鬃，细长犹如宽带；龙耳极小；汉代玉龙的眼睛基本是外方内圆。其形状有多种，有方圆形眼、带梢椭圆形眼，不论何种龙眼，均炯炯有神，可谓画龙点睛。此时龙身上还出现了飞翼。有的龙近似蟠螭纹，龙尾呈单尾或分岔尾。而龙纹与其它纹饰组合的图案频频出现也成为汉代玉器的一大特点。

魏晋南北朝时期，战乱频仍，社会动荡，故这一时期的墓葬出土的玉器很少，并且玉饰的体积极小，大型玉礼器和成组玉佩饰几乎没有发现。所以研究玉器的古书中极少见到这一时期玉器的著录，几乎形成了断谷期。从迄今所见到的少量玉雕龙饰看，其基本延续了汉代玉龙的风格。南北朝时期的玉龙，龙身细长，一般刻有细麟纹；头部呈方形，棍棒形长龙角，叶形耳；小腿细长，琢勾一二条阴刻线，突出表现龙的筋骨；龙爪宽厚，龙指尖利；龙尾呈虎尾形；龙眼往往运用重叠的阴刻线纹表现。

隋、唐两个封建王朝的建立，最终结束了近四百多年的战乱，国家从统一走向强盛，玉雕工艺也随之再次兴起。隋、唐玉器在继承前代玉雕工艺的基础上，特别注重写实性，力求在写实的基础上做出一些艺术描绘。隋代玉龙出土较少，隋龙应以河北赵州桥石龙为典型。其特征是嘴很大，嘴角开到眼角以外，以双勾阴线勾勒眼睛，眼球突出，腿部粗壮、脚掌厚、爪尖。唐代的玉龙龙身以两种形式出现：一种体形粗牡，圆润丰满，身上无纹，

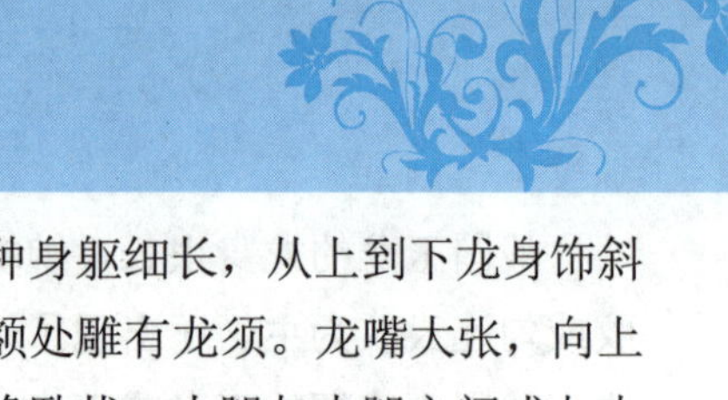

腹部似蛇腹，用一节节纹线表示身躯，背部琢雕出脊；一种身躯细长，从上到下龙身饰斜方格鳞纹。龙角有单岔鹿形角，花叶型角两种。龙头部下额处雕有龙须。龙嘴大张，向上翘，如梳子背状。龙的大腿肌肉粗壮丰满，小腿细瘦，呈跪卧状，小腿与大腿之间成九十度弯曲，关节处雕琢成片腿毛。呈飘拂状。龙尾部似蛇的秃尾。唐代玉龙常伴以火珠或云纹，火珠光焰雕琢短小，同时并发出五至七个火舌。

宋朝时，现实主义思潮影响着玉龙的表现题材和造型。宋代玉龙的龙身较唐龙短小，大多素身，两侧勾勒阴刻轮廓线；龙嘴较唐龙小，下唇上卷；腿部细长弯曲，腿毛短而稀疏；龙爪肥厚，制作随意潦草。宋代以后的火焰细长，向一侧飘拂，呈珊瑚枝状。

唐、宋时的玉龙姿态优美，富于变化，其特征是注意使用陪衬纹饰点缀主题玉龙，使玉龙活跃在特定的环境中，如龙凤成双成对在花丛中起舞，在祥云中腾跃行走，踏波戏珠，出海升天等等。还有独龙在花丛中游戏的题材。这些构思反映了当时人们赋予龙的一种现实主义的新的审美意识，变凶猛威武的神龙为出神入化的祥瑞之兽，使人们对龙的欣赏多于对龙的恐惧。

元代是蒙古族统治的时代，玉雕沿着宋代开拓的世俗化、装饰化方向发展，雕技有出新之处，作品风格独特。元代玉龙大体模仿唐代玉龙，但身躯比唐龙细长，蜿蜒游动，显得威武而有生气；角琢雕为勾角或单岔鹿形角；张口，嘴角在眼角前，有的带火焰纹肉鳍；眼睛细长，如丹凤眼，紧贴在粗眉下，眉骨突起，显得很有神气；另外，嘴、鼻、眼占头部的三分之一。元代玉龙头型细长，发毛长长地飘拂在脑后，有的为一绺，有的分成两股，飘拂在龙头部的左右两边或上下。此时玉龙尾多自后腿下穿过，尾尖上翘；元早期为秃尾，后期出现带五至七个光舌的火焰尾；腿部粗壮而长，关节处有细长腿毛向后飘拂；龙掌厚实，龙爪锋利，以三爪为多，爪部多团成球状；小腿上有表示筋骨毕露的短小阴刻线纹，这一特征为元代龙及其它兽纹的共同之处。另外，元代玉龙在脖颈部、大腿与身躯连接处都留有深雕的痕迹，体现了元代玉雕技艺粗犷有力的风格。

明代玉雕工艺较前代进一步发展，作品精细规整，镂空雕刻更加复杂细致，出现了三层透雕法，并继承了宋、元开创的花下压花技艺。元代使用的多向打孔的管钻镂空法，在明代时也得到更广泛的运用，最典型的是透雕玉龙游于众多花叶之间。工艺复杂，手法巧妙，令人叹为观止。明代玉龙的头部线条刻画很深，鼻子上翘，在装饰如意云头后，鼻孔出现上卷的胡须；龙头多呈四分之上的侧面，均刻双目；双目为小圈点眼，依龙头上下排列，或斜排列。玉龙的发型随时间推移而演变：早期向后飘拂，中期向上冲，后期为前冲。龙尾分若唐龙式的秃尾和本朝典型的卷云式长须尾两种。明代龙腿较长，小胫细瘦，并布满了密集短小的直线，排列整齐。龙爪有三、四、五爪。但以四、五爪龙居多，呈风车球状，为明特有。龙腿关节处毛表现手法有许多种，如刻小云头，云头上再刻出短小的直线等。

中国玉器的发展，到清代进入巅峰时期。清代的玉龙，头部发毛丛生，根根竖起，呈披头散发状，没有什么规律；头型较明代略短，双目的眼形及排列如明代，以上下排列为多；龙眼多为虾米眼，比明代更为突出；清代的龙眉，腮部以锯齿状线纹处理（明嘉靖万历时期出现，清代盛行）；龙身躯短粗，雕琢笨拙；腿尾多为锯齿状，有的雕为一绺；龙爪有三、四、五爪，但以四，五爪居多；龙爪是一爪在后，四爪在前，雕琢不如明代的有力；尾部延袭明代，但较明式龙尾宽大。此时还盛行仿古玉雕，由于过于讲究精工与规矩，造型与纹饰都显呆板。

作品评析

全文结构严谨、条理清晰，采用逻辑结构，从龙文化讲到玉龙的出现，再说到玉龙的发展史，层层递进、步步深入。中间穿插神话传说，增强了文章的趣味性和生动性，显示了作者深厚的文化底蕴。文章语言精练、形象，引经据典、旁征博引，展现了玉龙深刻的文化内涵。

思考与练习

一、理解知识，回答以下问题：

1. 如何理解筛选信息能力的重要性？
2. 如何提高筛选信息“听”的能力？

二、听的能力训练。

请同学们准备好纸笔，根据听力材料的内容筛选出重要信息。能够从所给听力材料中筛选出主要的、重要的信息，且最关键的核心消息没有遗漏，所填写的内容大意60%以上正确的为合格，80%以上正确的为优秀。

1. “通知”材料

（1）时间：________________

（2）地点：________________

（3）事由：________________

（4）相关人员：________________

（5）通知对象：________________

（6）通知发布者：________________

2. “信息”材料

（1）When：________________

（2）Where: ________________

（3）Who: ________________

（4）What: ________________

（5）Why: ________________

3. “记叙文”材料

（1）时间：________________

（2）地点：________________

（3）人物：________________

（4）事件：________________

拓展训练

尝试自己编写一条通知并念给同学听，让其筛选出主要信息。

说

口若悬河　妙语连珠

说

第一单元　交　谈

古老的沟通艺术——交谈

单元导读

交谈可以使我们交流思想、沟通感情、相互了解、增进信任，使我们获取信息、拓宽视野、丰富知识、增长才干，是我们用于处理事务最常用、最便捷的交际方式。

交谈是由两个或两个以上的人共同参与的双向性信息交流的口语表达活动，是一种人际间最广泛、最直接、最简便的语言交往形式。

交谈在人们的日常生活、工作、学习和社会交往中占有重要地位。人们通过交谈，可以沟通思想、交流感情、交换信息、切磋技艺、探讨学问、增进友谊、解决问题等，从而建立良好的人际关系。成功的交谈，需要交谈双方根据交际目的，掌握交谈的特点和规律，不断提高交谈技艺，并相互配合，组织好自己交谈的内容和语言。

一、交谈的特点

（一）事前无“预”，相互制约

交谈是由说者、听者共同进行的，但事前往往不可能进行共同的准备，交谈过程中又会产生各自的想法，因而双方的话都要受到对方的制约。要想交谈成功，双方只有紧密配合、前呼后应，才能组织好语言，做出快速反应。

（二）话题灵活，集散纷呈

交谈时可就某个话题作深入全面的展开，也可由一话题发散开来而跳入另一个话题。无论话题是集中深入，还是发散转换，都应考虑对方的兴趣和共同完成的话域，以保证交谈的正常进行。

（三）口说耳听，听话并行

交谈是一种双向乃至多向的信息交流传递活动，说与听必须相互配合、相互支持。只有这样才能促进交谈的深入展开。

（四）体态语多，口语化浓

由于交谈是面对面进行的，往往用非常经济的话语来表达，也可使用动作、表情、眼神、笑声等来补充或代替交谈中省略的言语成分，因而体态语运用较多。交谈一般都是现想现说，信息组成与传递非常快捷，往往来不及对语言进行加工润色，因而停顿较多、短句多、语调富于变化，这就使交谈语言具有非常鲜明的口语化特征。

二、交谈的基本要求

（一）真诚坦率

真诚是做人的美德，也是交谈的原则。只有交谈双方态度认真、诚恳，才能有融洽的交谈环境，才能奠定交谈成功的基础。交谈时，要认真对待交谈的主题，坦诚相见、直抒胸臆、不躲不藏，明明白白地表达各自的观点和看法。

（二）互相尊重

交谈是双方思想、感情的交流，是一种双向活动。交谈双方无论地位高低、年纪大小或长辈晚辈，在人格上都是平等的。交谈时，切不可盛气凌人、自以为是、唯我独尊，一定要在用词、语调等方面，体现出对对方的尊重，应尽量使用礼貌语。

（三）要有针对性

首先要分清对象，因人施语。交谈时应根据交谈对象的具体特点，包括其职业、文化水平、性格及当时的处境、思想动向等，来选择适当的内容、措辞、方法。只有这样，才能收到满意的交谈效果。其次要把握交谈的地点和时机。交谈的环境和地点对交谈的效果有很大的影响。另外，客观情境所提供的时机是否有利于交谈，也应该在交谈前做出正确的判断。

（四）把握时机，讲究策略

交谈总离不开一定的现实言语环境，交谈的双方都处于一个特定的时间、地点和人物关系之中，这就要求交谈者应把握特定的时机，讲究策略。把握时机，就是根据交谈的内容和进程，该剖析的剖析，该解释的解释，该补充的补充。讲究策略，就是根据不同的对象和场合，采用适当的表达方式来交谈。该直说的直说，该委婉的委婉，该幽默的幽默，以取得良好的交际效果。

（五）理解准确，回应正确

交谈是听、说并行的双向双边活动，不仅要善于说，而且要善于听。善于听，首先就

是要准确理解对方话语的意思，尤其是要听出言外之意。其次是能品评判断对方话语的正与误、周密与疏漏。再次是能迅速地做好应对的内容，做好说的准备。回应，是顺着对方所谈内容作进一步深化和补充，使交谈围绕共同的话题。

三、交谈的技巧

（一）巧妙选择话题

在一般情况下，任何问题都可成为交谈的话题。如天气、学问、趣事等，但由于场合、对象、目的、气氛等因素的不同，话题选择受到较大制约，因此，应注意巧妙地选择话题。如选择那些对方感兴趣或擅长的，自己熟悉而对方又愿意了解的，或双方共同关心的话题。

（二）巧妙导入话题

话题往往反映交谈动机，且限制交谈的内容和范围。根据交谈时不同的语言环境、对象和目的，话题导入的方式也应该随时做出调整。一般情况下，话题的导入有以下几种方式：

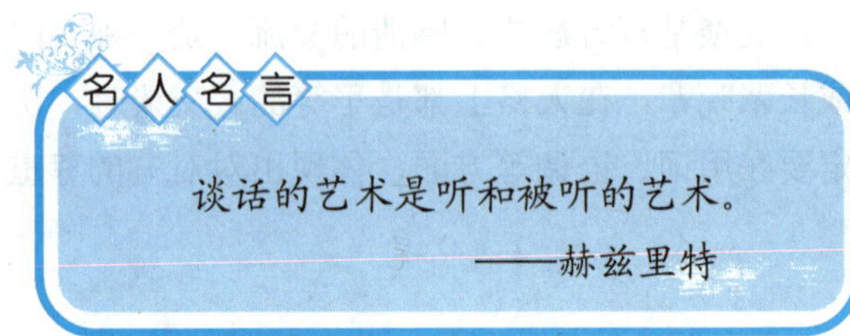

（1）开门见山式。即直截了当从正面向对方提出问题，这种方式可快速切入正题。如向别人请教问题、了解情况、相互交流信息等都用这种方式。

（2）迂回切入式。即先不提出正题，而是从对方感兴趣的事情谈起，等创设良好的交际环境后再引出正题。这种方式适合不太熟悉的双方，先营造融洽的交谈氛围，为顺利交谈奠定基础。

（3）引而待发式。即耐心地用与话题相关或相近的题外话启发对方，让其提出自己所需要探讨的话题。

（4）反面激将式。即故意适当地压抑对方的自尊心，调动起潜在的积极性，激起对方交流的冲动，从而达到合作的目的。运用这种方式，一定要因人而异、掌握好火候。

（三）巧妙展开话题

展开话题就是能对一个话题进行全面、深入的谈论。这既需要适时用自己的话激发对方的谈兴，又要察言观色，及时做出正确的反应。

（四）巧妙控制话题

交谈的话题虽然比较随意、灵活，但也应有一定的规范和约束。比如，违背原则、搬弄是非、不合乎道德的话是不能讲的，也不宜讲某些人忌讳的话题。一旦发现话题不合适，要及时调整。一个具有良好交谈技巧的人，会用暗示、提问、旁引等方法，巧妙地控制话题，使交谈步入正途。

（五）巧妙转换话题

交谈过程中，常常需要转换话题，如某一话题已经谈完或大家已没有谈兴，某一话题使对方表示不满，甚至出现紧张气氛或僵局时，就应及时设法转换话题。

（六）尽量不使用否定性的词语

心理学家调查发现，在交流中不使用否定性的词语，会比使用否定性的词语效果更好。因为使用否定词语会让人产生一种命令或批评的感觉，虽然明确了观点，但不易于被接受。如：将“我不同意你今天去北京”这句话换成“我希望你重新考虑一下今天去北京的想法”。很明显，后者听上去更顺耳，也更容易让人接受，从而也可促进进一步的深入交谈。

（七）运用好肢体语言

名人名言

谈话，和作文一样，有主题，有腹稿，有层次，有头尾，不可语无伦次。

——梁实秋

文字、语调、肢体动作构成了人际交流的一个表达系统，只有各个部分完美的配合，才能产生最佳的交流效果。有研究表明，交流时文字、语调、肢体动作等所产生的作用分别占7%、38%和55%。由此可见，运用好肢体语言能使交谈效果锦上添花。

四、交谈的谦敬语

谦敬语是在人际交往中经常使用的，用来表示谦虚、尊敬的礼貌用语。

（一）谦敬称呼用语

称呼尊长：老先生、老同志、老师傅、老领导、老首长、老伯、大叔、大娘等。
称呼平辈：老兄、老弟、先生、女士、小姐、贤弟、贤妹等。
自谦：鄙人、在下、愚兄、晚生等。

（二）事物谦敬用语

姓名：贵姓、尊姓大名、尊讳、芳名（对女性）等。
年龄：高寿（对老人）、贵庚、尊庚、芳龄（对女性）等。
住处：府上、尊寓、尊府等。
见解：高见、高论等。
身体：贵体、玉体等。

（三）谦敬祈使用语

帮助：劳驾、有劳、劳神、费心等。
麻烦或打断别人：打扰等。
求人解答：请问等。
请别人提意见：请指教、请赐教等。
请别人原谅：请包涵、请海涵等。
送别：请留步、请回、不必远送等。
中途辞别：失陪。

（四）问候礼貌用语

您好、早安、午安、晚安等。

（五）告别礼貌用语

再见、晚安。祝您愉快！祝您一路平安！

（六）应答礼貌用语

不必客气、没关系。这是我应该做的；非常感谢；谢谢您的好意。

案例分析

宋朝时，一位青年喜欢四处游学，机缘巧合，他认识了微服出巡的皇帝。皇帝心血来潮，写字画画去卖，只可惜水准实在不高。这位青年告诉皇帝，他的画只值一两银子，皇帝听了很生气，但也不方便当场发作。

第二年，这位青年进京赶考，高中状元，觐见皇帝时才发现，原来当年卖画的人竟然是皇帝。皇帝也认出了他，拿出当年只值一两银子的那幅画问道："你认为这幅画价值几何？"

这位状元赶紧上前一步说道："这幅画如果是陛下赐予为臣的，那就价值万金，因为无论陛下赐的何物，对为臣来说，都是无价之宝，但如果拿去卖的话，这幅画就值一两银子。"

皇帝听了，不禁拍掌大笑，知道自己有了一位才学渊博、品行端正的忠心之士。

评析：这位青年在交谈时，礼貌、得体地表达了自己的真实想法，所以才得到了皇帝的赞赏。

五、电话交谈

在日常工作、学习和生活中，电话是人们须臾不可离开的通信工具。在电话交谈中，需要注意以下方面：

（一）礼貌热情

无论是打电话还是接电话，电话一接通，就应该礼貌问好，对方听到亲切、悦耳、吐字清脆的招呼声，自然会心情愉快，这样有利于双方顺利展开对话。接听电话要及时，最好在三声之内接听，避免让对方久等。如果电话铃响了很久才拿起话筒，应该先向对方道歉，再进行之后的谈话。谈话过程中，如果有事不得不中途停止通话，应向对方说明，通话完毕不要急于放下电话，记得说“再见”“谢谢”，要让对方自己结束通话，然后再轻轻放回电话。

电话不仅能传递声音，也能传递说话人的态度、心情和风度。所以通电话时要保持良好的心情，虽然对方看不见你，但能从欢快的语调中感受到你的情绪。面部表情也会影响声音的变化，所以即使通电话，也要抱着“对方看着我”的心态去做。

（二）准确清晰

通电话时嘴与话筒应保持适当距离，适度控制音量，以免对方听不清楚而滋生误会，或因声音粗大而让人误解为盛气凌人。

要谨慎回答问题。如果不能确定来电人的身份、有什么意图或是否可以提供给他相关信息，可以这样回答：“对不起先生/女士，我需要先查一下相关资料，等会再给您回电，可以吗？”或“对不起先生/女士，我需要跟××商量一下才能做决定，麻烦您等我电话，好吗？”

（三）准确记录留言

如果来电人要留言，则需要准确地记录相关信息，具体可应牢记 5w1h 技巧。所谓 5w1h 是指：① when 何时；② who 何人；③ where 何地；④ what 何事；⑤ why 为什么；⑥ how 如何进行。这一技巧能使电话记录既简洁又完备。

（四）诚恳耐心

在通话过程中要仔细倾听对方讲话，为了表示已经听懂，应用“嗯”“好的”“对”等词语及时给对方反馈。如果有不太明白的地方，应礼貌地打断对方，请他再讲一遍，如“对不起，我刚才没太听明白，能麻烦您再讲一次吗？谢谢！”

案例分析

秘书：下午好，这里是总裁办公室，很高兴为您服务，请讲。

客户：您好，麻烦您转一下王家荣王总。

秘书：先生您好，很高兴为您服务，我姓李，请问该怎么称呼您？

客户：我姓张。

秘书：张先生您好，请您稍等，我马上为您转王总。

客户：好的，谢谢。

秘书：张先生，非常抱歉，王总的电话现在没有应答，张先生，需要我帮您向王总留言吗？

客户：好的，你告诉他就说张力来过电话了。

秘书：好的张先生，需要我记录一下您的电话号码吗？

客户：他知道的，你说张力就可以了。

秘书：好的张先生，我已经记录下来了，我一定会尽快转告王总，张力张先生您给他来过电话了。张先生，您还有其他的吩咐吗？

客户：没有了，谢谢你。

秘书：不客气，张先生，祝您下午愉快！张先生，再见。

客户：谢谢。再见。

拓展阅读

如何成为一个成功的交谈者

或许有人会说：难道还有人不会交谈吗？在现实生活中确实有人轻车熟路，很善于交谈，而有的人却处于无人可谈、无话可谈的难堪境地。那么在交谈时应该注意哪些事情呢？美国研究语言交际的专家埃尔金博士认为掌握有关的技巧就可以提高人们交谈的能力，取得良好的交流效果，以下 3 个方面对于交谈十分重要：

选择合适的话题

人们交谈时通常是由发起谈话的人选择话题，大家围绕这一话题各抒己见，然后转向另一个话题，因此选择合适的话题十分重要。选择的话题能被大家接受，谈话才会顺畅地进行下去。如果选择了不适宜的话题，引不起大家的兴趣，没有人做出反应，那么交谈便失败了。有时候你可能拥有权势使别人不得不坐下来听你讲话，他们也可能假装用心听你讲话，但你却无法强迫别人开口讲话。不合适的话题主要有以下几种类型：

（1）有关谈话者自己的话题。有的人谈来谈去总是围绕着自己的生活，开始人们也许还有兴趣听，时间久了人们便失去了兴趣甚至躲着这样的谈话者了。

（2）有关禁忌的话题，如夫妻关系、家庭成员之间的矛盾、不愿谈及的疾病等。如有的人不愿意别人打听自己的经济来源或经济状况等。所以，这些话题最好不要触及，除非对方主动提及。

（3）假话题。假话题是指那些无法继续下去的话题。如果用“今天天气很好”来开始谈话，对方便没有什么话来回应。如果发现周围的人不愿意与自己交谈，那就要检查一下在选择话题方面是不是存在问题。检查的方法如下：以一星期为限，尽可能记下自己与人交谈时所选择的所有话题。如果有的话题重复出现，则在话题后面记下次数。这样就得到一张选择话题的清单。检查出现次数较多的话题，问自己两个问题：如果别人总是跟自己谈这样的话题，自己想不想听？如果不想听，为什么？

按照一定的顺序交谈

人们的交谈是按照一定的顺序进行的，不是想说什么就说什么，想什么时候说就什么时候说的。交谈时谈者和听者双方互相配合才能使谈话顺利进行下去。假设有 A、B、C 三个人在一起谈话，理想的交谈方式如下：

1. A 先开始讲话，他选择一个话题，围绕着它讲几句话。
2. A 通过某些方法使 B 继续谈下去。
3. B 接过话茬，顺着 A 选的话题讲几句话。
4. B 选择 C 作为下一个谈话者。
5. C 接过 B 的话茬，顺着话题讲几句话。
6. C 选择 A 作为下一个谈话者。
7. 这个过程一直进行下去，直到大家感到有关这个话题已无话可说或者时间用完了。在这个过程中每个人都有大致相等的机会和时间来谈话，并且当一个人讲话时其他人只能听。
8. 最后一个人总结 A 选择的话题，这时候表明该话题已经结束，可以引出另一个话题了。

正是靠着这种说者和听者互换位置的规则，交谈才能够平稳地进行下去。这种规则好像交通规则一样，即便没有警察指挥，大家也都会遵守着红灯停绿灯行的规则，否则便会造成交通堵塞。交谈的规则虽然没有交通规则那样明显，但也是被严格遵守着的。依据这些规则，参加谈话的人才能根据自己的需要决定加入交谈或者回避交谈。如果想加入谈话，就必须等说话的人讲完以后停顿时再接过话茬。如果在这中间打断别人，就会被认为不礼貌。而如果想把话题交给下一个人，就要出现停顿，暗示自己已经讲完。

有两种不好的习惯需要加以改正：一种是边想边说，在句子中间出现了不应有的停顿，使听话的人无法判断是否已讲完；另一种是不停地讲，不出现任何停顿，这时人们便不得不打断你的话。把话题交给别人可以采用各种方式，除了上面提到的停顿以外，还包括提出一个问题后指定某人发表意见。但是表明谈话结束的重要线索是目光接触。如果谈话者在停顿时和你目光接触，那就表明他选择了你作为下一个谈话者。在你准备把发言权交给别人时也可采用同样的方法。因此如果不想加入谈话，就不要与正在谈话的人目光接触。另外一种情况是谈话者出现了停顿，但并没有选定下一个谈话者，这时候听者可以自己选择接着话茬。这种情况下可能出现竞争，即两个以上的人同时讲话。按照上面提到的规则，应有人放弃自己的权利，只留下一个人讲话。要注意听别人谈话，口头交谈有许多特点需要注意。讲出的话转瞬即逝，不可能像听磁带一样倒放。交谈的双方互相影响，说出的话不可能完全是事先想好了的，因而需要根据前面的人讲的话修订我们自己说什么，我们的话又会影响到双方后面要说的话。因此，认真仔细地听别人讲话就显得十分重要。只有听懂了别人的话，我们才可能有效地做出反应。只有注意地听，我们才可能准确地判断对方是否谈完，才能及时地接过话茬，而不是冒昧地打断别人或者该自己发言却没有反应。下面所举的是一些不良的听话习惯，应设法加以改正。

（1）一边听一边想或演习该自己讲话时怎么说。

（2）一边听一边想谈话者多么糟糕，换一个人（或者自己）来谈就会好得多。

（3）一边听一边想一些无关的琐事。

（4）为了一有停顿就抢过话头而拼命注意谈话者说的每一个词。

（5）拼命写下谈话者所说的每一句话。

为了提高自己的“听力”，可以利用电视机来练习。选择一个谈话节目，坐下来注意地听，不要记笔记。一发现自己走神，赶快回到节目上来。不断地练习直到能坚持认真听完一个半小时长的节目为止。

思考与练习

一、理解知识，回答以下问题：

1. 什么是交谈？交谈有哪些特点？
2. 交谈有哪些基本要求和技巧？

二、测试一下自己的交谈能力。

交谈能力测评表

	行为描述	是	否
1	在匆忙行走的路上，别人向你打招呼，你不会停下脚步同他聊聊，是吗？		
2	与朋友交谈时，你是否总以自己为中心？		
3	聚会中不到人人都疲惫时，你不会主动告辞吗？		
4	你讲的故事是否总是又长又复杂，需要别人耐心去听吗？		
5	你是否觉得自己讲的故事比别人讲的好听？		

续表

	行为描述	是	否
6	你是否会津津有味地与朋友谈起一些他们不认识的人？		
7	当别人交谈时，你是否会打断他们的谈话？		
8	你是否会坚持让朋友阅读一篇你认为很好的文章？		
9	你是否会打电话说个没完，让其他人在一旁等得很着急？		
10	当别人谈到你不喜欢的话题时，你是否会不说话了？		
11	对自己种种不如意的事情，你是否总喜欢找人“诉苦”？		

评分规则：“是”记1分。如果“是”栏中的积分超过5分，说明你还有待改进。

三、练一练

全班同学分组，按照下列情景进行模拟电话交谈。

情景一：星期天，小芳打电话给小敏，询问一个数学上的难题。

情景二：早上，钱江打电话给班主任李老师，告诉李老师因为昨晚发烧，要请一天假。

情景三：周红是某外贸公司经理秘书。公司一位重要客户打电话给经理，恰逢经理外出办事，是周红接的电话。

情景四：李娜是某房地产公司售楼小姐，赵刚打电话向李娜咨询该房产公司新开楼盘的相关情况。

四、案例分析

假设你刚刚被提拔为某科室的主任，你很快与下属和同事建立了良好的人际关系。但是，在你的部门张三和李四两位职员总是把应该经过你的事情直接报告给院长。这两位职工在公司的时间至少比你长10年，而且和院长关系非常好。

请思考下列问题：

1. 你是否要与他们谈论此事？
2. 你是否要与你的上司谈论此事？为什么？
3. 如果要谈，你准备怎么谈？

拓展训练

怎样和他们交谈？

1. 你的一个同学，今天的脸色不太好。你怎样表达对他的关心？

2. 电视购物节目里，你看中一款物美价廉的手机，打算订购。你打电话订购时怎样说？产品用了一周后出现了问题，你打电话要求退款时又该怎么说？

第二单元　解　说

言简意赅的解释——解说

单元导读

解说，是以口头解释、说明为主要表达方式，以事物的性质、状态、构造、特征、功用等为内容的口语交际活动。它给我们丰富的知识，在日常生活中随处可见，与我们有着密切的关系。

解说就是口头上的解释说明。它是通过对事物的准确描述，加上适度的渲染，来感染听众或观众，使其了解事物的来龙去脉、特征和意义等，以取得宣传效果的一种口头语言表达形式。在社会生活中，解说的范围非常广泛，产品推销、文物陈列、书画展览、标本说明、园林景观介绍等都属于解说。

一、解说的特点

（一）说明性

解说的主要表达方式是说明，这就决定了它具有说明性。说明性是解说最基本的特性。虽然有时解说也运用其他的表达方式，但是贯穿始终的基本表达方式一定是说明。如下面这篇解说就大量运用了说明的表达方式。

案例分析

太和殿的装饰十分豪华。檐下施以密集的斗栱，室内外梁枋上饰以和玺彩画。门窗上部嵌成菱花格纹，下部浮雕云龙图案，接榫处安有镌刻龙纹的鎏金铜叶。殿内金砖铺地，明间设宝座，宝座两侧排列 6 根直径 1 米的沥粉贴金云龙图案的巨柱，所贴金箔采用深浅两种颜色，使图案突出鲜明。宝座前两侧有四对陈设：宝象、角端、仙鹤和香亭。宝象象征国家的安定和政权的巩固；角端是传说中的吉祥动物；仙鹤象征长寿；香亭寓意江山稳固。宝座上方天花正中安置形若伞盖向上隆起的藻井。藻井正中雕有蟠卧的巨龙，龙头下探，口衔宝珠。

太和殿前有宽阔的平台，称为丹陛，俗称月台。月台上陈设日晷、嘉量各一，铜龟、铜鹤各一对，铜鼎 18 座。龟、鹤为长寿的象征。日晷是古代的计时器，嘉量是古代的标准量器，二者都是皇权的象征。殿下为高 8.13 米的三层汉白玉石雕基座，周围环以栏杆。栏杆下安有排水用的石雕龙头，每逢雨季，可呈现千龙吐水的奇观。

（二）知识性

解说是应人们传播知识的实际需要产生的。解说的目的就是给人以知，授人以用。因此，知识性可以说是解说“与生俱来”的特点。当然，并不只有解说给人以知，许多口语交际方式都可以给人以知。但只有解说是以传播介绍知识为目的的。解说的目的和内容都体现出鲜明的目的性。比如，下面的这段话从天坛说到人们祭天的原因，再到天坛的概括，就是为了使人们了解有关天坛的知识。

案例分析

天坛是世界上最大的祭天建筑群，是中国古代帝王的专用祭坛，历朝历代帝王都在国都建有类似的专用建筑用来祭天。这里看到的是明、清两代的天坛。古人和古代帝王为什么要祭天呢？

古人见到天高远莫测、虚空浩渺、日明月辉、斗转星移、冬去春来、寒来暑往，行云布雨又雷迅风烈，既有一定规律，又变化万千。对人类来说，天既可赐福，又可降灾，于是古人便认为“天”是决定世间万物、人间祸福的至高无上的主宰，因而对天倍加崇敬，并逐渐形成了祭天的礼俗。连人间的最高权威者皇帝，也以天的儿子自居，自称“天子”，借以表示自己的显贵。

古人所说的天就是“宇宙”，就是“大自然”。科学尚不发达的古代，“祭天”主要是表达古人对大自然的崇拜与尊重，同时也表达了古人想掌握大自然的愿望。祭天大典是古代帝王实行的一种礼仪。通过严肃繁细的礼仪，表示对天的崇敬，强调王权神授，帝王是上天的代表，从而也加强帝王在人间至高无上的统治。

天坛始建于明永乐十八年（1420 年），它位于北京正阳门东侧，占地面积 273 公顷，坛域北为圆形，南为方形，以象征“天圆地方”。周围筑坛墙两道，将全坛分为内坛、外坛两部分。外坛象征城郊环境自然野趣。内坛为祭祀场所，分南北两大部分，北部为“祈谷坛”，南部是“圜丘坛”。天坛正是“祈谷”“圜丘”两坛的总称。

（三）客观性

解说的客观性是指在进行解说时应当根据客观的事物事理进行如实介绍，而不是出于主观感情，随意改变对象的客观情况。当然，这并不是说解说人不能发表主观看法。只是说，解说者的目的不在于发表主观看法，而在于介绍客观知识。

（四）浅显性

受口语表达特点的制约，解说很难像文章那样可以把复杂的事物、深奥的原理介绍得非常明白，一般只能介绍、传播比较浅显好懂的事物或原理。所以，解说通常都选择比较简单的对象而避开相对复杂的内容。另外，解说也常常注意在听者可能费解的地方多说几句，详加解释。如纳米是一般人所陌生的长度单位，它究竟有多长呢？在解说纳米技术时，不讲清楚就会影响沟通效果。这时，如果加上一句“1 纳米只相当于 10 万分之一毫米呀”，那原先不甚明白的话，就变得非常明白、清晰了。

（五）跳跃性

解说的跳跃性，是指根据解说人对受众不同理解程度的判断，随着解说图景的变化，解说会时断时续、时有时无，而不是像文章那样讲究起承转合、连贯紧密。它总是在示现图景的前后，存在明显的停顿和间隙。所以说，很多时候解说只出现在受众对示现对象不明白、不理解的时候，它是启发性的提示、提醒，而不是从前到后、面面俱到。

二、解说的种类

在实际解说当中，人们有时候可以结合外物进行，有的时候则什么外物也无从依托。由此，解说可以分成辅助型和独立型两大类。

（一）辅助型解说

辅助型解说是指在人们通过视觉、听觉等感觉认知外物的时候，为了加深对所认知事物的认识理解而进行的解说。这种解说是与其所解说的外物共同作用于认知者的。在这种解说中，认知者一方面通过自己的视觉、听觉等感觉直接认识外物，另一方面又通过聆听解说者的介绍间接地认识外物。

辅助型解说运用非常广泛，常见的有以下几种：

1. 演示解说

演示解说是为了介绍诸如物品的结构、制作、使用及身体的锻炼等知识，而结合示范性的动作所进行的解说。进行演示性解说时，应注意几点：一要按照动作间的内在关系和先后顺序把动作过程分解成几个环节，然后逐个对环节加以解说；二是要边说边做，说做同步；三是让听者清楚地看到所做的演示，最好能让听者跟着一起做。

2. 展览解说

展览解说旨在对陈列物进行介绍。进行展览解说时，应注意三点：一要处理好展品个性与整个展览共性的关系，也就是说要根据展览的主题来确定展品的解说重点；二是应努力揭示展品的内涵、价值；三要结合物品说话，物话相应。

3. 导游解说

导游解说是在人们游览山水名胜时，为了帮助游客更好地欣赏以取得更多的收获而进行的解说。进行导游解说时，必须注意两点：一是要使解说成为游客视觉观赏的指南，引导其欣赏那些易被忽略而又富有价值的景观；二是要使解说成为游客欣赏的补充，如多介绍一些传说、典故等人文方面的知识，展现景观丰富的内容。

4. 广播解说

广播解说是为了帮助听众更好地欣赏所播放的影视剧、录音等而进行的解说。进行广播解说时，要求解说者把只有通过视觉才能感知而听觉无能为力的内容清楚地介绍给听众，以弥补其听觉感知的不足。此外，解说者可以适当运用一些描绘手法，将影片中的气氛、人物的情绪等渲染出来，使听众有身临其境之感。

5. 屏幕解说

屏幕解说是为了突出屏幕所映图像的主题，帮助观者领悟其中的奥秘，以获得更为深刻的感受而进行的解说。进行屏幕解说时，应注意两点：一是在内容上，要成为图像显示的补充；二是形式上，要坚持以图说话、图话同步。

（二）独立型解说

独立型解说，是指在不借助外物的情况下所进行的解说。这种解说可以独立承担听者传播介绍知识的任务，听者对事物的认识完全依赖于解说。因此，独立型解说的介绍比辅助型解说要求更全面、具体。

独立型解说一般有下列几种：

1. 对有形事物的解说

进行这种解说时，由于听者无法直接感知解说对象，解说者就尤其应当把自己所看到事物的构造、形状、色彩等介绍清楚。既要有整体上的介绍，又要有局部详细的说明。要尽可能地把事物形象地再现在听者面前。

2. 对无形事物的解说

无形事物是指客观存在的物质，如风、雷、电、某门学科、某种情绪等。这类事物比有形事物抽象难懂，解说起来难度也较大。所以在解说这类事物时，要努力化无形为有形，变抽象为具体。如物理老师把电路比作河道，把电流比作水流，把电位差比作水位差，把电压比作水压，这样既形象贴切，又简明易懂，使听者一听就明白。

3. 对抽象事理的解说

解说事理，重点在说明事理“是怎样的”及“为什么是这样的”。在进行这种解说时，

要注意介绍事物的纵向关系和横向关系，交代事物发展变化的原因，既让人知其然，又让人知其所以然。

三、解说的基本要求

（一）抓准重点

进行解说时，首先要抓准重点，即要弄清楚“所说是什么”“对什么人说”“为什么说”等语境要素。

“所说是什么”，是指要准确地把握所解说的事物的特征。解说只有抓住解说对象的鲜明特征，才能让人们确切地了解解说的事物。这就要求在解说前对事物做一番细致的观察、分析和研究。

“对什么人说”，就是要了解听者。听者对解说对象的了解程度，是确定解说重点的依据之一。比如，说给内行人听，就解说得深一点；说给外行人听，就应避免太专太深。说给成人听，可以深一些；说给小朋友听，就要浅显易懂一些。

“为什么说”，就是要明确说的目的。因为解说同一事物，目的不同，解说的重点也随之改变。比如，在美食频道解说某种菜肴的烹制方法，目的是为了让有兴趣的人学着去做，因而应重点解说原料的选购、加工，作料的比例、调配，烹制的程序、方法等。如果是一位老中医在介绍药膳时谈到这道菜，那么，解说的重点就应放在其营养价值、保健功能上了。

（二）井然有序

解说的组织顺序有时间顺序、空间顺序、逻辑顺序三种。由于解说对象千差万别、各具特色，因而解说也要因语境的不同而变化。表现在组织形式上，就是时间顺序、空间顺序和逻辑顺序经常被综合起来加以运用。

（三）语言要准确、通俗、生动

解说的目的在于传播、介绍知识。要使介绍的知识科学，首先，就必须做到语言准确。只有语言准确，才能保证知识介绍的客观。其次，由于口语转瞬即逝、难以重现，这就决定了解说语言要通俗易懂。解说者不要用生硬冷僻的字词，不要说佶屈聱牙的书面语，应尽量运用口语化的语言。最后，解说的语言要生动、形象，使人喜闻乐见。解说者可在解说的过程中穿插描写、抒情、议论等表达方式，注意运用比喻、拟人、衬托等修辞方法，使语言变得生动、形象，使人易于接受、理解。例如，下面这段解说运用了比喻、排比等多种修辞手法，感情饱满，极为生动形象地再现了古龙山峡谷群的奇美风光。

案例分析

这是一个佳景荟萃、神秘幽深的峡谷世界。这是一个自然纯净、不染世尘的原始画廊。这是一个集峡谷、瀑布、暗河、溶洞、原始植被、峰丛绝壁、溪流奇石为一体的人间仙境。这就是桂西边境旅游带上的一颗明珠——靖西县古龙山峡谷群风景区，它素有“山水桂林，气候小昆明”之美誉。

古龙山峡谷群风景区由古劳峡、新灵峡、新桥峡三个峡谷组成的。峡与峡之间的河流及三个地下暗河溶洞相通，形成三峡三洞连通的大峡谷群。整个峡谷长 6.8 公里。它是以优美的原始生态山水风光、神奇的溶洞景观和浩瀚多姿的原始森林景区为主体，以暗河峡谷群及溪流瀑布为特色，以峡谷观光、暗河漂流为主要功能的生态旅游景区。景区内山、水、林、藤、洞、瀑、石为一体，具有秀、奇、险、幽、奥、野的景观特色。

说古龙山秀，秀在漫山碧透、郁郁葱葱的原始植被；秀在繁茂的古稀植物和生机盎然的奇花异草；秀在清澈秀透、碧蓝纯净的河溪清潭；秀在沁人心脾的溅谷飞瀑；秀在充满诗情画意、美不胜收的山水画廊和如梦如幻的世外美景。

说古龙山奇，奇在这裂透地表、穿岩透石的大自然无穷力量；奇在这巧夺天工、玲珑剔透、惟妙惟肖、如雕似刻的鹅卵石；奇在暗河内似飞禽走兽、如行神飘仙、千姿百态的钟乳石上；奇在溶洞内如金鱼吐珠、如娇龙戏水的妙绝佳景！

说古龙山峡谷群险，险在惊心动魄、刺激惊险的峡谷漂流；险在绝壁峭崖；险在如蛟龙出海奔腾于险谷中的曲折湍流，让人犹入惊涛拍岸之险境！

说古龙山幽，幽在水是险崖的飞瀑，是石隙间叮咚的山泉、幽谷的浅流、丛林间的啾啾鸟鸣，幽得这般神秘，幽得如此宁静；幽在古藤老树相互缠绕、曲径通幽。

说古龙山奥，奥在一个个世人无法猜透的千古之谜：地裂的峡谷群是怎样形成的？柔软的河水如何穿岩透石，形成神秘的溶洞？峭崖绝壁上的天梯是何来历？恐龙时代的桫椤如何能保存并成片生长？等等。这些都有待人们去探去揭开它的奥秘。奥在弥漫山峭的云雾，如梦如幻、变幻莫测。那神秘面纱下面动人的故事吸引着人们前去探幽寻胜！

说古龙山野，野在原始的峡谷风光；野在原生态的植物和两千多种国家保护动植物；野在雨后山野如洗、风清秀峦的野趣盎然，犹如一部宏大的交响乐。

附录——美文赏析[①]

一、大自然的语言

竺可桢

竺可桢（1890—1974 年），字藕舫，浙江省绍兴县东关镇人。中国科学院院士，中国共产党党员，中国近代气象学家、地理学家、教育家。中国近代地理学和气象学的奠基者、中国物候学的创始人。中华人民共和国成立后，曾先后担任中国科学技术协会副主席，中国气象学会理事长、名誉理事长，中国地理学会理事长等职。他对中国气候的形成、特点、区划及变迁，以及地理学和自然科学史都有深刻的研究。

文章通俗生动地介绍了物候学研究的对象、物候学现象来临的有关因素及研究物候学的意义与知识，提倡进一步加强物候观测和研究促进农业生产的大丰收。本文的学习重点是概括要点和学习语言。

立春过后，大地渐渐从沉睡中苏醒过来。冰雪融化，草木萌发，各种花次第[②]开放。再过两个月，燕子翩然[③]归来。不久，布谷鸟也来了。于是转入炎热的夏季，这是植物孕育[④]果实的时期。到了秋天，果实成熟，植物的叶子渐渐变黄，在秋风中簌簌[⑤]地落下来。北雁南飞，活跃在田间草际的昆虫也都销声匿迹[⑥]。到处呈现一片衰草连天的景象，准备迎接风雪载途[⑦]的寒冬。在地球上温带和亚热带区域里，年年如是，周而复始。

几千年来，劳动人民注意了草木荣枯、候鸟去来等自然现象同气候的关系，据以安排农事。杏花开了，就好像大自然在传语要赶快耕地；桃花开了，又好像在暗示要赶快种谷子。布谷鸟开始唱歌，劳动人民懂得它在唱什么：“阿公阿婆，割麦插禾[⑧]。”这样看来，花香鸟语，草长莺飞，都是大自然的语言。

---

① 此处的美文赏析供读者进行听、说能力的训练。
② 次第：一个挨着一个地。
③ 翩然：动作轻快的样子。
④ 孕育：怀孕生胎，用来比喻酝酿着新事物。
⑤ 簌簌：纷纷落下的样子。
⑥ 销声匿（nì）迹：原意是不公开讲话，不公开露面。这里指昆虫都无声无息、无影无踪了。
⑦ 风雪载途：风雪，形容气候非常恶劣。载途，满路，有遍地的意思。
⑧ 阿公阿婆，割麦插禾：这是模仿布谷鸟的叫声，说成催促农民及时耕作的话。禾，这里指稻秧。

这些自然现象，我国古代劳动人民称它为物候。物候知识在我国起源很早。古代流传下来的许多农谚[①]就包含了丰富的物候知识。到了近代，利用物候知识来研究农业生产，已经发展为一门科学，就是物候学。物候学记录植物的生长荣枯，动物的养育往来，如桃花开、燕子来等自然现象，从而了解随着时节推移的气候变化和这种变化对动植物的影响。

物候观测使用的是“活的仪器”，是活生生的生物。它比气象仪器复杂得多，灵敏得多。物候观测的数据反映气温、湿度等气候条件的综合，也反映气候条件对于生物的影响。应用在农事活动里，比较简便，容易掌握。物候对于农业的重要性就在这里。下面是一个例子。

北京的物候记录，1962 年的山桃、杏花、苹果、榆叶梅[②]、西府海棠、丁香、刺槐的花期比 1961 年迟十天左右，比 1960 年迟五六天。根据这些物候观测资料，可以判断北京地区 1962 年农业季节来得较晚。而那年春初种的花生等作物仍然是按照往年日期播种的，结果受到低温的损害。如果能注意到物候延迟，选择适宜的播种日期，这种损失就可能避免。

物候现象的来临决定于哪些因素呢？

首先是纬度[③]。越往北桃花开得越迟，候鸟也来得越晚。值得指出的是物候现象南北差异的日数因季节的差别而不同。我国大陆性气候显著，冬冷夏热。冬季南北温度悬殊，夏季却相差不大。在春天，早春跟晚春也不相同。如在早春三四月间，南京桃花要比北京早开 20 天，但是到晚春五月初，南京刺槐开花只比北京早 10 天。所以在华北常感觉到春季短促，冬天结束，夏天就到了。

经度[④]的差异是影响物候的第二个因素。凡是近海的地方，比同纬度的内陆，冬天温和，春天反而寒冷。所以沿海地区的春天的来临比内陆要迟若干天。如大连纬度在北京以南约 1°，但是在大连，连翘[⑤]和榆叶梅的盛开都比北京要迟一个星期。又如济南苹果开花在四月中或谷雨节，烟台要到立夏。两地纬度相差无几，因为烟台靠海，春天便来得迟了。

---

① 农谚：有关农业生产的谚语，是农民在长期生产实践里总结出来的经验。

② 榆叶梅：落叶灌木或小乔木，花粉红色，核果球形、红色。可供观赏。

③ 纬度：地理学名词，指某点与地球球心的连线和地球赤道面所成的线面角，其数值在 0 至 90 度之间。

④ 经度：地理学名词，一般指球面坐标系的纵坐标，具体来说就是地球上一个地点离一根被称为本初子午线的南北方向走线以东或以西的度数。

⑤ 连翘（qiáo）：落叶灌木，春季开鲜黄色花，果实可以入药。

影响物候的第三个因素是高下的差异。植物的抽青①、开花等物候现象在春夏两季越往高处越迟，而到秋天乔木的落叶则越往高处越早。不过研究这个因素要考虑到特殊的情况。例如秋冬之交，天气晴朗的空中，在一定高度上气温反比低处高。这叫逆温层。由于冷空气比较重，在无风的夜晚，冷空气便向低处流。这种现象在山地秋冬两季，特别是这两季的早晨，极为显著，常会发现山脚有霜而山腰反无霜。在华南丘陵区把热带作物引种在山腰很成功，在山脚反不适宜，就是这个道理。

此外，物候现象来临的迟早还有古今的差异。根据英国南部物候的一种长期记录，拿 1741 到 1750 年十年平均的春初七种乔木抽青和开花日期同 1921 到 1930 年十年的平均值相比较，可以看出后者比前者早九天。就是说，春天提前九天。

物候学这门科学接近生物学中的生态学和气象学中的农业气象学。物候学的研究首先是为了预报农时，选择播种日期。此外还有多方面的意义。物候资料对于安排农作物区划，确定造林和采集树木种子的日期，很有参考价值，还可以利用来引种植物到物候条件相同的地区，也可以利用来避免或减轻害虫的侵害。我国有很大面积的山区土地可以耕种，而山区的气候、土壤对农作物的适应情况，有很多地方还有待调查。为了便利山区的农业发展，开展山区物候观测是必要的。

物候学是关系到农业丰产的科学，我们要进一步加强物候观测，懂得大自然的语言，争取农业更大的丰收。

作品评析

文章语言准确、严谨，体现了说明文语言的科学性。如在说明物候现象的时候，先分说“植物”和“动物”，再概说“生物”，用词处处都经过推敲。在说明影响物候现象的四个因素时运用了列数字的说明方法，如“南京桃花要比北京早开 20 天”。还使用了举例子的说明方法，如“大连纬度在北京以南约一度，但是在大连，连翘和榆叶梅的盛开都比北京要迟一个星期”。同时还使用了下定义的说明方法，如“秋冬之交，天气晴朗的空中，在一定高度上气温反比低处高。这叫逆温层”。文章语言朴实、优美，令人回味无穷。

① 抽青：植物发芽变绿。

二、奇妙的克隆

谈家桢

阅读提示

谈家桢（1909—2008年），中国科学院院士，遗传学家，教育家，从事遗传学教学和研究70多年。研究工作主要涉及瓢虫、果蝇、猕猴、人体、植物等的细胞遗传、群体遗传、辐射遗传、毒理遗传、分子遗传及遗传工程等。坚持科学真理，把毕生精力贡献给了遗传学事业；为遗传学研究培养了大批优秀人才；建立了中国第一个遗传学专业，创建了第一个遗传学研究所，组建了第一个生命科学院。

本文用了四个小标题，使全文内容层次分明、条理清晰。文章先写克隆的含义，接着写克隆实验，再写克隆的发展，最后写克隆对人类的造福和对克隆的思考。行文脉络十分清楚，说明事理步步推进。

克隆①是什么

一个细菌经过20分钟左右就可一分为二；一根葡萄枝切成十段就可能变成十株葡萄；仙人掌切成几块，每块落地就生根；一株草莓依靠它沿地“爬走”的匍匐茎，一年内就能长出数百株草莓苗……凡此种种，都是生物靠自身的一分为二或自身的一小部分的扩大来繁衍②后代，这就是无性繁殖。无性繁殖的英文名称叫“Clone”，音译为“克隆”。实际上，英文的“Clone”起源于希腊文“Klone”，原意是用“嫩枝”或“插条”繁殖。时至今日，“克隆”的含义已不仅仅是“无性繁殖”，凡来自一个祖先，无性繁殖出的一群个体，也叫“克隆”。这种来自一个祖先的无性繁殖的后代群体也叫“无性繁殖系”，简称无性系。

自然界的许多动物，在正常情况下都是依靠父方产生的雄性细胞（精子）与母方产生的雌性细胞（卵子）融合（受精）成受精卵（合子），再由受精卵经过一系列细胞分裂长成胚胎，最终形成新的个体。这种依靠父母双方提供性细胞、并经两性细胞融合产生后代的繁殖

① 克隆：共同前体通过无性繁殖而形成的一群基因结构相同的细胞或个体。

② 繁衍：逐渐增多或增广。

方法就叫有性繁殖。但是，如果我们用外科手术将一个胚胎分割成两块、四块、八块……最后通过特殊的方法使一个胚胎长成两个、四个、八个……生物体，这些生物体就是克隆个体。而这两个、四个、八个……个体就叫作无性繁殖系（也叫克隆）。

可以这样说，关于克隆的设想，我国明代的大作家吴承恩已有精彩的描述——孙悟空经常在紧要关头拔一把猴毛变出一大群猴子，猴毛变猴就是克隆猴。

克隆鲫鱼出世前后

1979 年春，中国科学院武汉水生生物研究所的科学家，用鲫鱼囊胚期的细胞进行人工培养，经过 385 天 59 代连续传代培养后，用直径 10 微米左右的玻璃管在显微镜下从培养细胞中吸出细胞核。与此同时，除去鲫鱼卵细胞的核，让卵细胞留出空间做好接纳囊胚细胞核的准备。一切准备就绪后，把玻璃管吸出的核移放到空出位置的鲫鱼卵细胞内。得到了囊胚细胞核的卵细胞在人工培养下大部分夭亡了。在 189 个这种换核卵细胞中，只有两个孵化出了鱼苗，而最终只有一条幼鱼渡过难关，经过 80 多天培养后长成 8 厘米长的鲫鱼。这种鲫鱼并没有经过雌、雄细胞的结合，仅仅是给卵细胞换了个囊胚细胞的核，实际上是由换核卵产生的，因此也是克隆鱼。

在克隆鲫鱼出现之前，英国牛津大学的科学家已经在 1960 年和 1962 年，先后用非洲一种有爪的蟾蜍①（非洲爪蟾）进行过克隆试验。试验方式是先用紫外线照射爪蟾卵细胞，破坏其中的核，然后依靠高超的外科手术从爪蟾蝌蚪的肠上皮细胞、肝细胞、肾细胞中取出核，并把这些细胞的核精确地放进已被紫外线破坏了细胞核的卵细胞内。经过精心照料，这些换核卵中终于有一部分长出了活蹦乱跳的爪蟾。这种爪蟾也不是经过精细胞和卵细胞相结合产生的，所以也是克隆爪蟾。

我国著名学者童第周在 1978 年成功地进行了黑斑蛙的克隆试验。他将黑斑蛙的红细胞的核移入事先除去了核的黑斑蛙卵中，这种换核卵最后长成能在水中自由游泳的蝌蚪。

鱼类换核技术的成熟和两栖②类换核的成功，使一批从事良种培育工作的科学家激动不已。既然鲫鱼的囊胚细胞核取代鲫鱼卵细胞核后能得到克隆鱼，那么异种鱼换核能否得到新的杂种鱼呢？我国科学家首先提出了这个问题，也首先解决了这个问题。就是培养克隆鲫鱼成功的那个研究所，设法把鲤鱼胚胎③细胞的核取代了鲫鱼卵细胞的核。鲤鱼细胞核和鲫鱼卵细胞质居然能相安无事④，并开始了类似受精卵分裂发育的过程，最后长出有

---

① 蟾蜍：一种两栖动物，体表有许多疙瘩，内有毒腺，俗称癞蛤蟆。

② 两栖：幼年时只可以在水中生活，不可以在陆地上生活。成年后可以在水中生活，也可以在陆地上生活，用肺呼吸，皮肤辅助呼吸。

③ 胚胎：一般来说，卵子在受精后的两周内称孕卵或受精卵；受精后的第 3～8 周称为胚胎。

④ 相安无事：彼此和睦相处，没有什么矛盾冲突。

"胡须"的"鲤鲫鱼"。这种鱼有"胡须"，生长快，完全像鲤鱼，但它的侧线鳞片①数和脊椎②骨的数目与鲫鱼相同，而且鱼味鲜美不亚于鲫鱼。这种人工克隆新鱼种的出现，为鱼类育种开辟了新途径。

对科学的追求是永无止境的。鱼类、两栖类克隆的成功自然而然地使科学家把目光投向了哺乳类。美国和瑞士的科学家率先从灰色小鼠的胚胎细胞中取出细胞核，用这个核取代黑色小鼠受精卵细胞核。实际上，这个黑色小鼠的受精卵在精细胞核刚进入卵细胞后，就把精细胞核连同卵细胞的核一起除去。灰鼠胚胎细胞的核移入黑色小鼠的去核受精卵后，在试管里人工培养了四天，然后再把它植入白色小鼠的子宫内。经几百次灰、黑、白这样的操作以后，白色小鼠终于生下了三只小灰鼠。

克隆绵羊"多利"

1997 年英国《自然》杂志公布了爱丁堡罗斯林研究所威尔莫特等人的研究成果：经过 247 次失败之后，他们在 1996 年得到了一只名为"多利"的克隆雌性小绵羊。

"多利"绵羊是如何"创造"出来的呢？威尔莫特等学者先给"苏格兰黑面羊"注射促性腺素，促使它排卵。得到卵之后，立即用极细的吸管从卵细胞中取出核。与此同时，

从怀孕三个月的"芬多席特"六龄母羊的乳腺细胞中取出核，立即送入取走核的"苏格兰黑面羊"的卵细胞中。手术完成之后，用相同频率的电脉冲刺激换核卵，让"苏格兰黑面羊"的卵细胞质与"芬多席特"母羊乳腺细胞的核相互协调，使这个"组装"细胞在试管里经历受精卵那样的分裂、发育而形成胚胎的过程。然后，将胚胎巧妙地植入另一只母羊的子宫里。到去年 7 月，这只"护理"体外形成胚胎的母羊终于产下了小绵羊"多利"。"多利"不是由母羊的卵细胞和公羊的精细胞受精的产物，而是"换核卵"一步一步发展的结果，因此是"克隆羊"。

"克隆羊"的诞生，在全世界引起了轰动。它的难能可贵之处在于换进去的是体细胞的核，而不是胚胎细胞核。这个结果证明：动物体中执行特殊功能、具有特定形态的所谓高度分化的细胞与受精卵一样具有发育成完整个体的潜在能力。也就是说，动物细胞与植物细胞一样，也具有全能性。

---

① 鳞片：一般多指生在生物体表面的鳞状构造。

② 脊椎：亦称脊柱、脊梁骨，由形态特殊的椎骨和椎间盘联结而成，位于背部正中，上连颅骨，中部与肋骨相连，下端和髋骨组成骨盆。

克隆技术造福人类

克隆技术会给人类带来极大的好处。例如，英国 PPL 公司已培育出羊奶中含有治疗肺气肿的α-I 抗胰蛋白酶的母羊。这种羊奶的售价是 6 000 美元一升。一只母羊就好比一座制药厂。用什么办法能最有效、最方便地使这种羊扩大繁殖呢？最好的办法就是“克隆”。同样，荷兰 PHP 公司培育出能分泌人乳铁蛋白的牛，以色列 LAS 公司育成了能生产血清白蛋白的羊。这些高附加值的牲畜如何有效地繁殖？答案当然还是“克隆”。

母马配公驴可以得到杂种优势特别强的动物——骡，然而骡不能繁殖后代，那么，优良的骡如何扩大繁殖？最好的办法也是“克隆”。我国的大熊猫是国宝，但自然交配成功率低，因此已濒临绝种。如何挽救这类珍稀动物？“克隆”为人类提供了切实可行的途径。

除此之外，克隆动物对于研究癌生物学、研究免疫学、研究人的寿命等都有不可低估的作用。

不可否认，“克隆绵羊”的问世也引起了许多人对“克隆人”的兴趣。例如，有人在考虑，是否可用自己的细胞克隆成一个胚胎，在其成形前就冰冻起来。在将来的某一天，自身的某个器官出了问题时，就可从胚胎中取出这个器官进行培养，然后替换自己病变的器官。这也就是用克隆法为人类自身提供“配件”。

有关“克隆人”的讨论提醒人们，科技进步是一首悲喜交集的进行曲。科技越发展，对社会的渗透越广泛深入，就越有可能引起许多有关的伦理、道德和法律等问题。我想用诺贝尔奖获得者、著名分子生物学家 J.D.沃森的话来结束本文：“可以期待，许多生物学家，特别是那些从事无性繁殖研究的科学家，将会严肃地考虑它的含意，并展开科学讨论，用以教育世界人民。”

作品评析

本文在写法上很有特点，可从以下几个方面来探讨。首先，表现在文章结构安排上，用四个小标题把全文分为四部分，这四个部分从不同的侧面说明克隆，但前后又有紧密的逻辑联系。其次，文中运用举例子、作比较、列数字和作诠释等多种说明方法，对艰深的科学道理进行了深入浅出的说明。再次，文中浸透了作者的思想感情，读者不仅能从中获得科学知识，而且能受到教育、得到启迪。

三、苏州园林

叶圣陶

阅读提示

叶圣陶（1894—1988 年），有“优秀的语言艺术家”之称。新中国成立后，叶圣陶曾担任出版总署副署长、人民教育出版社社长、教育部副部长。他也是第六届全国政协副主席、第五届全国人大常委委员、第五届全国政协常委委员、民进中央主席。1988 年 2 月 16 日逝世于北京，享年 94 岁。

在本文中，作者站在游览者的角度，概括出数量众多、各具匠心的苏州园林的共同特点，进而从多方面进行说明。这篇课文像是一把钥匙，打开了苏州园林之美的奥秘之门。

苏州园林据说有一百多处，我到过的不过十多处。其他地方的园林我也到过一些。倘若要我说说总的印象，我觉得苏州园林是我国各地园林的标本，各地园林或多或少都受到苏州园林的影响。因此，谁如果要鉴赏①我国的园林，苏州园林就不该错过。

设计者和匠师们因地制宜②，自出心裁③，修建成功的园林当然各各不同。可是苏州各个园林在不同之中有个共同点，似乎设计者和匠师们一致追求的是：务必使游览者无论站在哪个点上，眼前总是一幅完美的图画。为了达到这个目的，他们讲究亭台轩榭④的布局，讲究假山池沼的配合，讲究花草树木的映衬，讲究近景远景的层次。总之，一切都要为构成完美的图画而存在，决不容许有欠美伤美的败笔⑤。他们惟愿游览者得到“如在画图中”的美感，而他们的成绩实现了他们的愿望，游览者来到园里，没有一个不心里想着口头说着“如在画图中”的。

我国的建筑，从古代的宫殿到近代的一般住房，绝大部分是对称的，左边怎么样，右

---

① 鉴赏：鉴别、欣赏。

② 因地制宜：根据各地的具体情况，制定适宜的办法。因，根据。制，制定。宜，适当。

③ 自出心裁：独创一格，与众不同。心裁，心中的设计筹划。

④ 轩榭：有窗户的廊子或小屋。榭，建筑在台上的敞屋。

⑤ 败笔：字、画、诗、文中不好的一笔。

边也怎么样。苏州园林可绝不讲究对称，好像故意避免似的。东边有了一个亭子或者一道回廊，西边决不会来一个同样的亭子或者一道同样的回廊。这是为什么？我想，用图画来比方，对称的建筑是图案画，不是美术画，而园林是美术画，美术画要求自然之趣，是不讲究对称的。

苏州园林里都有假山和池沼。假山的堆叠，可以说是一项艺术而不仅是技术。或者是重峦叠嶂[①]，或者是几座小山配合着竹子花木，全在乎设计者和匠师们生平多阅历[②]，胸中有丘壑[③]，才能使游览者攀登的时候忘却苏州城市，只觉得身在山间。至于池沼，大多引用活水。有些园林池沼宽敞，就把池沼作为全园的中心，其他景物配合着布置。水面假如成河道模样，往往安排桥梁。假如安排两座以上的桥梁，那就一座一个样，决不雷同。池沼或河道的边沿很少砌齐整的石岸，总是高低屈曲任其自然。还在那儿布置几块玲珑的石头，或者种些花草：这也是为了取得从各个角度看都成一幅画的效果。池沼里养着金鱼或各色鲤鱼，夏秋季节荷花或睡莲开放，游览者看“鱼戏莲叶间”，又是入画的一景。

苏州园林栽种和修剪树木也着眼在画意。高树与低树俯仰生姿[④]。落叶树与常绿树相间[⑤]，花时不同的多种花树相间，这就一年四季不感到寂寞。没有修剪得像宝塔那样的松柏，没有阅兵式似的道旁树 ：因为依据中国画的审美观点看，这是不足取的。有几个园里有古老的藤萝，盘曲嶙峋[⑥]的枝干就是一幅好画。开花的时候满眼的珠光宝气[⑦]，使游览者感到无限的繁华和欢悦，可是没法说出来。

游览苏州园林必然会注意到花墙和廊子。有墙壁隔着，有廊子界[⑧]着，层次多了，景致就见得深了。可是墙壁上有砖砌的各式镂空[⑨]图案，廊子是两边无所依傍的，实际是隔而不隔，界而未界，因而更增加了景致的深度。有几个园林还在适当的位置装上一面大镜子，层次就更多了，几乎可以说把整个园林翻了一番。

---

① 重峦叠嶂：重重叠叠的山峦。

② 阅历：一个人对社会、对事件、对生活中所发生的事的经历及理解程度。

③ 丘壑：山水风景。

④ 俯仰生姿：高树好像低着头，低树好像抬着头，形成一种相互呼应的优美姿态。

⑤ 相间：（事物）一个隔着一个。

⑥ 嶙峋：枯瘦的样子。

⑦ 珠光宝气：闪耀着珍宝的光色。多形容妇女服饰华贵富丽，这里指各种鲜花色彩的华美。

⑧ 界：分划、动词。

⑨ 镂空：雕刻出穿透物体的花纹或文字。

游览者必然也不会忽略另外一点，就是苏州园林在每一个角落都注意图画美。阶砌旁边栽几丛书带草。墙上蔓延着爬山虎或者蔷薇[1]木香。如果开窗正对着白色墙壁，太单调了，给补上几竿竹子或几棵芭蕉。诸如此类[2]，无非要游览者即使就极小范围的局部看，也能得到美的享受。

苏州园林里的门和窗，图案设计和雕镂琢磨[3]功夫都是工艺美术的上品。大致说来，那些门和窗尽量工细[4]而决不庸俗，即使简朴而别具匠心。四扇，八扇，十二扇，综合起来看，谁都要赞叹这是高度的图案美。摄影家挺喜欢这些门和窗，他们斟酌[5]着光和影，摄成称心满意的照片。

苏州园林与北京的园林不同，极少使用彩绘。梁和柱子以及门窗栏杆大多漆广漆，那是不刺眼的颜色。墙壁白色。有些室内墙壁下半截铺水磨方砖，淡灰色和白色对衬。屋瓦和檐漏一律淡灰色。这些颜色与草木的绿色配合，引起人们安静闲适[6]的感觉。花开时节，更显得各种花明艳照眼。

可以说的当然不止以上写的这些，这里不再多写了。

作品评析

总观全文内容，共有 10 个自然段，可分为 3 个部分：第一部分总领全文。揭示了文章的写作意图，让大家用艺术的眼光去鉴赏苏州园林，并突出苏州园林在园林艺术中的地位。第二部分抓住苏州园林图画美的共同特征，分别从各个角度介绍说明。第三部分结尾。这一段交代说明是不可忽视的结语。它总结了全文，再次激起了读者急于一游苏州园林的强烈欲望，也使行文缜密、引人回味。全文结构紧凑、条理清晰、语言优美，使读者跟随作者的笔端饱览苏州园林的秀美风光。

① 蔷薇：一种花的名称。
② 诸如此类：与此相似的种种事物。
③ 琢磨：雕刻打磨（玉石），加工精美（指文章等）。
④ 工细：精巧细致。
⑤ 斟酌：考虑事情、文字等是否可行或是否适当。
⑥ 闲适：清闲安适。

思考与练习

一、理解知识，回答以下问题：

1．什么是解说？解说有哪些特点？

2．解说有哪些种类？

3．解说有哪些基本要求？

二、运用恰当的方法解说下面的话题。

1．高楼发生大火如何逃生？

2．中秋节的由来。

3．被动吸烟的危害。

拓展训练

导游解说应当注意哪些问题？请在充分准备后，与同学同游当地风景名胜并为他们做导游解说。

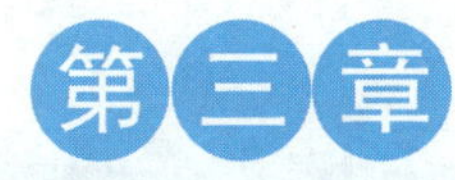

第三章 读

读 抑扬顿挫 博学多识

第一单元　基础诵读

显微阐幽　骋怀游目——辨析探寻　学会说明

单元导读

辨析探寻是对诵读更高一层的要求。在诵读一篇文章时，文章各部分之间都可能出现声音或段落的中断，这是文章内在逻辑的外在表现，体现着作者的思路和情感发展。这就要求对文章进行“辨析探寻”，即在细致认真的阅读中透彻地理解文章的每一个局部，并以此为基础切实理清文章的思路，以便对全文有准确的把握和深入的体会。探寻通篇思路的最基本方法是在认真阅读每一局部的基础上理清段落间的关系，是总分、并列、承接，还是转折、因果。理清了段间关系，思路也就清楚了。

本单元是说明文的专项训练单元，“学会说明”就是针对学习说明文而言的，具体应做到以下几个方面：

首先，明确说明文的三要素，即内容的科学性、说明的条理性和语言的准确性。

其次，弄清说明文的说明对象、文章结构、说明思路和逻辑顺序。弄清说明对象，即诵读文章时要弄清是事物说明文还是事理说明文，并明确文章的中心意思。弄清文章结构即诵读文章时弄清文章结构是总分式还是递进式，前者常为事物说明文所采用，后者常为事理说明文所采用。弄清说明思路，即明确文章是按照说明对象的自身条理性来安排结构的，还是按照人们对说明对象的认识规律安排结构的。弄清逻辑顺序，即弄明白文章编写采用的是时间顺序、空间顺序还是逻辑顺序。

最后，辨别并学会说明文的说明方法，主要包括举例子、打比方、下定义、画图表、作诠释、作比较、摹状貌、引用说明、分类别和列数字等。

本单元的8篇课文均为说明文，诵读时除了应读出作者的特定情感之外，还应从整体上辨析探寻、理清思路，丰富各种事物或事理的相关知识，学会说明。

一、奇妙的人体①

一丁

阅读提示

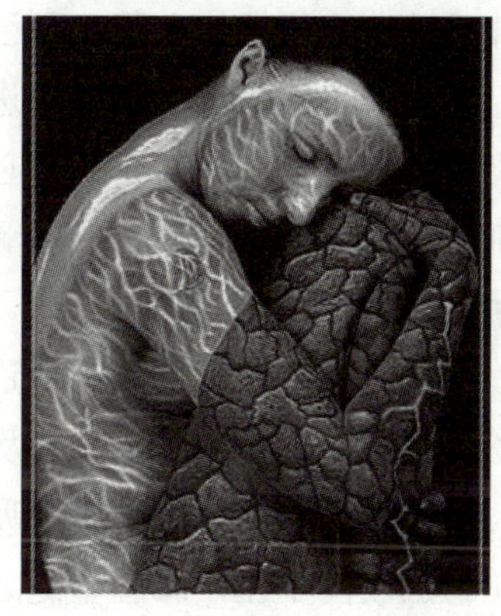

这是一篇介绍科学知识的说明文。作者抓住人体的各个器官的特点，采用列数字、作比较、打比方等说明方法，深入浅出、通俗生动地对“人脑”“人的心脏”“人的肺”“人的消化系统”“人的骨骼”及“人的皮肤”进行了介绍，突出了人体奇妙的特点。

学习本文时，要借助联想和想象，感受人体的“奇妙”，唤起对人体的欣赏和热爱。同时，要在阅读理解的基础上，掌握文中的说明方法。

人体——大自然的杰作——每时每刻都在创造着工程学、化学、物理学方面的奇迹。人体，其构造之精妙，其效率之高超，其消耗之低微，最精巧的机器人也不能与之相比。

人脑是一部最奇妙的机器，它和手结合，使人成为万物之灵。人脑平均重 1.2 千克，体积仅为 1.5 立方分米，神经元的数量与银河系中的恒星的数目相差无几，为 150 亿个，耗能的功率仅在 10 瓦左右。如果用与脑神经元数目相同的相应半导体器件制造一台计算机，其体积将有 1 万立方米，是大脑体积的 600 多万倍，需要电能 100 万千瓦，相当于一座大型水电站的发电量。一台大型电子计算机可以储存 10^7～10^{10} 比特的信息，而人脑的信息容量可达 10^{15} 比特。

人的心脏像一部有双重功能的水泵，通过压力将血液注入循环系统。血液是生命的河流，沿着 9 000 多千米长的血管永不停息地流动着。血液的主要功能是通过人体细胞来发挥的。血液把氧气、水分和营养物输送给细胞，然后再提取细胞排出的废物。血液从心脏流出再返回，一次完整的循环连一分钟也用不了。血液流动的血管粗细不一，粗的直径约 2.5 厘米，有自来水管那么粗；细的如毛细血管，细到血球必须排成一行才能依次通过。血液中有红血球和白血球。圆饼形的红血球数量约有 25 兆个，它的主要功能是输送氧气。白血球约有 250 亿个，它是卫士，一

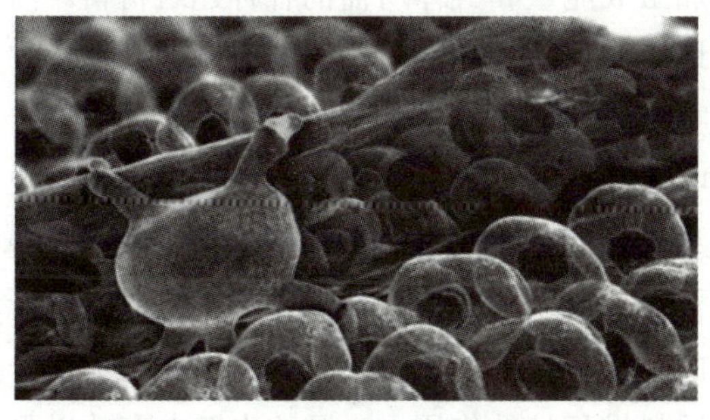

人体毛细血管

① 选自《博物》1984 年第 2 期，略有改动。

旦发现外敌入侵，就会迎上去攻击；同时它也是清洁工，帮助消除血液中的垃圾。

心脏由粗壮而坚韧的肌肉构成，大小仅相当于一个拳头，但它的机械性能十分惊人。心脏每分钟跳动 70 次左右，每昼夜约跳动 10 万次。它每天排出血液 9 000 多升，在人的一生中排出的血液总量大约 2 亿千克。心脏的瓣膜类似阀门，使血液顺着单一方向流动，避免倒流。现在，心脏已不再被认为是灵魂的住所、智慧的源泉，但是它那优美的造型和非凡的技能仍然使人赞叹不已。

随着科学向自然奥秘的进军，人们不断发现一些令人难以捉摸的现象。譬如，从心脏上取下的一个细胞，在脱离心脏后仍能继续跳动。科学家还发现，在培养皿中的两个心脏细胞，各自按照自己的节奏跳动，但是当它们接触到一起时，便同步按照相同节奏一起跳动。

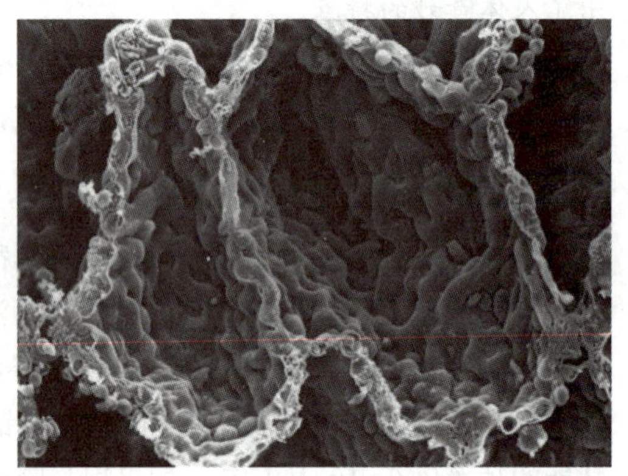
人的肺气泡

呼吸几乎是不知不觉地进行的。在身体放松的情况下，我们每分钟呼吸 18 次，每次吸进 0.5 升空气。我们体内的呼吸系统很像一个风箱，膈膜向下压，胸膛壁随之向外扩张，使空气流进，填补因体积变大后出现的真空。气管向下分成两个支气管，各与左肺右肺相通。两个支气管又分出许多小的支气管与肺连成许多小通道。从结构上看，肺的外形很像一棵树。因此有人把肺的结构称为支气管树。支气管树上最小的枝杈分别与肺泡相连。一个肺泡只有一粒米的 1/10，人肺共有 3 亿个肺泡。肺泡之间是纵横交错的毛细血管网，肺泡与血管中间有透明的薄膜相隔，通过这种薄膜，红血球可以提取氧气，排出二氧化碳。人体的呼吸系统和血液循环系统有很强的适应性，可以随着人体运动量的变化而变化。在全身放松的情况下，肺和心脏可提供的空气和血液是实际需要的 10 倍。

人体还是一座复杂的工厂，能够把原材料加工成能量和身体所需的各种建筑材料。消化系统是这座奇特工厂的主要车间，不知疲倦地工作着。人体所需要的物质，除氧是从呼吸获得以外，其他都必须从食品中提取。我们吃东西之前，口内就准备好了唾液。唾液中主要是水以及各种消化酶，唾液的功能是帮助咀嚼和吞咽食物。食道一直通到胃，是一根长 20 多厘米、直径不到 2.5 厘米的管子，食道壁布满肌肉，通过收缩和放松，使食物慢慢往下移动。胃壁可以蠕动食物，并可分泌酶和胃酸，使之与食物混合。胃在正常消化时所产生的胃酸能把地毯烧穿，胃壁上有一层光滑的黏膜，保护着胃壁不受胃酸的腐蚀。整个消化过程大部分是在小肠内进行的，胃主要起原料堆积站的作用。小肠的内壁上有数以百万计的绒毛，绒毛的作用是促使营养变得更能使人体吸收。食物从进入口腔到排出体外需要一天时间，全程 9 米多。

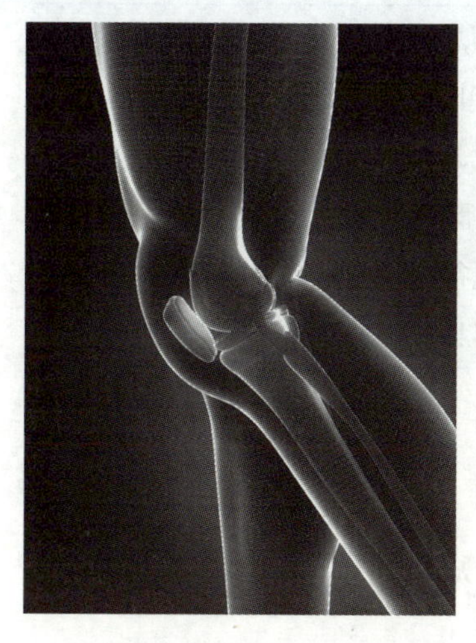

人的骨骼既结实又轻便，仅占体重的 18%。健康的骨关节表面都有一层光滑的软骨组织和起润滑作用的黏状液体。据说，这种液体的润滑作用是迄今为止任何人造的润滑剂都无法与之媲美的。人体共有 206 块骨头，由 650 条肌肉和 100 多个关节控制。固定肌肉与骨骼的腱极为坚韧，能承受每平方厘米 1 240 克的压力。全身的骨头有一半以上分布在手和脚上。在跑步时，人的腿和脚每平方厘米平均要承受 350 千克的压力，跳高时所承受的压力是跑步时的 4 倍。手是人体构造的精华，是大脑的得力侍从，是人类文化和文明的创造者。手还是世界上最多能的工具，每只手共有 25 个关节，可以做出 58 种截然不同的动作。

人的所有这些奇妙而又复杂的自然结构，都包在一层类似外衣、有弹性又不透水的皮肤里。皮肤是人体最大的单一器官。普通一个人的皮肤将近 2 平方米，重量约 2.9 千克，厚度不到 1.5 毫米。皮肤上有汗孔，人体共有 200 万个汗孔，这是体温调节系统的一部分。人在剧烈活动时，体内温度可以比平时高出 7 摄氏度，这些余热就是靠出汗来散发掉的。我们的肌肉伸缩时产生的能量，1/4 是有用的，剩余的 3/4 则转化成热量。表面看来，人只有在剧烈活动时及在高温条件下才出汗，其实不然，人始终处于出汗状态，每天要出 0.5 升以上的汗。

今天人类在精神和物质方面所创造的奇迹是他的祖先做梦也想不到的。英国文豪莎士比亚说过：人是多么好的艺术品，它的外形美妙奇特，它的动作又像天使。人是万物之精华，自然界美的化身。

作品评析

本文是一篇形象、生动的说明文。说明文是一种以说明为主要表达方式的文章体裁。它通过对实体事物科学的解说，对客观事物做出说明或对抽象事理进行阐释，使人们对事物的形态、构造、性质、种类、成因、功能、关系或对事理的概念、特点、来源、演变、异同等有科学的认识，从而获得有关的知识。

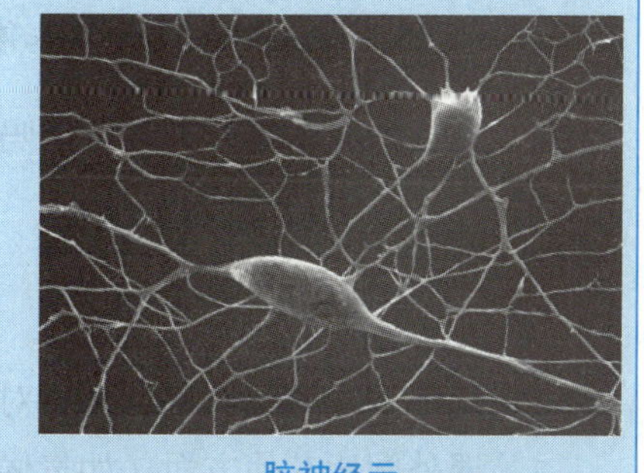

脑神经元

本文运用了多种说明方法，除列数字外，用得最多的两种是作比较和打比方。例如，“人脑是一部最奇妙的机器”的写法，用机器与人脑的相似之

处作比较，以突出人脑的结构、功能，可使读者通过比较，对大脑产生具体而鲜明的印象；“人的心脏像一座有双重功能的水泵”的写法，突出心脏与水泵之间的相似之处，描述心脏的形状特点，增强了说明的形象性和生动性，把抽象复杂的心脏说得浅显易懂、具体生动。在介绍人的心脏、肺、消化系统、骨骼和皮肤时，同样采用了上述说明方法，深入浅出地把人体各部分的精妙与奇特表现得十分到位。文章末尾，再次感叹人体的美妙奇特，增强了文章的感染力，十分精彩！

思考与练习

一、本文主要介绍了人体的哪些器官？各器官有什么特点？作者又是如何表现其奇妙的特点的？

二、作者在介绍人体的骨骼时，大量运用数字说明的方法，如果换成比较或比喻的方法好不好？为什么？

三、仔细阅读课文，考察自己的对课文的理解是否准确。

1. 下列对正文内容的理解，不正确的一项是（　　）。

   A. 第二节主要采用列数字、作比较的说明方法来介绍人脑体积小、容量大、耗能低的特点

   B. 血液有将氧气、水分和营养物输送给人体细胞的主要功能

   C. 第四节重点解说了身体放松情况下人体呼吸系统工作的情形

   D. 小肠承担了整个消化系统消化、吸收过程的大部分工作

2. 下列说法与本文不吻合的一项是（　　）。

   A. 人脑在人体中最奇妙，它构造精妙、效率高超、消耗低微，最精巧的机器人也不能与之媲美

   B. 人体轻微的炎症在不用药的情况下，可以靠血液中的白血球来消除

   C. 在腹部进行来回按摩有利于胃肠蠕动，有助于食物消化

   D. 适量运动不仅能加速人体血液循环，促进人体对氧气、水分和营养物的吸收，还能增大肺活量，使人体气体交换更加完全

四、你认为人体是“奇妙”的吗？具体谈谈你对这一点的理解和感受。

拓展训练

一、运用本文的说明特点，试对你所熟悉的事物进行说明，要突出其神奇的特点。

二、课外阅读其他方面（如气候、建筑、生物、工艺制作、科技等）的经典说明文，拓展自己的视野，掌握文中的各种说明方法，以提高写作水平。

二、谈谈记忆[①]

邵道生

阅读提示

本文从记忆的心理特征入手，先从总体上介绍记忆的定义和作用，然后具体细致地说明了记忆过程、记忆品质、记忆特点和记忆类型。本文在说明过程中，除了使用一些专门术语之外，还注意使用“可以”“甚至”“可能”等词语来增强语言的准确性和周密性。阅读此文时，应注意把握这一语言特点。

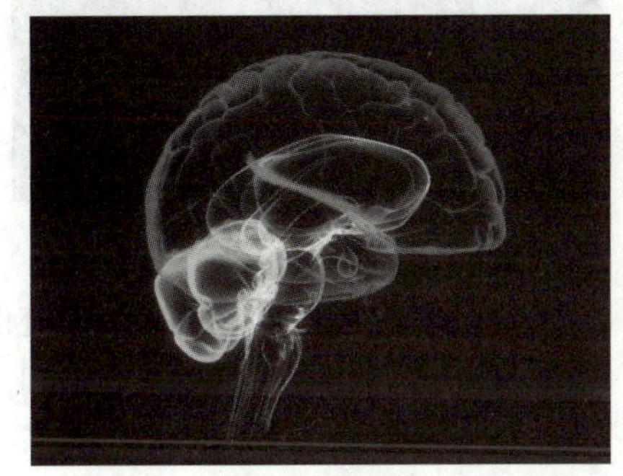

学习本文，能帮助我们科学地理解记忆，有益于我们科学地改善自己的记忆品质，增强记忆力。

记忆，是人类认识和改造世界的基础，是人们智力活动的一个重要组成部分。什么叫记忆呢？近代心理学认为，学习指的是神经系统内信息的获得与保持，而记忆则是贮存于脑内的所有信息的总和，是对事物的识记[②]、保持和再现[③]。这三个环节的统一，决定着记忆的效果。

识记是整个记忆过程的开始，是通过学习在大脑留下痕迹的过程。这个过程，有无意识记[④]和有意识记[⑤]之分。无意识记是初级的识记形式，它既没有目的，也不使用任何方法。有意识记则是一种复杂的智力活动，它有一定的任务，而且还使用一定的方法，在人类的学习活动中起着重要的作用。

把学习过的痕迹贮存于脑中的过程，叫保持。没有痕迹的保持，人们就不会有知识、技能和经验的积累。记忆痕迹在脑中的状态，分瞬时记忆[⑥]、短时记忆和长时记忆。瞬时记忆又叫感觉记忆，储存时间不超过一两秒钟；短时记忆的时间长一些，持续一两分钟，但这种记忆的痕迹不明确，不巩固，容易消逝；长时记忆的痕迹则能较长久地保持。

再认和再现，是记忆的两种不同表现形式。再认是对事物重新出现的再度感知。再现是对过去的记忆痕迹重新呈现。再现的反面就是遗忘。

---

① 节选自《百科知识》1980 年第 9 期，有改动。

② 识记：通过感知记住事物的特点和事物之间的联系，从而积累知识经验的过程。

③ 再现：也叫重现，指已掌握的知识能回想起来、已学会的动作能再实现和已经历的情感能再体验的过程。

④ 无意识记：没有预定目的、自然产生的识记。

⑤ 有意识记：按预定目的经主观努力而产生的识记。

⑥ 瞬时记忆：一种短暂的记忆。指对事物的感知停止后所产生的痕迹持续一瞬间就急速消失的记忆。

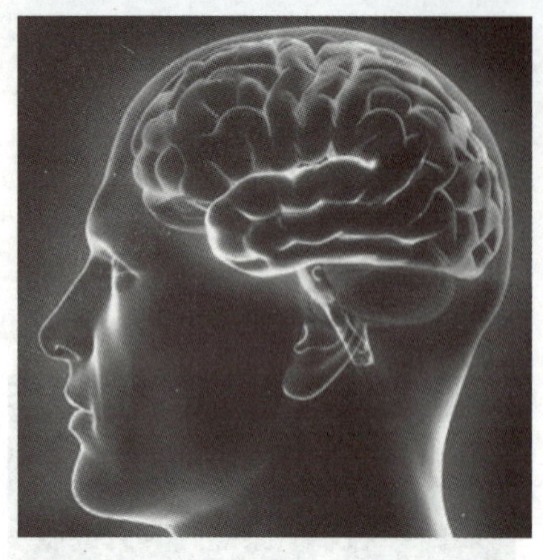

每个人的记忆品质是不尽相同的，例如有的人记得快、记得好，记忆痕迹很难磨灭；有些人却记得慢、记不牢，记忆痕迹一闪即逝。一般说，记忆品质有如下四个指标。

记忆广度，是指对某种材料在一次呈现后能正确复现的范围。心理研究中最典型的是复现数字表。一般人的正常指标为复现八九位数字。

记忆速度，是指在一定时间内能够记住事物的数量。小时候的茅以升，在一旁看他的爷爷抄古文《东都赋》①，爷爷刚抄完全文，他就能把全文背出，这说明他的记忆速度很快。

记忆的持久性，是指记忆痕迹保持时间的长度。一件事，如果某人有兴趣或认为有特殊的意义，可以保持相当长的时间，甚至终生不忘。以茅以升教授来说，求学时代的拿手节目是背诵圆周率，到了八十高龄，仍能背诵小数点后百余位而没有差错，由此可见其记忆保持之久。

记忆的准确性，是指忠实地保持原来识记内容的品质。国际上有背诵圆周率的世界纪录，1957 年，一名英国人可背诵小数点后 5 050 位；1958 年，一名十七岁的加拿大学生可背诵小数点后 8 750 位；最近，日本索尼电器公司的一名职员能背诵小数点后两万位，被称为世界上记忆力最强的人。

不同的年龄有不同的记忆特点。儿童的大脑发育未完全成熟，因此直观形象识记能力比较强；青年期是记忆最好的时期；成年人的生活经验较丰富，语言能力和逻辑思维能力比较强，对一些具有逻辑意义的内容容易记住，而机械识记②的能力逐渐下降；老年人记忆力随着整个脑功能的衰退逐渐下降，近期记忆不好，而远期记忆却比较牢固。有的学者估计，人到六十至八十五岁，记忆只是其最高水平的一半左右。

记忆，有视觉型、听觉型、运动型、混合型等类型，每个人以其中的一类为主。一般人以视觉记忆为主；音乐家、盲人以听觉记忆为主；运动员、舞蹈家以动作记忆为主。不少人是三种记忆类型的混合型。

作品评析

本文是一篇介绍心理特征的科技说明文，虽然使用了大量的术语，但所举的事例与生活贴近，语言也非常的通俗流畅。整体而言，本文具有以下写作特点：

① 《东都赋》：东汉史学家、文学家班固作，是汉代有名的大赋，作品较长。

② 机械识记：依靠机械重复而记住事物的特点和事物之间的联系的过程。

首先，语言准确、周密、简明、平实。本文运用了大量的记忆术语，但并没有给文章的阅读增添难度，反而使文章更加通俗晓畅。同时，本文在解释术语时，用了一些修饰、限制的词语和层次关系很明显的复句，使术语的含义周密而严谨。文章通篇都没有使用多么华丽的辞藻，没有进行任何的烘托和渲染，用语极其简洁利落，毫无拖泥带水之感。

其次，本文的结构条理性强、逻辑关系清晰。由于人们接受知识是按一定认识过程，由浅入深、从简到繁、循序渐进而逐步深化的，所以说明文在结构方面必须突出事物内在的条理性，以显示事物之间存在的内在的逻辑关系。本文涉及大量有关记忆的术语，但关系并不混乱，文章按照记忆的内在联系采用总一分的散状结构，将所有的术语都紧密联系在一起，使得文章内容“言而有序”。

最后，本文综合运用了下定义、分类别、举例子等说明方法，将“记忆过程”“记忆品质”“记忆特点”和“记忆类型”说明得具体明晰、通俗易懂且合乎客观实际。

思考与练习

一、分类说明，就是依据一定的标准，把说明对象分成若干类，然后按照类别逐一加以说明。运用这种方法，可以使读者较为清楚地了解事物的整体及其构成要素。根据课文填空，从整体上把握记忆的有关知识。

记忆过程
- 识记:
- 保持:
- 再现:

记忆
- 记忆品质:
- 记忆特点（儿童、青年期、成年人、老年人）:
- 记忆类型:

二、为下列句子主干加上一定的修饰、限制或补充成分，使句子变成层次关系很明显的复句，从而使其意思表达变得周密而严谨。

1. 水是液体。
2. 汽车是一种交通工具。
3. 景泰蓝是工艺品。
4. 把书当作朋友。
5. 污染严重。

三、举例说明课文中使用的几种说明方法。

拓展训练

课外阅读《人脑计算机》《你了解大脑吗》等与人类大脑有关的说明文，了解更多关于大脑的知识。说说这些文章的写作特点，并举例说明文章中使用的说明方法。

三、相对论中的空间和时间（节选）①

史蒂芬·霍金

阅读提示

史蒂芬·霍金，1942年出生，从小聪颖过人、思维敏捷。他17岁考入牛津大学物理系，21岁时不幸患上卢伽雷病（运动神经细胞病），从此只能斜躺在电动轮椅上，全身只有两个指头可以稍微活动。他被病魔固定在轮椅上，而思维却穿越时间与空间，追寻着宇宙的尽头、黑洞的隐秘。他敏锐的直觉和缜密的推理直接挑战已被人类广泛认同的传统量子力学、大爆炸理论甚至是爱因斯坦的相对论。史蒂芬·霍金的《时间简史》是一本里程碑式的杰作，是一本对知识无限追求之作，是对时空本质之谜不懈探讨之作。它被翻译成近40种不同的文字，流传于世界各国。

亚里士多德和牛顿都相信绝对时间。也就是说，他们相信人们可以毫不含糊地测量两个事件之间的时间间隔，只要用好的钟，不管谁去测量，这个时间都是一样的。时间相对于空间是完全分开并独立的。这就是大部分人当作常识的观点。然而，我们必须改变这种关于空间和时间的观念。虽然这种显而易见的常识可以很好地对付运动甚慢的诸如苹果、行星的问题，但在处理以光速或接近光速运动的物体时却根本无效。

光以有限但非常高的速度传播的这一事实，由丹麦的天文学家欧尔·克里斯琴森·罗麦于1676年第一次发现。罗麦不仅证明了光以有限速度运动，并且测量了光速，他的成就是卓越的——要知道，这一切都是在牛顿发表《数学原理》之前11年进行的。

直到1865年，当英国的物理学家詹姆士·麦克斯韦成功地将当时用以描述电力和磁力的部分理论统一起来以后，才有了光传播的真正的理论。麦克斯韦方程预言，在合并的电磁场中可以存在波动的微扰，它们以固定的速度，正如池塘水面上的涟漪那样运动。如果这些波的波长（两个波峰之间的距离）为1米或更长一些，这就是我们所谓的无线电波。更短波长的波被称作微波（几厘米）或红外线（长于万分之一厘米）。可见光的波长在一百万分之四十到一百万分之八十厘米之间。更短的波长被称为紫外线、X射线和伽马射线。

麦克斯韦理论预言，无线电波或光波应以某一固定的速度运动。但是牛顿理论已经摆脱了绝对静止的观念，所以如果假定光是以固定的速度传播，人们必须说清这固定的速度

① 选自《时间简史——从大爆炸到黑洞》第二章“空间和时间”（许明贤、吴忠超译，湖南科学技术出版社，2006年），题目为编者所加。

是相对于何物来测量的。这样人们提出，甚至在“真空”中也存在着一种无所不在的称为“以太”的物体。正如声波在空气中一样，光波应该通过这以太传播，所以光速应是相对于以太而言。

然而，一位迄至当时还不知名的瑞士专利局的职员阿尔伯特·爱因斯坦，在 1905 年的一篇著名的论文中指出，只要人们愿意抛弃绝对时间观念的话，整个以太的观念则是多余的。这个被称为相对论的基本假设是，不管观察者以任何速度作自由运动，相对于他们而言，科学定律都应该是一样的。这对牛顿的运动定律当然是对的，但是现在这个观念被扩展到包括麦克斯韦理论和光速：不管观察者运动多快，他们应测量到一样的光速。这简单的观念有一些非凡的结论。可能最著名者莫过于质量和能量的等价，这可用爱因斯坦著名的方程 $E=mc^2$ 来表达（E 是能量，m 是质量，c 是光速），以及没有任何东西能运动得比光还快的定律。由于能量和质量的等价，物体由于它的运动所得到的能量应该加到它的质量上面去。换言之，要加速它将变得更为困难。这个效应只有当物体以接近于光速的速度运动时才有实际的意义。例如，以 10%光速运动的物体的质量只比原先增加了 0.5%，而以 90%光速运动的物体，其质量变得比正常质量的两倍还多。当一个物体接近光速时，它的质量上升得越来越快，它需要越来越多的能量才能进一步加速上去。实际上它永远不可能达到光速，因为那时质量会变成无限大，而由质量能量等价原理，这就需要无限大的能量才能做到。由于这个原因，相对论限制任何正常的物体永远以低于光速的速度运动。只有光或其他没有内禀质量①的波才能以光速运动。

相对论的一个同等卓越的成果是，它变革了我们对空间和时间的观念。在牛顿理论中，如果有一光脉冲从一处发到另一处，（由于时间是绝对的）不同的观测者对这个过程所花的时间不会有异议，但是他们不会在光走过的距离这一点上取得一致的意见（因为空间不是绝对的）。由于光速等于这距离除以所花的时间，不同的观察者就测量到不同的光速。另一方面，在相对论中，所有的观察者必须在光是以多快的速度运动上取得一致意见。然而，他们在光走过多远的距离上不能取得一致意见。所以现在他们对光要花多少时间上也不会取得一致意见（无论如何，光所花的时间正是用光速——这一点所有的观察者都是一致的——去除光所走的距离——这一点对他们来说是不一致的）。总之，相对论终结了绝对时间的观念！这样，每个观察者都有以自己所携带的钟测量的时间，而不同观察者携带的同样的钟的读数不必要一致。相对论迫使我们从根本上改变了对时间和空间的观念。我们必须接受的观念是：时间不能完全脱离和独立于空间，而必须和空间结合在一起形成所谓的空间－时间的客体。

① 内禀质量：就是非能量的质量。

我们通常的经验是可以用三个数或坐标去描述空间中的一点的位置。狭义相对论非常成功地解释了如下事实：对所有观察者而言，光速都是一样的（正如麦克尔逊－莫雷实验所展示的那样），并成功地描述了当物体以接近于光速运动时的行为。然而，它和牛顿引力理论不相协调。牛顿理论说，物体之间的吸引力依赖于它们之间的距离。这意味着，如果我们移动一个物体，另一物体所受的力就会立即改变。或换言之，引力效应必须以无限速度来传递，而不像狭义相对论所要求的那样，只能以等于或低于光速的速度来传递。爱因斯坦在1908年至1914年之间进行了多次不成功的尝试，企图去找一个和狭义相对论相协调的引力理论。1915年，他终于提出了今天我们称之为广义相对论的理论。

爱因斯坦提出了革命性的思想，即引力不像其他种类的力，而只不过是空间－时间不是平坦的这一事实的后果。正如早先他假定的那样，空间－时间是由于在它中间的质量和能量的分布而变弯曲或“翘曲”的。像地球这样的物体并非由于称为引力的力使之沿着弯曲轨道运动，而是它沿着弯曲空间中最接近于直线的被称之为测地线的轨迹运动。一根测地线是两邻近点之间最短（或最长）的路径。

太阳的质量引起空间－时间的弯曲，使得在四维的空间－时间中地球虽然沿着直线的轨迹，它却让我们在三维空间中看起来是沿着一个圆周运动。事实上，广义相对论预言的行星轨道几乎和牛顿引力理论所预言的完全一致。对于水星，这颗离太阳最近、受到引力效应最强，并具有被拉得相当长的轨道的行星，广义相对论预言其轨道椭圆的长轴绕着太阳以大约每1万年1度的速率进动。这个效应虽然小，但在1915年前即被人们注意到了，并被作为爱因斯坦理论的第一个验证。近年来，其他行星的和牛顿理论预言的甚至更小的轨道偏差也已被雷达测量到，并且发现和广义相对论的预言相符。

光线也必须沿着空间－时间的测地线走。空间是弯曲的事实又一次意味着，在空间中光线看起来不是沿着直线走。这样，广义相对论预言光线必须被引力场所折弯。譬如，理论预言，由于太阳质量的缘故，太阳近处的点的光锥会向内稍微偏折。这表明，从远处恒星发出的刚好通过太阳附近的光线会被折弯很小的角度，对于地球上的观察者而言，这恒星是位于不同的位置。当然，如果从恒星来的光线总是在靠太阳很近的地方穿过，则我们无从知道这光线是被偏折了，还是这恒星实际上就是在我们所看到的地方。然而，当地球绕着太阳公转，不同的恒星从太阳后面通过，并且它们的光线被偏折。所以，相对于其他恒星而言，它

们改变了表观的位置。

在正常情况下，去观察到这个效应是非常困难的，这是由于太阳的光线使得人们不可能观看天空上出现在太阳附近的恒星。然而，在日食时就可能观察到，这时太阳的光线被月亮遮住了。光偏折被后来的许多次观测准确地证实。

另一广义相对论的预言是，在像地球这样的大质量的物体附近，时间显得流逝得更慢一些。这是因为光能量和它的频率（每秒钟里光振动的次数）有一关系：能量越大，则频率越高。当光从地球的引力场往上走，它失去能量，因而其频率下降（这表明两个波峰之间的时间间隔变大）。地球上的不同高度的钟的速度不同，这在目前具有相当的实用上的重要性，这是因为人们要用卫星发出的信号来做非常精确的导航。如果人们对广义相对论的预言无知，所计算的位置将会错几英里！

牛顿运动定律使空间中绝对位置的观念告终。而相对论摆脱了绝对时间。1915 年之前，空间和时间被认为是事件在其中发生的固定舞台，而它们不受在其中发生的事件的影响。即便在狭义相对论中，这也是对的。物体运动，力相互吸引并排斥，但时间和空间则完全不受影响地延伸着。空间和时间很自然地被认为是无限地向前延伸的。

然而在广义相对论中，情况则相当不同。这时，空间和时间变成为动力量：当一个物体运动时，或一个力起作用时，它影响了空间和时间的曲率；反过来，空间—时间的结构影响了物体运动和力作用的方式。空间和时间不仅去影响、而且被发生在宇宙中的每一件事所影响。正如一个人不用空间和时间的概念不能谈宇宙的事件一样，在广义相对论中，在宇宙界限之外讲空间和时间是没有意义的。

在以后的几十年中，对空间和时间的新的理解是对我们的宇宙观的变革。古老的关于基本上不变的、已经存在并将继续存在无限久的宇宙的观念，已被运动的、膨胀的并且看来是从一个有限的过去开始并将在有限的将来终结的宇宙的观念所取代。这个变革几年之后又正是我研究理论物理的起始点。罗杰·彭罗斯和我指出，从爱因斯坦广义相对论可推断出，宇宙必须有个开端，并可能有个终结。

作品评析

空间—时间是物质存在的一种客观形式，涉及物体及其运动和相互作用的广延性和持续性。空间描述物体及其运动的位置、形状、方向等性质；时间描述物体运动的持续性，以及事件发生的顺序。本文以人们对空间和时间的认识发展为顺序，运用举例子、下定义等说明方法，阐述了牛顿经典力学和爱因斯坦相对论中的空间和时间，并阐明了作者自己关于空间和时间的观点。

全文的主要内容可以概括为以下 3 个方面：在牛顿经典力学中，时间（绝对时间）

和空间（绝对空间）彼此独立，没有任何联系。在爱因斯坦的相对论中，时间、空间和运动着的物质不可分割地联系在一起，组成四维时空，构成宇宙的基本结构，单独谈论空间和时间没有任何意义。广义相对论预测质量产生的重力场将造成扭曲的时空结构。作者（史蒂芬·霍金）根据广义相对论中的爱因斯坦方程式推断出，宇宙的时间有一个起始点，由大爆炸开始，并可能有一个终结。全文语言朴实、逻辑清晰、推理性强，是一篇极富科技含量的说明文。

思考与练习

一、请根据文章内容，用一句话概括牛顿和爱因斯坦关于时间和空间观念的区别。

二、阅读并理解课文，选出以下选项中不符合文章内容的一项（　　）。

A. 根据亚里士多德和牛顿的绝对时间理论，不同地方的人只有用相同速度的钟表测量时间，结果才会相同

B. 在爱因斯坦的相对时间理论中，不同地方的人只有用不同速度的钟表测量时间，结果才会相同

C. 在爱因斯坦的相对论中，时间和空间要受到其中事物的影响

D. 爱因斯坦和作者（霍金）都认为宇宙有个开端，并可能有个终结

三、人们提出“以太”观念的直接原因和深层原因分别是什么？你认为“以太”观念的提出，在科学发展史上的作用是利大于弊还是弊大于利？请简要陈述理由。

四、简要概括第五段中“这简单的观念有一些非凡的结论”所指的两条“结论”。

拓展训练

请以风力和水力为例，根据你的日常观察或试验，并参照爱因斯坦著名的质能等价方程 $E=mc^2$，思考并简要阐明风力或水力的速度与推动力的大致关系。

四、沙漠里的奇怪现象[①]

竺可桢

竺可桢（1890－1974 年），又名绍荣，字藕舫，中国近代地理学和气象学的奠基者。他一生用中文、英文撰写的论著多达三百多篇（部），主要有《竺可桢文集》《竺可桢科普创作选集》等。

本文是一篇运用科学原理解释沙漠里奇怪现象的说明文，着重说明了沙漠里的“海市蜃楼”和“鸣沙”现象的成因，指出沙漠里的一切怪异现象都是可以用科学道理来解释的。学习本文时，注意理解用以解释沙漠现象的科学道理，辨别文中使用的各种说明方法。

古代亲身到过沙漠的人，如晋僧法显[②]、唐僧玄奘[③]，统把沙漠说得十分可怕，人们对它也就产生了深刻的印象。晋法显著《佛国记》说沙漠里有很多恶鬼和火热的风，人一遇见就要死亡。沙漠是这样荒凉，空中看不见一只飞鸟，地上看不到一只走兽。举目远看尽是沙，弄得人认不出路，只是循着从前死人死马的骨头向前走。玄奘《大唐西域记》卷十二也说：东行入大流沙，沙被风吹永远流动着，过去人马走踏的脚印，不久就为沙所盖，所以人多迷路。

沙漠真像法显和玄奘所说的那样可怕吗？解放以来，我们的地质部、石油部、中国科学院的工作人员已经好几次横穿新疆塔克拉玛干大戈壁[④]，并没有什么鬼怪离奇的东西阻挡了他们的行进，这是什么缘故呢？

试想法显出发时只有七个和尚结队同行，而走了不久，就有人不胜其苦开了小差，有

---

① 本文选自《竺可桢科普创作选集》（科学普及出版社，1981 年）。

② 法显（约 337－约 422 年）：东晋高僧、旅行家、翻译家。本姓龚，平阳武阳（今山西襄垣）人。399 年偕同慧景等从长安出发西行求法，经过戈壁、流沙，翻越葱岭，进入天竺（今印度），后赴狮子国（今斯里兰卡）等，于 412 年回国。他是我国遍历印度各地并由海路返回的第一人。所著《佛国记》（又称《法显传》或《历游天竺记传》）是一部记述中亚和印度历史、地理、风俗人情的名著。

③ 玄奘（602－664 年）：唐高僧，通称三藏法师，俗称唐僧。杰出的佛学家、旅行家和翻译家。本姓陈，名袆，洛州缑氏（今河南偃师）人。629 年离开长安，只身远游，历经沙漠、铁门、雪山等艰危之地到达天竺（今印度），游学取经，于 645 年回到长安。所著《大唐西域记》，详细记述了西域、印度和南亚各国的自然地理及政治经济状况，具有重要学术价值。

④ 塔克拉玛干大戈壁：又称塔里木沙漠，在新疆维吾尔自治区南部、塔里木盆地中部。戈壁，蒙古人称沙漠地区为戈壁，意为“难生草木的土地”。

人病死途中，最后只留下他一人。唐玄奘也是单枪匹马深入大戈壁，所谓孙行者、猪八戒、沙和尚等随从人员，那是《西游记》小说中的神话人物。那时既无大队骆驼带了大量清水食品跟上来，更谈不到汽车和飞机来支援，当然就十分困苦了。

沙漠里真有魔鬼吗？在那时人们的知识水平看起来，确像是有魔鬼在作怪。但是人们掌握了自然规律以后，便可把这种光怪陆离[①]的现象说清楚。光怪陆离的现象在大戈壁夏天日中是常见的事。当人们旅行得渴不可耐的时候，忽然看见一个很大的湖，里面蓄着碧蓝的清水。看来并不很远，但当人们欢天喜地地向湖面奔去的时候，这蔚蓝的湖却总有那么一个距离，所谓“可望而不可即”。阿拉伯人是对沙漠广有经验的民族，阿拉伯语言中称这一现象为“魔鬼的海”。这一魔鬼的法宝到了十九世纪的初叶，才被法国数学家和水利工程师孟奇所戳穿。孟奇随拿破仑[②]所领的军队到埃及去和英国争夺殖民地，当时法国士兵在沙漠中见到这“魔鬼的海”极为惊奇，就去问孟奇。孟奇深深思考以后，便指出这是因为沙漠中地面被太阳晒得酷热，贴近地面一层空气温度就比上面一两米的温度高许多。这样由于光线折光和反射的影响，人们产生了一个错觉，空中的乔木看来好像倒栽在地面上，蔚蓝的天空，倒映在地上，便看成是汪洋万顷的湖面了。若是近地面的空气温度下面低而上层高，短距离内相差七至八度，像平直的海边地区有时所遇见的那样，那便可把地平线下寻常所见不到的岛屿、人物统统倒映在天空中，成为空中楼阁，又叫作海市蜃楼[③]。中国向来形容这类现象为“光怪陆离”四个字是确有道理的。

在沙漠里边不但光线会作怪，声音也会作怪。唐玄奘相信这是魔鬼在迷人，直到如今，住在沙漠中的人们，却也还有相信的。群众把会发生声音的沙地称为“鸣沙”。在现宁夏回族自治区中卫县靠黄河有一个地方名叫鸣沙山，即在今日沙坡头地方，科学院和铁道部等机关在此设有一个治沙站，站的后面便是腾格里沙漠[④]。沙漠在此处已紧逼黄河河岸，沙高约一百米，沙坡面南坐北，中呈凹形，有很多泉水涌出。此沙向来是人们崇拜的对象。据说，每逢夏历端阳节，男男女女便在山上聚会，然后纷纷顺着山坡翻滚下来。这时候沙子便发出轰隆隆的巨响，像打雷一样。两年前我和五六个同志曾经走到这鸣沙山顶上慢慢下来，果然听到隆隆之声，好像远处汽车在行走似的。据说，只要沙漠面部的沙子是细沙

---

① 光怪陆离：光色斑斓，形态离奇。

② 拿破仑（1769－1821 年）：即拿破仑·波拿巴。他曾于 1798 年率军进攻埃及，1799 年败归，发动雾月政变。后称帝建立法兰西第一帝国。

③ 海市蜃（shèn）楼：大气中由于光线经过不同密度的空气层，发生显著折射（有时伴有全反射）时，把远处景物显示在空中或地面的奇异幻景。这种现象多于夏天出现在沿海一带或沙漠地区。古人曾将此误认为是蜃吐气而成。蜃，大蛤蜊，海洋里的一种动物。

④ 腾格里沙漠：在内蒙古自治区阿拉善左旗西南和甘肃省中部边境。我国从 1958 年起对这个沙漠进行治沙工作。

而干燥，含有大部分石英，被太阳晒得火热后，经风的吹拂或人马的走动，沙粒移动摩擦起来便会发出声音，这便是鸣沙。古人说：“见怪不怪，其怪自败[①]。”沙漠里的一切怪异现象，其实都是可以用科学道理来说明的。

作品评析

本文是一篇生动的科学小品说明文。作者在揭示沙漠里奇怪现象的成因时，把说理同叙事融合起来，在叙述事件中介绍“现象”，在解释“现象”中讲述科学道理，将古今中外人们的耳闻目睹及经历、感受等穿插在析理过程中，形成近似于叙事性文学作品的故事情节，读来引人入胜。

文章先引述我国古代旅行家的见闻，突出沙漠里的恶鬼、热风、流沙、尸骨等鬼怪离奇的种种现象。然后，以现代科技人员在沙漠畅行无阻同古人过沙漠行路维艰相比较，说明古人对沙漠望而生畏是由于当时的社会生活条件和人们知识水平的限制。接着，对“海市蜃楼”和“鸣沙”的成因进行说明介绍，事理逻辑周密，很容易被人理解和接受。文章最后下了一个极为肯定的断语：“沙漠里的一切怪异现象，其实都是可以用科学的道理来说明的。”以此点明主旨，收拢全篇。

思考与练习

一、为什么沙漠里会出现“海市蜃楼”和“鸣沙”的奇怪现象？请用最简明的语言予以概括。

二、本文主要运用了什么说明方法？请举例说明。

三、为什么这篇说明事理的文章读来并不枯燥？请结合课文理解阐述。

拓展训练

课外搜集关于海上自然现象的说明文并仔细阅读，举例说明文中所使用的说明方法，并说说文章的写作特色。

---

① 见怪不怪，其怪自败：语出宋代洪迈《夷坚三志己卷》：“见怪不怪，其怪自败。”指见到怪异现象，要镇静对待，不必大惊小怪。

五、黄金分割漫谈[①]

韩雪涛

阅读提示

古希腊人曾提出这样一个问题："一根棍从哪里分割最为美妙？"答案是："前半段与后半段之比应等于后半段与全长之比"。这根棍的分割比值即为 0.618。这是一个极为迷人而神秘的数字，而且它还有着一个很动听的名字——黄金分割率。

本文介绍了"黄金分割"的名称由来、奇妙性质、影响、应用及神秘传说。阅读本文时，要注意把握文章的写作特点，辨别文中使用的各种说明方法。

分已知线段为两部分，使其中一部分是全线段与另一部分的比例中项，这就是在中学几何课本中提到的黄金分割问题。若C为线段AB的满足条件的分点，则可求得AC约为0.618AB。这个分割在课本上被称作黄金分割，我们有时也可说是将线段分成中末比、中外比或外内比。若用 G 来表示它，G 被称为黄金比或黄金分割数。黄金分割、黄金分割数都被冠以"黄金"二字，说明了它们的重要性与应用上的广泛性，同时也为它们平添了几分神秘的色彩。著名天文学家开普勒称黄金分割是"几何学中的一大宝藏"，就让我们揭开它的神秘面纱，共同来开采一下这座宝藏吧！

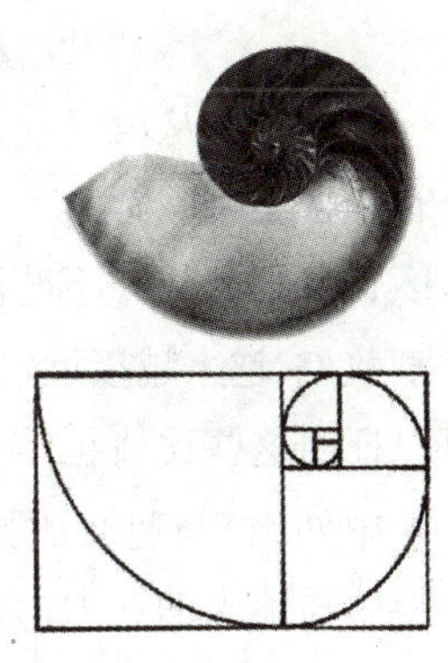

黄金分割螺线

寻踪探迹话名称由来

最早对中末比[②]有所了解的大约可追溯到毕达哥拉斯学派。该学派对正五边形、正十边形都很熟悉，并且把"五角星"作为成员联络标记，而这些图形的作法与中末比是密切联系的。如果相信毕达哥拉斯熟知正五边形与五角星的作图，那么可以推知他已掌握了中末比。古希腊著名的数学家、天文学家欧多克索斯最早对中末比做了系统的研究，他在深入探究五角星性质时，曾惊叹道："中末比到底在这儿出现了！"对中末比的严格论述最早见于欧几里得的《几何原本》。到中世纪以后，中末比被披上更神秘的外衣，渐渐笼上了一层神秘的色彩。

文艺复兴时期，中末比问题引起了人们广泛的注意。1509 年，意大利文艺复兴重要人

① 选自《从惊讶到思考——数学的印迹》（湖南科技出版社）。

② 中末比：中世纪后，黄金分割被披上神秘的外衣，意大利数家帕乔利称中末比为神圣比例，并专门为此著书立说。

物之一帕乔里出版《神圣的比例》一书。书中系统介绍了古希腊中外比，并称其为神圣比例。他认为世间一切事物都须服从这一神圣比例的法则。开普勒称中末比为“比例分割”，他写道：“毕达哥拉斯定理和中末比是几何中的双宝，前者好比黄金，后者堪称珠玉。”他是把黄金之喻给了毕达哥拉斯定理，而用珠玉来形容了中末比。最早正式在书中使用黄金分割这个名称的是欧姆（以欧姆定律闻名的 G.S.欧姆之弟）。在他 1835 年出版的第二版《纯粹初等数学》一书中首次使用了这一名称。到 19 世纪以后，这一名称才逐渐通行起来，成为现在人们所熟知的名称。

挂一漏万谈奇妙性质

黄金分割数 G 有着许多有趣的性质。最引人注目的是它与斐波那契数列的关系。

斐波那契是中世纪著名的学者。他在《算盘书》一书中提出了一道有趣的“兔子生殖问题”，由此引出了一个奇妙数列：

1，2，3，5，8，13，21，34，55，89，144，……

规律是：从第三项开始每一项是前两项之和。后人称为斐波那契数列。它与黄金分割会有什么关系呢？

让我们计算一下斐波那契数列中每前一项与后一项之比，就会发现这个比值竟与黄金分割数 G 越来越接近，完全可以作为 G 的一阶、二阶……N 阶近似。多么奇妙啊！其实可以证明这些比值正是以 G 作为它们的极限。

中外比[①]与斐波那契数列的这种内在联系，为它大添了光彩，也使它具有一种特殊的神秘感与迷人的魅力，使后来的许多数学家为之倾倒。

抛砖引玉说影响及应用

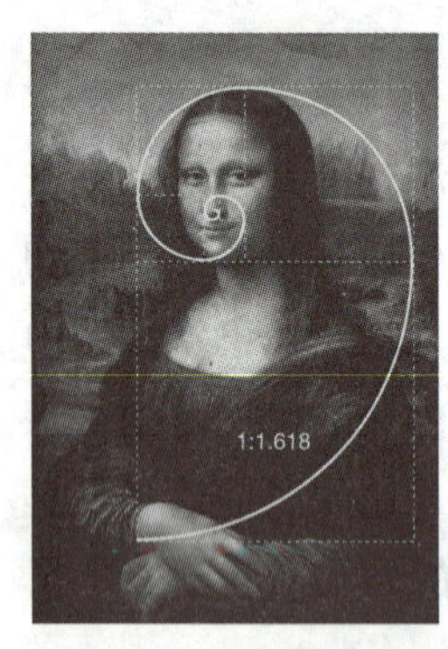

黄金分割无论是在理论上，还是实际生活中都有着极其广泛而又非常简单的应用，从而也在历史上产生了巨大的影响。古代，中末比主要是作为作图的方法而使用。到文艺复兴时期它又重新引起了当时人们的极大兴趣与注意，并产生了广泛的影响，得到了多方面的应用。如在绘画、雕塑方面，画家、雕塑家都希望从数学比例上解决最完美的形体，它的各部分的相互关系问题，以此作为科学的艺术理论用来指导艺术创造，来体现理想事物的完美结构。著名画家达·芬奇在《论绘画》一书中就相信：“美感完全建立在各部分之间神圣的比例关系上，各特征必须同时作用，才能产生使观众如醉如痴的和谐比例。”在这一时期，艺术家们自觉地被黄金分割的魅力所诱惑而使数学研究与艺术创作紧密地结合起来，并对后来形式美学与实验美学产生了巨大影响。

① 中外比：黄金分割数。

19 世纪，德国美学家蔡辛提出黄金分割原理且对黄金分割问题进行理论阐述，并认为黄金分割是解开自然美和艺术美奥秘的关键。他用数学比例方法研究美学，启发了后人。德国哲学家、美学家、心理学家费希纳进行了实验美学的尝试，把黄金分割原理建立在广泛的心理学测试基础上，将美学研究与自然科学研究结合在一起，引起广泛的注意。直到 20 世纪 50 年代，实验美学的研究还十分活跃。直到最近，黄金分割原理仍然是一个充满了神奇之谜的科学美学问题。如在晶体学的准晶体结构研究领域中，黄金分割问题重新引起了物理学家和数学家们的兴趣。

它的实际应用，也有很多。最广为人道的例子是优选学中的黄金分割法，它是美国的基弗于 1953 年首先提出的。从 1970 年开始在我国推广并取得了很大的成绩。优选法的另一种方法——分数法，是取 G 的分数近似值，在实际中同样有着广泛应用。

真真假假道神秘传说

由于中末比具有各种独特的性质，随着它的影响越来越大，也就有了越来越多的关于它的传说。这些传说虚虚实实，扑朔迷离，令人难辨真伪，但却一直为人们所津津乐道，广为流传。

有人研究得出黄金分割是人和动植物形态的一个结构原则。于是有了以下各种说法：

人体自身美，即人体最优美的身段遵循着 G 这个黄金分割比。据说在人们并未认识黄金分割之前制造的美的物品竟都恰好与黄金律暗合。如著名的爱神维纳斯与女神雅典纳的雕像下身与全身之比近于 G。

据说芭蕾舞艺术的魅力也离不开 G。芭蕾演员起舞时踮起脚尖，是为了展现符合 G 的身段比例的最优美的艺术形象。

在自然界中，G 也是美的重要规律。据说特别令人心旷神怡的花，凭借的是 G 这个美的密码。

另外我们知道现在各国的国旗上，凡是“星”几乎无例外都画成五角星，据说就是因为五角星中多处暗含了 G 这个美的密码，从而使这个图形赏心悦目。

还据说报幕员处于黄金分割点处的位置时，会给观众留下一个美的印象。甚至有人说演奏弦乐器时，把“千斤”放在琴弦的黄金分割点获得的音色更优美和谐。

还有一种流行极广的说法是：黄金矩形（两边的比等于 G 的矩形）比用任何其他比值作边的矩形都要美观。1876 年，费希纳曾为此做过大规模的试验。结果表明喜欢黄金矩形的人数占全体的三分之一，在各种矩形中得票最多。

诸如此类的传说恐怕还有很多。一句话：哪里有 G，哪里就有了美。黄金分割数 G 成了宇宙的美神！

作品评析

黄金分割率本身就是从生活中提炼出来的，与生活密切相关。黄金分割率已经被运用到我们生活的各个角落，从建筑、设计、工艺、美学、绘画，到养生健康、美容，无所不在。本文综合运用了引用说明、举例子、列数字等说明方法，用通俗易懂的语言分块介绍了黄金分割的由来、性质、运用及传说，将黄金分割在生活中的运用表现得充满立体感。

思考与练习

一、古希腊著名的数学家、天文学家欧多克索斯说：“中末比到底在这儿出现了。”“到底”一词在这里有什么作用？

二、黄金分割这一名称的由来经历了怎样一个过程？请简要概括。

三、著名画家达·芬奇在《论绘画》一书中就相信：“美感完全建立在各部分之间神圣的比例关系上，各特征必须同时作用，才能产生使观众如醉如痴的和谐比例。”“神圣的比例”指什么？这是它在哪方面的影响？

四、请给“黄金矩形”下个定义，并说说人们喜欢它的原因。你在现实生活中见到过接近于黄金矩形形状的物品吗？请举例。

五、现在各国的国旗上，凡是“星”，几乎无例外都是五角星，这是为什么？

拓展训练

一、课外阅读田淑华的《黄金分割漫谈》和李如锦的《“黄金分割”漫谈》，进一步了解“黄金分割”，比较这两篇文章与本篇课文的异同，辨别文中所用到的说明方法。

二、有 5 盆红花和 5 盆蓝花，计划摆成 5 行，每行 4 盆（红、蓝各两盆），应如何摆放看起来才和谐美观？可用较大的圈（代表红花）和较小的圈（代表蓝花）将摆放的位置图画下来。

六、景泰蓝的制作[①]

叶圣陶

叶圣陶（1894—1988年），原名叶绍钧，字秉臣、圣陶，生于江苏苏州，现代作家、教育家、文学出版家和社会活动家，有“优秀的语言艺术家”之称。其代表作品有长篇小说《倪焕之》，短篇小说《潘先生在难中》，童话《稻草人》《古代英雄的石像》等。

景泰蓝是我国传统手工艺品中的一朵奇葩，它以制作精细、工艺精湛驰名中外。景泰蓝的制作工艺精细而复杂，为了能将其通俗易懂地介绍给读者，作者综合运用了多种说明方法。阅读时要注意比较各种说明方法的不同作用。同时，要注意比较哪些工序写得详细，哪些工序写得简略，并想想作者这样处理的原因是什么。

一天下午，我们去参观北京市手工业公司实验工厂。粗略地看了景泰蓝的制作过程。景泰蓝是多数人喜爱的手工艺品，现在把它的制作过程说一说。

景泰蓝拿红铜做胎[②]，为的红铜富于延展性，容易把它打成预先设计的形式，要接合的地方又容易接合。一个圆盘子是一张红铜片打成的，把红铜片放在铁砧[③]上尽[④]打尽打，盘底就洼[⑤]了下去。一个比较大的花瓶的胎分作几截[⑥]，大概瓶口、瓶颈的部分一截，瓶腹鼓出的部分一截，瓶腹以下又是一截。每一截原来都是一张红铜片。把红铜片圈起来，两边重叠，用铁锤尽打，两边就接合起来了。要圆筒的哪一部分扩大，就打哪一部分，直到符合设计的意图为止。于是让三截接合起来，成为整个的花瓶。瓶底可以焊上去，也可以把瓶腹以下的一截打成盘子的形状，那就有了底，不用另外焊了。瓶底下面的座子，瓶口上的宽边，

① 选自《叶圣陶集》第七卷（江苏教育出版社，1987年）。

② 胎：器物的粗坯。

③ 铁砧（zhēn）：捶东西或砸东西的时候垫在底下的铁器。

④ 尽（jǐn）：方言，老是、总是。

⑤ 洼：这里指低凹、深陷。

⑥ 截：这里指段、节。

全是焊上去的。至于方形或是长方形的东西，像果盒、烟卷盒之类，盒身和盖子都用一张红铜片折成，只要把该接合的转角接合一下就是，也不用细说了。

制胎的工作其实就是铜器作[①]的工作，各处城市大都有这种铜器作，重庆还有一条街叫打铜街。不过铜器作打成一件器物就完事，在景泰蓝的作场里，这只是个开头，还有好多繁复的工作在后头呢。

第二步工作叫掐丝，就是拿扁铜丝（横断面是长方形的）粘在铜胎表面上。这是一种非常精细的工作。掐丝工人心里有谱，不用在铜胎上打稿，就能自由自在地粘成图画。譬如粘一棵柳树吧，干和枝的每条线条该多长，该怎么弯曲，他们能把铜丝恰如其分地剪好曲好，然后用钳子夹着，在极稠的白芨浆[②]里蘸一下，粘到铜胎上去。柳树的每个枝子上长着好些叶子，每片叶子两笔，像一个左括号和一个右括号，那太细小了，可是他们也要细磨细琢地粘上去。他们简直是在刺绣，不过是绣在铜胎上而不是绣在缎子上，用的是铜丝而不是丝线、绒线。

他们能自由地在铜胎上粘成山水、花鸟、人物种种图画，当然也能按照美术家的设计图样工作。反正他们对于铜丝好像画家对于笔下的线条，可以随意驱遣，到处合适。美术家和掐丝工人的合作，使景泰蓝器物推陈出新，博得多方面人士的爱好。

粘在铜胎上的图画全是线条画，而且一般是繁笔，没有疏疏朗朗只用少数几笔的。这里头有道理可说。景泰蓝要涂上色料，铜丝粘在上面，涂色料就有了界限。譬如柳条上的每片叶子由两条铜丝构成，绿色料就可以填在两条铜丝中间，不至于溢出来。其次，景泰蓝内里是铜胎，表面是涂上的色料，铜胎和色料，膨胀率[③]不相同。要是色料的面积占得宽，烧过以后冷却的时候就会裂。还有，一件器物的表面要经过几道打磨的手续，打磨的时候着力重，容易使色料剥落。现在在表面粘上繁笔的铜丝图画，实际上就是把表面分成无数小块，小块面积小，无论热胀冷缩都比较细微，又比较禁得起外力，因而就不至于破裂、剥落。通常谈文艺有一句话，叫内容决定形式。咱们在这儿套用一下，是制作方法和物理决定了景泰蓝掐丝的形式。咱们看见有些景泰蓝上面的图案画，在图案画以外，或是红地，或是蓝地，只要占的面积相当宽，那里就嵌几条曲成图案形的铜丝。为什么一色中间还要嵌铜丝呢？无非使较宽的表面分成小块罢了。

掐丝

粘满了铜丝的铜胎是一件值得惊奇的东西。且不说自在画[④]怎么生动美妙，图案画怎

① 铜器作：制造铜器的作坊。

② 白芨（jī）浆：一种黏合剂。白芨，多年生草本植物，地下块茎呈白色。

③ 膨胀率：表示物体受热时其长度或体积增大程度的物理量。

④ 自在画：比较自由、不受拘束的画，与图案画相对。

么工整细致，单想想那么多密密麻麻的铜丝没有一条不是专心一志粘上去的，粘上去以前还得费尽心思把它曲成最适当的笔画，那是多么大的工夫！一个二尺半高的花瓶，掐丝就要花四五十个工。咱们的手工艺品往往费大工夫，刺绣，刻丝，象牙雕刻，全都在细密上显能耐。掐丝跟这些工作比起来，可以说不相上下，半斤八两。

刚才说铜丝是蘸了白芨浆粘在铜胎上的，白芨浆虽然稠，却经不住烧，用火一烧就成了灰，铜丝就全都落下来了，所以还得焊。先在粘满了铜丝的铜胎上喷水，然后拿银粉、铜粉、硼砂三种东西拌和，均匀地筛在上边，放到火里一烧，白芨成了灰，铜丝就牢牢地焊在铜胎上了。

随后就是放到稀硫酸里煮一下，再用清水洗。洗过以后，表面的氧化物和其他脏东西都去掉了，涂上的色料才可以紧贴着红铜，制成品才可以结实。

于是轮到涂色料的工作了，他们管这个工作叫点蓝。涂上的色料有好些种，不只是一种蓝色料，为什么单叫点蓝呢？原来这种制作方法开头的时候多用蓝色料，当时叫点蓝，就此叫开了（我们苏州管银器上涂色料叫发蓝，大概是同样的理由）。这种制品从明朝景泰年间十五世纪中叶开始流行，因而总名叫景泰蓝。

用的色料就是制颜色玻璃的原料，跟涂在瓷器表面的釉料相类。我们在作场里看见的是一块块不整齐的硬片，从山东博山运来的。这里头基本质料是硼砂、硝石和碱，因所含的金属矿质不同，颜色也就各异，大概含铁的作褐色，含铀的作黄色，含铬的作绿色，含锌的作白色，含铜的作蓝色，含金含硒的作红色……

点蓝

他们把那些硬片放在铁臼里捣碎研细，筛成细末应用。细末里头不免掺和着铁臼上磨下来的铁屑，他们利用吸铁石除掉它。要是吸得不干净，就会影响制成品的光彩。看来研磨色料的方法得讲求改良。

各种色料的细末都盛在碟子里，和着水，像画家的画桌上一样，五颜六色的碟子一大堆。点蓝工人用挖耳似的家伙舀着色料，填到铜丝界成的各种形式的小格子里。大概是熟极了的缘故，不用看什么图样，自然知道哪个格子里该填哪种色料。湿的色料填在格子里，比铜丝高一些。整个表面填满了，等它干燥以后，就拿去烧。一烧就低了下去，于是再填，原来红色的地方还是填红色料，原来绿色的地方还是填绿色料。要填到第三回，烧过以后，色料才跟铜丝差不多高低。

现在该说烧的工作了。涂色料的工作既然叫点蓝，不用说，烧的工作当然叫烧蓝。一个烧得挺旺的炉子，燃料用煤，炉膛比较深，周围不至于碰着等着烧的铜胎。烧蓝工人把

涂好色料的铜胎放在铁架子上，拿着铁架子的弯柄，小心地把它送到炉膛里去。只要几分钟工夫，提起铁架子来，就看见铜胎全体通红，红得发亮，像烧得正旺的煤。可是不大工夫红亮就退了，涂上的色料渐渐显出它的本色，红是红绿是绿的。

涂了三回烧了三回以后，就是打磨的工作了。先用金刚砂石水磨，目的在使成品的表面平整。所谓平整，一是铜丝跟涂上的色料一样高低，二是色料本身也不许有一点儿高高洼洼。磨过以后又烧一回，再用磨刀石水磨。最后用椴木炭水磨，目的在使成品的表面光润。椴木木质匀净，用它的炭来水磨，成品的表面不起丝毫纹路，越磨越显得鲜明光滑。旁的木炭都不成。

椴木炭磨过，看来晶莹灿烂，没有一点儿缺憾，成一件精制品了，可是全部工作还没完，还得镀金。金镀在全部铜丝上，方法用电镀。镀了金，铜丝就不会生锈了。

全部工作是手工，只有待打磨的成品套在转轮上，转轮由马达带动的皮带转动，算是借一点儿机械力。可是拿着蘸水的木炭、磨刀石挨着转动的成品，跟它摩擦，还得靠打磨工人的两只手。起瓜楞[①]的花瓶就不能套在转轮上打磨，因为表面有高有低，洼下去的地方磨不着。那非纯用手工打磨不可。

1955 年 3 月 22 日

作品评析

本文按照景泰蓝的制作程序顺序，有条不紊地介绍了制胎、掐丝、点蓝、烧蓝、打磨、镀金这六道工序，综合运用了举例子、打比方、列数字等说明方法，使我们对这种工艺品的制作过程有了一个初步的了解。作者就像一位高明的讲解员，娓娓道来，如同在景泰蓝制作现场给参观者解说一般。文章语言口语化，体现了准确、通俗、自然的特点。

思考与练习

一、下面甲组是课文说明每道工序开头的一句话，如果改成乙组的说法好不好？试加以比较，并说说为什么？

甲组

1. 景泰蓝拿红铜作胎。
2. 第二步工作叫掐丝。

---

① 楞（léng）：同棱。

3. 于是轮到涂色料的工作了，他们管这个工作叫点蓝。

4. 现在该说烧的工作了。

5. 涂了三回烧了三回以后，就是打磨的工作了。

6. 椴木炭磨过，看来晶莹灿烂，没有一点儿缺憾，成为一件精制品了，可是全部工作还没完，还得镀金。

乙组

1. 第一步工作叫制胎。

2. 第二步工作叫掐丝。

3. 第三步工作叫点蓝。

4. 第四步工作叫烧蓝。

5. 第五步工作叫打磨。

6. 第六步工作叫镀金。

二、判断下列句子各用了哪种说明方法。

1. 譬如粘一棵柳树吧，干和枝的每条线条该多长，该怎么弯曲，他们能把铜丝恰如其分地剪好曲好，然后用钳子夹着，在极稠的白芨浆里蘸一下，粘到铜胎上去。

2. 柳树的每个枝子上长着好些叶子，每片叶子两笔，像一个左括号和一个右括号，那太细小了……

3. 他们简直是在刺绣，不过是绣在铜胎上而不是绣在缎子上，用的是铜丝而不是丝线、绒线。

4. 只要几分钟工夫，提起铁架子来，就看见铜胎全体通红，红得发亮，像烧得正旺的煤。

5. 这里头基本质料是硼砂、硝石和碱，因所含的金属矿质的不同，颜色也就各异。大概含铁的作褐色，含铀的作黄色，含铬的作绿色，含锌的作白色，含铜的作蓝色，含金含硒的作红色……

拓展训练

一、课外搜集有关中国工艺品（如景德镇陶瓷花瓶、唐三彩、油纸伞、绣花鞋、风筝、皮影等）制作的说明文，了解传统工艺的制作流程，感受我国悠久灿烂的传统文化。

二、试着写一篇与中国工艺品制作有关的说明文，注意灵活运用各种说明方法。

七、古代的服装及其他[①]

吴晗

吴晗（1909—1969 年），原名春晗，字伯辰，浙江省义乌人。中国现代著名历史学家、社会活动家。主要著作有《读史札记》《投枪集》《灯下集》《春天集》《吴晗历史论著选集》等。

本文是一篇介绍古代文化知识的说明文。文章旨在说明封建社会里服装、住房、交通工具等都有着阶级和等级的差别，统治阶级做出这种种规定，是为了维护封建秩序。文章重点放在对古代服装的介绍上，同时又简略涉及住房和交通工具方面。全文紧扣标题，主次分明，重点突出。阅读本文，要体会文中恰当运用分类别、作比较等说明方法的好处。

在封建社会里，也和今天一样，人人都要穿衣裳。但是，有一点不同，衣裳的质料、颜色、花饰有极大讲究，不能随便穿，违反了制度，就会杀头，甚至一家子都得陪着死。原来那时候，衣裳也是表示阶级身份的。

以质料而论，绸、缎、绵、绣、绡[②]、绮[③]等都是统治阶级专用的，平民百姓只能穿布衣。以此[④]，“布衣”就成为平民百姓的代名词了。有些朝代还特地规定，做买卖的，即使买得起，也禁止用丝质材料。

以颜色而论，大红、鹅黄、紫、绿等是统治阶级的“专利”。因为这些颜色的染料国内产量少，得从南洋等地进口，价格很贵。皇帝穿黄袍，最高级的官员穿大红、大紫，以下的官员穿绿，皂隶[⑤]穿黑。至于平民百姓，就只好穿白了，以此，“白衣”也成为平民百姓的代名词。

至于花饰，在袍子上刺绣或者织成龙、凤、狮子、麒麟[⑥]、蟒、仙鹤、各种各样的鸟等等，也是按贵族、官僚的地位和等级分别规定的。平民百姓连绣一条小虫儿小鱼儿也不行，更不用说描龙画凤了。不但如此，在统治阶级内部，也有极大讲究，例如龙袍，只有

---

① 选自《灯下集》，《吴晗史学论著选集》第 3 卷，（人民出版社，1988 年），有改动。

② 绡（xiāo）：生丝织品。

③ 绮（qǐ）：有花纹或图案的丝织品。

④ 以此：因此。以，因。

⑤ 皂隶：旧时衙门里的差役。

⑥ 麒麟：古代传说中的一种动物，形状像鹿，头上有角，全身有鳞甲，有尾。古人用它象征祥瑞。

皇帝才能穿，绣着凤的衣服，只有皇后才配穿，即使是最大的官僚，如穿这样的服装，就犯“僭用[①]”“大逆不道[②]”的罪恶，非死不可。

北宋时有一个大官僚，很能办事，也得到皇帝信任。有一次多喝了一点酒，不检点[③]而穿件黄衣服，被人看见告发，几乎闯了大祸。

一品武官麒麟补服

明太祖杀了很多功臣，其中有几个战功很大的，被处死的罪状之一是僭用龙凤服饰。

本来，贵族、官僚和平民都一样长着眼睛、鼻子，一样黄脸皮、黑头发，一眼看去，如何能分出贵贱来？唯一区别的办法是用衣裳的质料、色彩、花饰来作为等级地位的标志；特别是花饰，官员一般在官服的前胸绣上动物图案，文官用鸟，武官用兽，其中又按品级[④]分别规定哪一级用什么鸟什么兽，是一点也不能含糊的。这样，不用看面貌，一看衣裳的颜色和花饰就知道是什么地位的贵族、什么等级的官员了。当然，衬配着衣裳的还有帽子、靴子，例如皇帝的平天冠，皇后和贵族妇女的凤冠，官员的纱帽、朝靴[⑤]，以及身上佩带的紫金鱼袋或者帽上的翎毛。此外坐的车和轿子的装饰，抬轿的人数，住的房子的高度，间数的多少，用什么瓦之类，都有等级的区别。

在北京，许多旧建筑，主要是故宫，不是都盖的是黄琉璃瓦吗？这种房子只有皇帝才能住，再不，就是死去的皇帝，例如帝王庙。神佛也被优待，像北海的天王殿也用琉璃瓦，不过是杂色的。

官员的轿子

为了确保专用的权利，历代史书上都有舆服志[⑥]这一类的专门记录，在法律上也有专门的条款。

各个阶级的人们按规定穿用不同的服装，住不同的房子，使用不同的交通工具，绝对不许乱用。遵守规定的叫合于礼制，反之就是犯法。合于礼制的意思，就是维护封建秩序。但是，也有例外，例如在统治阶级控制力量削弱的时候，富商大贾[⑦]突破

① 僭（jiàn）用：封建时代指地位在下的冒用地位在上的名义或礼仪、器物。僭，超越本分。
② 大逆不道：封建统治者对犯上谋反、破坏封建秩序的人所加的重大罪名。
③ 检点：这里是注意约束的意思。
④ 品级：古代官吏的等级。
⑤ 朝靴：朝见君主时穿的礼靴。
⑥ 舆服志：史书中记载车服制度的部分。
⑦ 贾（gǔ）：商人。古时特指坐商。

规定，乱穿衣裳，模仿宫廷和官僚家庭打扮，或者索性拿钱买官爵，穿着品官[①]服装，招摇过市[②]。至于农民起义爆发后，起义的人们根本不管这一套，爱穿什么就穿什么，那就更不用说了。

如今这些封建礼制都已经成为历史陈迹了。宫殿、王府、大官僚的邸第[③]还可以看到，只是已经变了性质，例如故宫和天王殿都成为博物馆，帝王庙办了中学，成为人民大众游览和学习的场所了。至于古代服装，除了在博物馆可以看到一些以外，人们只能在舞台上看到了。

作品评析

本文向我们介绍了古代服装的有关知识。从文章的说明顺序来看，作者先是具体说明服装的质料、颜色、花饰等方面的讲究，再说明之所以有这些讲究的原因，从而揭示服装与封建统治秩序之间的关系，这是一种由果及因、由表及里的逻辑顺序。文章谈服装，先是总说后是分说，这是另外一种关系的逻辑顺序。从文章的说明方法来看，作者采用了逻辑顺序，运用了举例子、分类别、作比较的说明方法，增强了说明的效果。

思考与练习

一、课文由果及因地说明了古代服装与封建礼制之间的关系，如果改成由因及果地说明，文章的顺序应如何调整，试具体地说一说。

二、课文多处使用了作比较的说明方法，找几个例子，说一说它们的表达效果。

三、读下面的文字，试与课文“古代的服装”相关部分作对照比较，说说它们在说明内容和说明方法上的异同。

裘和袍是御寒的衣服。古人穿裘，毛是向外的，否则不容易看见裘毛的色泽。在行礼或接见宾客时，裘上加一件罩衣，叫做裼（xī）衣，否则被认为不敬，裼衣和裘，颜色要相配，所以《论语·乡党》说：“缁（zī，黑色）衣，羔裘；素衣，麑（ní，小鹿）裘；黄衣，狐裘。平常家居，裘上不加裼衣，庶人穿犬羊之裘，也不加裼衣。”

袍是长袄，据说里面铺的是乱麻。一般说来，穷到穿不起裘的人才穿袍。汉以后有绛纱袍、皂纱袍，袍成了礼服了。

---

① 品官：有品级的官员。魏晋以后，官员一般分为九品。

② 招摇过市：经过人多的地方故意炫耀自己、张大声势，以引人注意。

③ 邸（dǐ）第：高级官员的住所。第，封建社会官僚贵族的大宅子。

上古时代还不懂得种棉花。所谓“絮”，所谓“绵”，都只是丝绵。因此，上古所谓布并不是棉织品，而是麻织品或葛（葛麻，一种草本植物）织品。帛则是丝织品的总称。布与帛也形成了低级衣服与高级衣服的对比，贫贱的人穿不起丝织品，只能穿麻织品，所以“布衣”成了庶人的代称。最粗劣的一种衣服称为“褐（hè）”，这是用粗麻编织的，所以贫苦的人被称为“褐夫”。

拓展训练

一、课外阅读关于体现封建等级制度的事物（如古代建筑形式、行礼、称谓等）的说明文，感受文章的写作特点，弄清文中所使用的说明方法。

二、试写一篇关于体现等级制度的事物的说明文。

八、白蚁王国[①]

赵立魁

阅读提示

本文是一篇童话般的说明文，生动、有趣，集说明、描写、叙述于一身，用拟人化的写法，介绍了白蚁的洞穴、种类、习性、群居情况及防治白蚁的方法等知识，体现了文艺性说明文与平实性说明文在写法上的区别。阅读本文时，注意学习文章准确、清晰、有条理的说明方法及把说明与叙述、描写相结合的表达方式。

由国王来统治一国的臣民，在人类历史上还是出现阶级分化以后的事；然而早在人类出现以前，地球上已经存在一种社会性的昆虫——白蚁了。它有自己的“国王”和“王后”，在这个国度里生活着几十万到几百万“臣民”，它有一支数量可观的军队，保卫地下王国的安全，甚至连生儿育女都是计划控制。

乍听起来真有点夸大其词，其实不然。不久前，我得到一次去西双版纳密林工作的机会，亲眼看到了黄土层下的“异国风情”，才使我由开始的惊疑变为今日的叹服。

泼水节刚过，我们就钻进密林中寻找那个神奇的国度。没出多远就见林中有三五个一米多高、馒头状的土丘，专家告诉我们：这正是你们要找的蚂蚁包。好，让我们拜访一下这个地下王国吧。

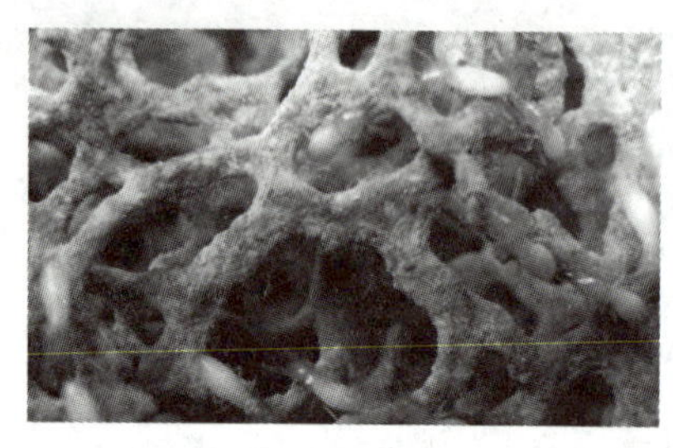

白蚁巢

几把银锄同时挥舞，不久就切开了一个“馒头包”。沿着左弯右拐的蚁路跟踪挖掘，终于找到了一个蚁巢。巢内有一块灰黄色的东西，很软、很轻，外表遍布孔洞，类似蜂窝又不是蜂窝，好像一个玲珑剔透的雕刻品。专家告诉我们：“这是白蚁的菌圃[②]。”它既是白蚁生息的场所，又可以当作食物，有人把它叫作面包沙发床。像这样的菌圃，一个地下白蚁王国往往有十几个，年代越久，数量越多。这个蚁巢仅仅是一个副巢，在地下王国里还只能算是一个边远的“别墅”。

忽然，一锄落下，好像是空腔振动的声音。专家喊了一声：“慢点！”我们怀着紧张而

① 选自《百科知识》1981 年第 10 期。

② 菌圃：位于巢穴的空腔里。白蚁利用它把自己的排泄物培养成一种特殊的细胞群，有很高的营养价值。

好奇的心情，小心翼翼地开了一个洞口，往里一瞧，果然非同一般，正中一个菌圃有水桶般大小，众多的白蚁出出进进，好不热闹。毫无疑问，这就是白蚁的主巢了。在阴暗中生活惯了的白蚁突然暴露在光天化日之下，它们感到发生了意外，但并没有仓皇逃命，而是纷纷奔向破口处的出事现场。头部大而光滑的兵蚁扬起一对上颚，仿佛举着一对钩连枪，时而“嗒、嗒、嗒”敲击地面，发出警报；时而头部高昂，剪动颚齿，做攻击状。兵蚁不断涌来，王国的军队大概全部出动了。平时这些兵蚁总把又笨又大的上颚（它的武器）举在头顶，无法取食，要靠工蚁来喂饭。“养兵千日，用在一时”，一旦有了敌情，它们自然格外卖力。你若把手伸过去，其硬颚就会钳进你的皮肤，咬住不放。当兵蚁在前沿进行战斗的同时，数万只工蚁加紧抢修破损的洞口，一个个口衔土粒，络绎不绝，大有同仇敌忾、众志成城之势。若洞口不大，几小时便会修好。不过，我们求见国王心切，没等它补完，又把泥土扒开，然后轻轻地解剖开主巢。在巢的中心，我们发现了一个由白色透明的小颗粒组成的卵堆，它的下面有一个像钱包大小的扁平状的泥盒，这便是“国王”和“王后”的皇宫。尽管众多的兵蚁守护在周围，做出种种威吓的姿态，我们还是用小刀挖开了皇宫的墙壁。在皇宫里躺着一只巨大的白蚁，它有小拇指那样粗，比仅有米粒般大小的普通白蚁大几百倍，这就是王国的最高统治者——蚁后。它的丈夫蚁王趴在旁边，只有它的十分之一大小，看上去极不般配。一大群侍役（工蚁）在蚁后的周围忙忙碌碌，有的给蚁后喂食，有的把蚁后产的卵搬走，它们得到的御赐和奖赏就是舐①食蚁后身上的分泌物。

专家向我们介绍说：“一只蚁后一生能产五亿粒卵。”一个社群的白蚁有时多达几十万只，甚至几百万只。数量多还不足为怪，令人惊奇的是蚁王和蚁后表面上看起来昏庸无能，每天除了交配就是产卵，然而它们属下的百万之众却秩序井然，各安职守。兵蚁专管打仗，保卫王国的安全；工蚁专管取食、建筑，王国的兴衰都包在它们身上。更妙的是兵蚁和工蚁的数量有一定的比例。工蚁在王国里占 80%以上，兵蚁不能太多，太多了养不起。维持这个比例的方法更是绝妙。在卵孵化成幼蚁后，发育成工蚁还是兵蚁，是根据当时的情况随机应变的。如果当时兵蚁少，它就变成补缺的兵蚁，反之亦然。有人做过这样的实验，在蚁巢的周围不断进行干扰，这个巢兵蚁的数量就会增加，也就是说会本能地扩充兵源。经过无数次观察试验证明，在白蚁王国里存在着一种抑制因素——“社会性荷尔蒙②”，它默默地控制和维持整个王国成员之间的平衡。这种激素是由蚁王、蚁后和成虫制造的。

兵蚁

王国里还有一个奇特的现象，无论兵蚁还是工蚁都没有恋爱结婚的权利，因此无法生

① 舐（shì）：舔。
② 荷尔蒙：激素的旧称。

繁殖蚁

育。那么，传宗接代的任务由谁来完成呢？原来每年到了一定季节就会有专门负责繁殖的繁殖蚁产生。蚁王和蚁后严格限制它们，不许在自己的家里配偶，于是，赋予每只繁殖蚁一对翅膀，让它们远走高飞，另立门庭。在它们出发之前，工蚁在接近地表的地方修建若干个扁状空腔，临出飞时繁殖蚁都聚集在那里等候，故名候飞室。一般在阴雨的黄昏和夜晚能看到繁殖蚁出飞的情景。届时还会出现各种天敌大显身手的生动场面。

第二天黄昏，天要下雨了，我们跑到土丘前去观察。拨开遮挡视线的草叶，见地表处扁平状的出飞孔已经打开，首先爬出来的是一群兵蚁，它们为了防止敌人的攻击，在出飞口旁边站岗放哨。随后是繁殖蚁爬出，先是三三两两，继而成批地涌出孔外，乘着潮湿而闷热的空气振翅腾上了天空。这时，各种空中的鸟雀、蜻蜓，地面的青蛙、蜥蜴、黑蚂蚁……都跃跃欲试，伺机而动。这是它们开荤解馋的好时机。我们亲眼看到一只正在爬行的繁殖蚁被一只黑蚂蚁咬住了肚皮，笨拙的繁殖蚁挣扎翻滚，怎么也甩不掉黑蚂蚁的袭击。没多久，黑蚂蚁的同伙陆续赶来，这个咬头，那个咬尾，最后它们同心协力把奄奄一息的战利品拖进洞里去了。初见它们餐食繁殖蚁的情景，不禁想到，怎么繁殖蚁一点反抗的能力也没有呢？然而，大自然中的生物本来就是这样相互依存、相互制约的。在这个生物链中，白蚁早就做好了大量牺牲的准备。面对天敌的进攻，部分繁殖蚁照样飞上天空，以虫海战术迎接敌人的挑战。在成千上万的繁殖蚁当中总会有勇敢者冲出虎口，那些落在地上没被天敌伤害的繁殖蚁，抓紧时间寻求配偶。雌虫振动翅膀，腹部高翘，施放激素，发出求爱信息。雄虫闻讯赶来，爬到雌虫身后，开始一段有趣的恋爱追逐。它们一前一后，恋恋不舍，边跑边脱掉双翅，最后爬到一个自己觉得满意的地方，立即自力更生挖掘洞房，它们把衔出的土粒堆在洞口，直到封严为止。繁殖蚁的蜜月是极为隐蔽的，目前世界上还没有一个昆虫学家观察到白蚁交尾的情景，只知道它们一星期之后就开始生儿育女，它们自己也随着社群的不断扩大，而登上了“国王”和“王后”的宝座，一个新的白蚁帝国就这样诞生了。

白蚁

西边的天空渐渐拉上了黑色的帷幕，在回来的路上，专家告诉我们：“世界上已知的白蚁有二千多种，我国目前已发现的有一百多种。”这次我们观察的是云南土垄黑翅白蚁，还不能说是白蚁中最高明、最奇妙的种类。白蚁和人类的关系应当怎样看呢？

我们一下子想到了这个人们共同关心的问题。专家尽量使问题的解答避免片面性：“白蚁作为生物链中的一员总有它存在的价值和意义。”且不说今天我们看到的白蚁在分飞时给一些生物提供了美味佳肴；即使在平时，森林里的白蚁在采食的过程中，也能分解植物体，加速物质循环，肥沃土壤，这说明白蚁和祸害不能完全划等号。但有些白蚁能直接侵入人类的生活领域，“千里长堤，溃于蚁穴”“高楼大厦，毁于蚁害”，一些铁路、桥梁、地下电缆、名胜古迹也常常遭到白蚁的破坏。对此，人们要进行防治。例如建筑物减少木结构，白蚁能啃食的材料，如枕木、地下电缆的塑料外皮等，用药水浸泡处理。防治的方法很多，如挖老巢，连窝端是其中一种，但这个办法费力。省力的办法有往蚁巢里灌浆、压烟以及药物诱杀等。目前有人研究利用螨[①]类杀死白蚁；利用放射性同位素寻找大型建筑物内的巢；利用人工合成白蚁跟踪激素类似物等方法防治白蚁。有人说白蚁是世界上最难消灭的昆虫，但对于人类来讲，征服白蚁王国并不是可望而不可及的。在这方面，我国科学工作者已经取得了不小的胜利。

作品评析

本文是一篇文艺性说明文，集说明、描写、叙述于一身，用灵活的修辞手法（如比喻、拟人等）、精妙的语言和丰富的词汇（如“玲珑剔透”“光天化日”“络绎不绝”“同仇敌忾”“众志成城”“秩序井然”“远走高飞”“跃跃欲试”“奄奄一息”“可望而不可及”等）准确、清晰地介绍了蚁巢外观、副巢、主巢，白蚁的种类、分工、习性、群居情况、繁殖，以及白蚁与人类的关系、白蚁的防治方法等知识。文章因此而显得十分生动、形象、有趣，让读者更加容易理解。

思考与练习

一、下面是关于“玉兰”的一段文字，请细细斟酌，然后在括号中填写一个恰当的字。

（　　）柔的花瓣，优美的花形，（　　）洁的白色，构成一朵朵圣洁美丽的玉兰花。她确实是天工神（　　）用洁白无（　　）的美玉（　　）成的（　　）世珍品，她和国色（　　）香的牡丹一样奔放，又如（　　）波仙子一样飘（　　），她比荷花更秀丽细（　　），比菊花更（　　）实亲切。可是她在人间（　　）留的时间不长，仅仅几天就先后（　　）谢。一霎时，洁白的花瓣（　　）落一地，常引起人们的（　　）惜。然而她的神（　　）依然浮现在人们脑海里——她已把美好的形象（　　）刻在人们心间。

① 螨（mǎn）：节肢动物的一类，头、胸和腹通常成为一整块，不分环节。

二、本文的说明准确清晰，读来生动有趣，请举例说明文章采用了哪些说明方法来写白蚁大家族？

拓展训练

一、课外阅读关于昆虫（如蟋蟀、蝴蝶、蜻蜓等）的说明文，说说文章的写作特色，并举例说明文章中的各种说明方法。

二、试着写一篇关于昆虫的文艺性说明文。

第二单元　文学作品赏读

柔情绰态　陶情适性——赏读散文　激发情感

单元导读

散文是在现实生活中人、事、物、景的基础上，以叙事、记人、咏物、写景、抒情、议论为主的文学样式。其题材广泛、篇幅短小、笔法灵活、情文并茂、风格多样，适合用以感怀抒情，能让读者感到回味无穷，从心底产生情感共鸣。

散文一般分为叙事散文、抒情散文和议论散文3类，具有形散神聚、意境深邃、语言优美的特点。其一，形散神聚，包括以下两层意思："形散"既指题材广泛，写法多样，又指结构自由、不拘一格；"神聚"既指中心集中，又指有贯穿全文的线索。散文写人写事都只是表面现象，其本质是写情感体验。情感体验就是"不散的神"，而人与事则是"散"的可有可无、可多可少的"形"。其二，意境深邃，即注重表现作者的生活感受，抒情性强，情感真挚。其三，语言优美，包含"优美"和"凝练"两个方面。所谓优美，就是指散文的语言清新明丽、生动活泼、富于音乐感，行文如涓涓流水，叮咚有声，如娓娓而谈，情真意切。所谓凝练，是说散文的语言简洁质朴，自然流畅，寥寥数语就可以描绘出生动的形象，勾勒出动人的场景，显示出深远的意境。

散文的诵读和鉴赏是一种审美的精神活动，应注意运用以下三种方法：其一，理清线索，统揽全篇。散文形散神聚的特点决定了阅读散文时必须善于抓住"文眼"，弄清贯穿资料的脉络，找出各部分的内在联系，选好"形"与"神"的结合点，从而准确有效地把握作品的主旨和思想。其二，感悟意境，把握基调。所谓意境，就是作者描绘的情景与情感融为一体所形成的艺术境界；所谓基调，即作品总的态度感情。散文的情思就萦绕在意境中，而意境则传递着作品的基调。其三，品味语言，读出语气。品味语言，首先应细心揣摩、辨析、理解词语的含义，体会语言的感情色彩和语体色彩的表现力；其次理解句子的含义，注意句子的整散、长短变化及节奏快慢的变化，把握体现文章主旨的关键性语句。读出语气，就是应带着情感阅读，做到表情朗读、熟读成诵。

本单元安排的课文主要是抒情散文。学习时，应整体把握这些散文的思想内容和行文线索，反复诵读，读准基调，激发情感，提高赏读散文的能力，培养审美情趣。

一、现代散文两篇

1．谈生命[1]

冰心

阅读提示

冰心（1900－1999 年），原名谢婉莹，笔名冰心，福建长乐人，生于福州。中国诗人，现代作家、翻译家、儿童文学作家、社会活动家、散文家。笔名冰心取自“一片冰心在玉壶”。1918 年就读北京协和女子大学，初习医，后改学文科。五四运动时期参加爱国宣传活动，开始文学创作，著有小说《斯人独憔悴》《去国》，诗集《繁星》《春水》等作品，是当时最令人瞩目的女作家。今人编有《冰心全集》。

本文虽然用了一个类似说理文的题目，但实际内容则更近于一篇富于哲理的散文诗。阅读本文时，注意体会作者的情感表达，把握文章的主旨。

我不敢说生命是什么，我只能说生命像什么。

生命像向东流的一江春水，他从最高处发源，冰雪是他的前身。他聚集起许多细流，合成一股有力的洪涛，向下奔注，他曲折地穿过了悬崖峭壁，冲倒了层沙积土，挟卷着滚滚的沙石，快乐勇敢地流走，一路上他享乐着他所遭遇的一切。

有时候他遇到巉岩[2]前阻，他愤激地奔腾了起来，怒吼着，回旋着，前波后浪地起伏催逼，直到冲倒了这危崖[3]，他才心平气和地一泻千里。有时候他经过了细细的平沙[4]，斜阳芳草里，看见了夹岸[5]红艳的桃花，他快乐而又羞怯，静静地流着，低低地吟唱着，轻轻地度过这一段浪漫的行程。有时候他遇到暴风雨，这激电，这迅雷，使他心魂惊骇，疾风吹卷起他，大雨击打着他，他暂时浑浊了，扰乱了，而雨过天晴，只加给他许多新生的力量。有时候他遇到了晚霞和新月，向他照耀，向他投影，清

---

① 本文最初发表于《京沪周刊》1947 年第 1 卷第 27 期，1999 年 3 月 4 日《文汇报》重新发表，略有改动。

② 巉（chán）岩：意指高而险的山岩，形容险峻陡峭，山石高耸的样子。

③ 危崖：高而陡峭的悬崖。

④ 平沙：广阔的沙地。

⑤ 夹岸：两岸。

冷中带些幽幽的温暖；这时他只想休憩，只想睡眠，而那股前进的力量，仍催逼着他向前走……终于有一天，他远远地望见了大海，呵！他已到了行程的终结，这大海，使他屏息，使他低头，她多么辽阔，多么伟大！多么光明，又多么黑暗！大海庄严地伸出臂儿来接引他，他一声不响地流入她的怀里。他消融了，归化[①]了，说不上快乐，也没有悲哀！也许有一天，他再从海上蓬蓬的雨点中升起，飞向西来，再形成一道江流，再冲倒两旁的石壁，再来寻夹岸的桃花。然而我不敢说来生，也不敢信来生！

生命又像一棵小树，他从地底聚集起许多生力，在冰雪下欠伸，在早春润湿的泥土中，勇敢快乐地破壳出来。他也许长在平原上，岩石上，城墙上，只要他抬头看见了天，啊！看见了天！他便伸出嫩叶来吸收空气，承受日光，在雨中吟唱，在风中跳舞。他也许受着大树的荫遮，也许受着树的覆压，而他青春生长的力量，终使他穿枝拂叶地挣脱了出来，在烈日下挺立抬头！他遇着骄奢的春天，他也许开出满树的繁花，蜂蝶围绕着他飘翔喧闹，小鸟在他枝头欣赏唱歌，他会听见黄莺清吟，杜鹃啼血，也许还听见枭鸟[②]的怪鸣。他长到最茂盛的中年，他伸展出他如盖的浓荫，来荫庇树下的幽花芳草，他结出累累的果实，来呈现大地无尽的甜美与芳馨。秋风起了，他的叶子，由浓绿到绯红，秋阳下他又有一番的庄严灿烂，不是开花的骄傲，也不是结果的快乐，而是成功后的宁静和怡悦！终于有一天，冬天的朔风，把他的黄叶干枝，卷落吹抖，他无力地在空中旋舞，在根下呻吟，大地庄严地伸出臂儿来接引他，他一声不响地落在她的怀里。他消融了，归化了，他说不上快乐，也没有悲哀！也许有一天，他再从地下的果仁中，破裂了出来。又长成一棵小树，再穿过丛莽的掩遮，再来听黄莺的歌唱。然而我不敢说来生，也不敢信来生。

宇宙是一个大生命，我们是宇宙大气中之一息。江流入海，叶落归根，我们是大生命中之一滴，大生命中之一叶。在宇宙的大生命中，我们是多么卑微，多么渺小，而一滴一叶的活动生长合成了整个宇宙的进化运行。要记住：不是每一道江流都能入海，不流动的便成了死湖；不是每一粒种子都能成树，不生长的便成了空壳！生命中不是永远快乐，也不是永远痛苦，快乐和痛苦是相生相成的。好比水道要经过不同的两岸，树木要经过常变的四时[③]。在快乐中我们要感谢生命，在痛苦中我们也要感谢生命。快乐固然兴奋，苦痛又何尝不美丽？我曾读到一个警句，是“愿你生命中有够多的云翳[④]，来造成一个美丽的

---

① 归化：归顺、同化。

② 枭（xiāo）鸟：猫头鹰之类的鸟。

③ 四时：四季。

④ 云翳（yì）：云。

黄昏”。世界、国家和个人生命中的云翳没有比今天再多的了。

作品评析

本文开篇点题，表明作者对“谈生命”这一问题的慎重态度，就“生命像什么”进行想象性的表述。这一书写策略的确立，决定了本文的形象性、抒情性特点。

本文用“一江春水”和“一棵小树”作为“生命”的象喻，且用一个“像”字标明本体与喻体的关系，表面看来，通篇采用的似乎是一个明喻的结构，但因为作者对喻体展开了充分的描述，春水东流的跌宕起伏，小树成长的挺拔摇曳，都构成了独立饱满的形象，也与被比喻的本体形成了丰富多彩的“互文”关系。本文以描写和抒情为主，同时也把说理蕴含其中，尤其是结尾部分，从个体的生命，延展到宇宙的大生命，谈论二者之间的关系，归结到“感谢生命”的主题，情与理、思与诗融为一体，意境丰厚而回味深远。

思考与练习

一、本文是如何用形象化手段来表达关于生命的哲理的？请举例说明。

二、说说本文在词语运用方面具有什么特点。

三、结合本文，谈谈你对生命中快乐和痛苦的理解。

拓展训练

一、课外阅读关于生命的散文，把握文章的写作特点，并比较与冰心这篇文章的异同。

二、试着写一篇小散文。

2．爱尔克的灯光[①]

巴金

巴金（1904—2005 年），原名李尧棠，另有笔名有佩竿、极乐、黑浪、春风等，字芾甘。四川成都人，祖籍浙江嘉兴。中国作家、翻译家、社会活动家。

本文是巴金 1941 年春天重访故居后写的一篇文情并茂的抒情散文。文章通过描绘作者重访 18 年前故居时的复杂心情和所忆所想，表现了作者对封建家庭和封建礼教的彻底否定和批判。可以说，本文是作者用散文的形式对长篇小说《家》的思想内容的又一次艺术再现。阅读本文时，注意体会作者的情感。

傍晚，我靠着逐渐黯淡的最后的阳光的指引，走过十八年前的故居。这条街、这个建筑物开始在我的眼前隐藏起来，像在躲避一个久别的旧友。但是它们的改变了的面貌于我还是十分亲切。我认识它们，就像认识我自己。还是那样宽的街，宽的房屋。巍峨的门墙代替了太平缸和石狮子，那一对常常做我们坐骑的背脊光滑的雄狮也不知逃进了哪座荒山。然而大门开着，照壁上“长宜子孙”四个字却是原样地嵌在那里，似乎连颜色也不曾被风雨剥蚀。我望着那同样的照壁，我被一种奇异的感情抓住了，我仿佛要在这里看出过去的十九个年头，不，我仿佛要在这里寻找十八年以前的遥远的旧梦。

守门的卫兵用怀疑的眼光看我。他不了解我的心情。他不会认识十八年前的年轻人。他却用眼光驱逐一个人的许多亲密的回忆。

黑暗来了，我的眼睛失掉了一切。于是大门内亮起了灯光。灯光并不曾照亮什么，反而增加了我心上的黑暗。我只得失望地走了。我向着来时的路回去。已经走了四五步，我忽然掉转头，再看那个建筑物。依旧是阴暗中的一线微光。我好像看见一个盛满希望的水碗一下子就落在地上打碎了一般，我痛苦地在心里叫起来。在这条被夜幕覆盖着的近代城市的静寂的街中，我仿佛看见了哈立希岛上的灯光。那应该是姐姐爱尔克点的灯罢。

① 本文写于 1941 年 3 月，原载 1941 年 4 月重庆《新蜀报》副刊《蜀道》，最初收入散文集《龙·虎·狗》，后收入《巴金全集》第 13 卷（人民文学出版社，1990 年）。

她用这灯光来给她的航海的兄弟照路，每夜每夜灯光亮在她的窗前，她一直到死都在等待那个出远门的兄弟回来。最后她带着失望进入坟墓。

街道仍然是清静的。忽然一个熟习的声音在我耳边轻轻地唱起了这个欧洲的古传说。在这里不会有人歌咏这样的故事。应该是书本在我心上留下的影响。但是这个时候我想起了自己的事情。

十八年前在一个春天的早晨，我离开这个城市、这条街的时候，我也曾有一个姐姐，也曾答应过有一天回来看她，跟她谈一些外面的事情。我相信自己的诺言。那时我的姐姐还是一个出阁才只一个多月的新嫁娘，都说她有一个性情温良的丈夫，因此也会有长久的幸福的岁月。

然而人的安排终于被"偶然"毁坏了。这应该是一个"意外"。但是这"意外"却毫无怜悯地打击了年轻的心。我离家不过一年半光景，就接到了姐姐的死讯。我的哥哥用了颤抖的哭诉的笔叙说一个善良女性的悲惨的结局，还说起她死后受到的冷落的待遇。从此那个做过她丈夫的所谓温良的人改变了，他往一条丧失人性的路走去。他想往上爬，结果却不停地向下面落，终于到了用鸦片烟延续生命的地步。对于姐姐，她生前我没有好好地爱过她，死后也不曾做过一样纪念她的事。她寂寞地活着，寂寞地死去。死带走了她的一切，这就是在我们那个地方的旧式女子的命运。

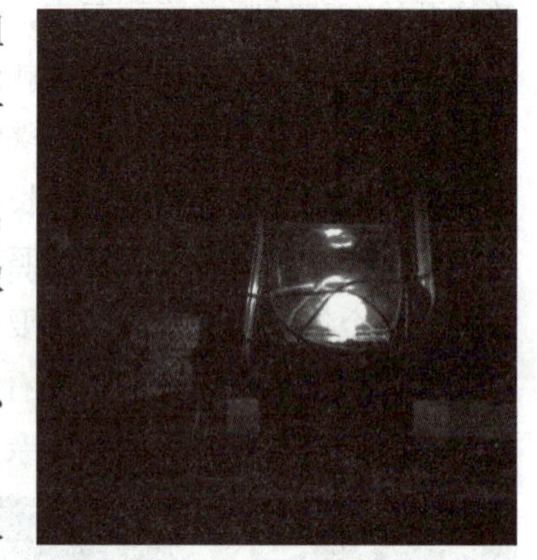

我在外面一直跑了十八年。我从没有向人谈过我的姐姐。只有偶尔在梦里我看见了爱尔克的灯光。一年前在上海我常常睁起眼睛做梦。我望着远远的在窗前发亮的灯，我面前横着一片大海，灯光在呼唤我，我恨不得腋下生出翅膀，即刻飞到那边去。沉重的梦压住我的心灵，我好像在跟许多无形的魔手挣扎。我望着那灯光，路是那么远，我又没有翅膀。我只有一个渴望：飞！飞！那些熬煎着心的日子！那些可怕的梦魇！

但是我终于出来了。我越过那堆积着像山一样的十八年的长岁月，回到了生我养我而且让我刻印了无数儿时回忆的地方。我走了很多的路。

十九年，似乎一切全变了，又似乎都没有改变。死了许多人，毁了许多家。许多可爱的生命葬入黄土。接着又有许多新的人继续扮演不必要的悲剧。浪费，浪费，还是那许多不必要的浪费——生命，精力，感情，财富，甚至欢笑和眼泪。我去的时候是这样，回来时看见的还是一样的情形。关在这个小圈子里，我禁不住几次问我自己：难道这十八年全是白费？难道在这许多年中间所改变的就只是装束和名词？我痛苦地搓自己的手，不敢给一个回答。

在这个我永不能忘记的城市里，我度过了五十个傍晚。我花费了自己不少的眼泪和欢笑，也消耗了别人不少的眼泪和欢笑。我匆匆地来，也将匆匆地去。用留恋的眼光看我出生的房屋，这应该是最后的一次了。我的心似乎想在那里寻觅什么。但是我所要的东西绝不会在那里找到。我不会像我的一个姑母或者嫂嫂，设法进到那所已经易了几个主人的公馆，对着园中的花树垂泪，慨叹着一个家族的盛衰。摘吃自己栽种的树上的苦果，这是一个人的本分。我没有跟着那些人走一条路，我当然在这里找不到自己的脚迹。几次走过这个地方，我所看见的还只是那四个字："长宜子孙"。

"长宜子孙"这四个字的年龄比我的不知大了多少。这也该是我祖父留下的东西罢。最近在家里我还读到他的遗嘱。他用空空两手造就了一份家业。到临死还周到地为儿孙安排了舒适的生活。他叮嘱后人保留着他修建的房屋和他辛苦地搜集起来的书画。但是儿孙们回答他的还是同样的字：分和卖。我很奇怪，为什么这样聪明的老人还不明白一个浅显的道理：财富并不"长宜子孙"，倘使不给他们一个生活技能，不向他们指示一条生活道路；"家"这个小圈子只能摧毁年轻心灵的发育成长，倘使不同时让他们睁起眼睛去看广大世界；财富只能毁灭崇高的理想和善良的气质，要是它只消耗在个人的利益上面。

"长宜子孙"，我恨不能削去这四个字[①]！许多可爱的年轻生命被摧残了，许多有为的年轻心灵被囚禁了。许多人在这个小圈子里面憔悴地捱着日子。这就是"家"！"甜蜜的家"！这不是我应该来的地方。爱尔克的灯光不会把我引到这里来的。

于是在一个春天的早晨，依旧是十八年前的那些人把我送到门口，这里面少了几个，也多了几个。还是和那次一样，看不见我姐姐的影子，那次是我没有等待她，这次是我找不到她的坟墓。一个叔父和一个堂兄弟到车站送我，十八年前他们也送过我一段路程。

我高兴地来，痛苦地去。汽车离站时我的心里的确充满了留恋。但是清晨的微风，路上的尘土，马达的叫吼，车轮的滚动，和广大田野里一片盛开的菜子花，这一切驱散了我的离愁。我不顾同行者的劝告，把头伸到车窗外面，去呼吸广大天幕下的新鲜空气。我很高兴，自己又一次离开了狭小的家，走向广大的世界中去！

忽然在前面田野里一片绿的和黄的菜花中间，我仿佛又看见了一线光，一个亮，这还是我常常看见的灯光。这不会是爱尔克的灯里照出来的，我那个可怜的姐姐已经死去了。这一定是我的心灵的灯，它永远给我指示我应该走的路。

1941 年 3 月

---

① "长宜子孙"我恨不能削去这四个字：1959 年作者曾作注云："1956 年 12 月我终于走进了这个'公馆'。'长宜子孙'四个字果然跟着'照壁'一起消灭了。"

作品评析

本文表达了作者对封建家庭和封建礼教的否定和批判，表现了作者追求美好新生活与崇高理想的坚定信念和决心，也反映了作者的叛逆和抗争精神。

全文可分为 3 个部分。第一部分写作者在一个傍晚看到已经物是人非、几易其主的 18 年前的故居时，想要追寻往昔的岁月和“遥远的旧梦”。第二部分写作者重访故居时的所忆所思，可分为两层：第一层，回忆姐姐早逝的悲剧，暴露了封建家庭和封建礼教束缚、摧残青春及窒息扼杀生命的罪恶；第二层，写作者重访故居时的复杂心情。这一部分是全文的核心，写了作者对停滞、落后、愚昧现实的不满和愤慨，表现了作者冲破封建“家”的牢笼的决心、叛逆和抗争精神。第三部分写作者再次像 18 年前一样“离开狭小的家”，走向了“广大的世界”，受“心灵的灯”的召唤，去探索自己“应该走”的人生之路。

在艺术表现方面，本文构思巧妙、象征手法到位、感情真挚浓烈，熔叙事、抒情和议论于一炉，使得文章的情感发展过渡自然，思想内容不断深化，艺术感染力大幅增强。

思考与练习

一、本文中，姐姐早逝的悲剧说明了什么？

二、照壁上“长宜子孙”4 个字引发了作者怎样的思索？

三、文中写到了 3 种灯光，分别象征着什么事物？请结合上下文予以分析。

四、文章中作者的感情有什么发展变化？

拓展训练

一、文章中作者为了追求希望、光明和理想，勇敢地挣脱了封建家庭和封建礼教的束缚，“离开了狭小的家，走向广大的世界中去”。联系自己未来的人生，说说这篇文章对你的启发。

二、写一篇熔叙事、抒情和议论于一炉，并且运用象征手法的散文。

二、当代散文两篇

1. 我的空中楼阁①

李乐薇

阅读提示

李乐薇，出生于1930年，祖籍江苏省南京市，早年肄业于上海大夏大学，是中国台湾当代散文作家。其散文文笔清丽脱俗，语言优美动人，风格柔和、温婉、含蓄，善于借助富有物质感的形象来表现无形的主观意念，刻意于意象的经营，能够运用声、光、色、味、形的物象幻化暗示出微妙的“自我的情绪”，透露着浓郁的现代派艺术气息。其作品有《同窗集》《书呆子的智慧》等。

本文是一篇寄情于景的散文，全景式、多角度地描写作者生活中的一件艺术品——“空中楼阁”，表达他对自然的赞美。学习本文时，要注意文章是如何围绕中心变换写作角度，有序地将材料组织起来的。

山如眉黛②，小屋恰似眉梢的痣一点。

十分清新，十分自然，我的小屋玲珑地立于山脊一个柔和的角度上。

世界上有很多已经很美的东西，还需要一些点缀，山也是。小屋的出现，点破了山的寂寞，增加了风景的内容。山上有了小屋，好比一望无际的水面飘过一片风帆，辽阔无边的天空掠过一只飞雁，是单纯的底色上一点灵动的色彩，是山川美景中的一点生气，一点情调。

小屋点缀了山，什么来点缀小屋呢？那是树！

山上有一片纯绿色的无花树，花是美丽的，树的美丽也不逊于花。花好比人的面庞，树好比人的姿态。树的美在于姿势的清健③或挺拔，苗条或婀娜④，在于活力，在于精神！

有了这许多树，小屋就有了许多特点。树总是轻轻摇动着。树的动，显出小屋的静；树的高大，显出小屋的小巧；而小屋的别致出色，乃是由于满山皆树，为小屋布置了一个美妙的绿的背景。

---

① 选自台湾地区出版的《中国现代文学大系》散文第一集。

② 眉黛：古代女子用黛画眉，所以称眉为眉黛。黛，青黑色的颜料。

③ 清健：清秀、矫健。

④ 婀娜（ē nuó）：姿态柔软而美好。

小屋后面有一棵高过屋顶的大树，细而密的枝叶伸展在小屋的上面，美而浓的树荫把小屋笼罩起来。这棵树使小屋予人另一种印象，使小屋显得含蓄而有风度。

换个角度，近看改为远观，小屋却又变换位置，出现在另一些树的上面。这个角度是远远地站在山下看。首先看到的是小屋前面的树，那些树把小屋遮掩了，只在树与树之间露出一些建筑的线条，一角活泼翘起的屋檐，一排整齐的图案式的屋瓦。一片蓝，那是墙；一片白，那是窗。我的小屋在树与树之间若隐若现，凌空而起，姿态翩然。本质上，它是一幢房屋；形式上，却像鸟一样，蝶一样，憩于枝头，轻灵而自由！

小屋之小，是受了土地的限制。论“领土”，只有有限的一点。在有限的土地上，房屋比土地小，花园比房屋小，花园中的路又比花园小，这条小路是我袖珍型的花园大道。和领土相对的是“领空”，论“领空”却又是无限的，足以举目千里，足以俯仰天地，左顾有山外青山，右盼有绿野阡陌。适于心灵散步，眼睛旅行，也就是古人说的游目骋怀。这个无限大的“领空”，是我开放性的院子。

有形的围墙围住一些花，有紫藤、月季、喇叭花、圣诞红之类。天地相连的那一道弧线，是另一重无形的围墙，也围住一些花，那些花有朵状有片状，有红，有白，有绚烂[①]，也有飘落。也许那是上帝玩赏的牡丹或芍药，我们叫它云或霞。

空气在山上特别清新，清新的空气使我觉得呼吸的是香！

光线以明亮为好，小屋的光线是明亮的，因为屋虽小，窗很多。例外的只有破晓或入暮，那时山上只有一片微光、一片柔静、一片宁谧[②]。小屋在山的怀抱中，犹如在花蕊中一般，慢慢地花蕊绽开了一些，好像层山后退了一些。山是不动的，那是光线加强了，是早晨来到了山中。当花瓣微微收拢，那就是夜晚来临了。小屋的光线既富于科学的时间性，也富于浪漫的文学性。

山上的环境是独立的、安静的。身在小屋享受着人间清福、享受着充足的睡眠，以及一天一个美梦。

出入的交通要道，是一条类似苏花公路[③]的山路，一边傍山，一边面临稻浪起伏的绿海和那高高的山坡。山路和山坡不便于行车，然而便于我行走。我出外，小屋是我快乐的起点；我归来，小屋是我幸福的终站。往返于快乐与幸福之间，哪儿还有不好走的路呢？我只觉得出外时身轻如飞，山路自动地后退；归来时带几分雀跃的心情，一跳一跳就跳过

---

① 绚烂：绚丽、灿烂。

② 宁谧（mì）：安宁、平静。

③ 苏花公路：台湾地区东部苏澳至花莲的公路，沿途多悬崖峭壁。

了那些山坡。我替山坡起了个名字，叫幸福阶梯，山路被我唤做空中走廊！

我把一切应用的东西当作艺术，我在生活中的第一件艺术品——就是小屋。白天它是清晰的，夜晚它是朦胧的。每个夜幕深垂的晚上，山下亮起灿烂的万家灯火，山上闪出疏落的灯光。山下的灯把黑暗照亮了，山上的灯把黑暗照淡了，淡如烟，淡如雾，山也虚无，树也缥缈。小屋迷于雾失楼台的情景中，它不再是清晰的小屋，而是烟雾之中、星点之下、月影之侧的空中楼阁！

这座空中楼阁占了地利之便，可以省去许多室内设计和其他的装饰。

虽不养鸟，每天早晨有鸟语盈耳。

无需挂画，门外有幅巨画——名叫自然。

作品评析

本文是一篇寄情于景的散文，文字优美，笔调清新。作者笔下的“空中楼阁”寄托了他对“独立的、安静的”生活的向往，抒发了热爱和追求自然的美好情感。课文以全景式的描写做横向展开，采用定景换点的写法，对小屋及其周围的环境着力描写，多侧面多角度地勾勒出小屋的景观和氛围，渗透着对自然的赞美与讴歌。

思考与练习

一、文章的标题是“我的空中楼阁”。想一想，这个标题具有哪几层含义？

二、本文围绕小屋这个中心，不断地变换角度去写。思考本文在写小屋与周围环境的关系时，选择了怎样的角度？是怎样将材料有序地组织起来的？

三、本文在写作时，使用了多种修辞手法。说说下列语句中的修辞手法及其表达效果。

1. 山如眉黛，小屋恰似眉梢的痣一点。
2. 例外的只有破晓或入暮，那时山上只有一片微光，一片柔静，一片宁谧。
3. 往返于快乐与幸福之间，哪儿还有不好走的路呢？
4. 无需挂画，门外有幅巨画——名叫自然。

四、本文的语言富有诗情画意，读来琅琅上口，极具节奏感。请选出一两段，在诵读中辨析句间关系，把“断”与“连”读出来。

拓展训练

一、课外阅读余秋雨的《道士塔》，体会文章的构思和写作特点，说说文中使用了哪些修辞手法。

二、试着写一篇以“渔船”为主题的寓情于景的散文。

2. 祝福拉萨[①]

郭保林

阅读提示

郭保林，山东冠县人，中国作协会员、中国散文学会理事，著名作家。著有散文集《青春的橄榄树》《有一抹蓝色属于我》《五彩树》《绿色的童话》《一半是蓝，一半是绿》，小说集《远山的雾》，长篇报告文学《塔克拉玛干：红黄黑》《大河息壤》等。

本文是一篇叙事散文，叙述了作者重游拉萨的所见所闻，热情地讴歌了圣城拉萨和改革大潮中的西藏人民，抒发了作者对拉萨炽热的情感和深深的祝福。阅读本文时，要注意把握文章的构思和书写层次，体会作者的情感，把握文章的主题。

带着朝圣者般的虔诚，带着诗人的想象和海浪般涌涌荡荡的情感，我常常用湿漉漉的目光抚摸着地图上那片棕红色的高地，抚摸着那富有质感和色彩的名字：拉萨。我轻轻地念出这个音节，心中便洞开一片境界——八瓣莲花山簇拥的圣城，你是宗教，是文化，是历史，是神话，是朝圣者的憧憬，是藏人灵魂的息壤[②]，你充满神秘，充满诱惑！

有时，我想念极了，便走到阳台，仰首西天的流云，真想伸手撕下一块，写一首祝福的诗篇，然后放飞，祈祷它降落你的身边……

七月，我又飞到拉萨。

正是高原最美的时节。去冬告别这片土地时是遍野白雪茫茫，山寒水瘦，而今满目绿茵，草浪漾漾，如云的牛羊，悠然游弋[③]，不时有咿咿罗罗的牧歌，驮着片片阳光，裹着大草原的芬芳，袅袅传来。才几多时日呀，又一条新筑的公路煌煌然亮在眼前，刚铺上的沥青，还闪烁着油汪汪的羞涩；轧路机仍在隆隆吼叫，追赶着去碾平一叠枯皱的昨天。路旁的树林里，嫩叶在夜雨里悄然诞生，野花在晨露中默然绽放。脚下的拉萨河依然荡漾碧蓝的波涛，头顶上的天空依然深邃、明丽，犹如少女般的纯贞。遥望巍峨的布达拉宫，祥云缭绕，法相端严，浮荡着一片佛光瑞霭……

啊，拉萨！

① 选自《当代散文精品 1996》（广州出版社，1996 年版）。

② 灵魂的息壤：比喻精神信念的来源。息壤，神话传说中一种能自己生长、永不耗减的土壤。

③ 游弋（yì）：巡逻，这里指自由地游动。

漫步拉萨街头，更令人心畅目明。满眼青杨绿柳。胡杨萧萧，柽柳[①]冉冉。绿荫匝地[②]，翠意惹人。柳丝儿拂着少女的笑靥[③]，绿影儿吻着楼房的眉额。来来往往的行人走得热热闹闹，花花绿绿的经幡舞得快快活活。从雪域高原吹来的风凉沁沁的。虽然盛夏，绿荫送我一抹抚慰，凉风染我一袖清新。街两旁花圃里，美人蕉，野蔷薇，邦锦花，格桑花，红黄绿白，绽放着浪漫，盛开着诗意，也氤氲[④]着芬芳温馨的氛围。路面平平的，踏上去悠悠然，谁曾想，这平平的路下还掩埋着昨天的坎坷，历史的悲怆，岁月的苍凉？

毕竟是佛风荡漾的宗教圣地。那些头盘红绳，身着藏袍的牧人，那些身披袈裟[⑤]、手捻佛珠的喇嘛[⑥]，还有手持转经筒、口念六字真言的圣徒，他们从康巴山沟，从雅鲁藏布江的峡谷，从寂天寞地的那曲草原，从雪山冰川的阿里高原，风尘仆仆，餐风宿霜，筚路褴褛[⑦]，来到圣地拉萨，倾泻满腔的真诚。一片片经幡，一条条哈达，一声声祈祷，一阵阵长跪叩头，手履着地的吧嗒声，节奏沉缓，肃穆庄严。那色彩，那构图，那光影，那声音，都在渲染着圣城古老永恒的主题。

不过，一切都在变。在这庞大的主题下也滋生蔓延着新的情节。当你漫步拉萨的心脏——八廓街，不能不感到这古老的宗教文化和现代文明撞击而喷溅的火花，不能不感到新生活的勃勃的脉跳——你看，那如林的商店，如云的摊位，联翩相接的货棚、货台，既重重叠叠地陈满宗教祭祀用品，也满布着琳琳琅琅的民族工艺品，既有花花绿绿的内地商品，也有洋里洋气的进口货。冰箱和藏刀，马鞍和电脑，彩电和佛像，组合音响和木碗，滑稽而和谐地展示着各自的价值，编织着斑斑驳驳的富丽和繁华。更有趣的，这熙熙攘攘的八廓街上还激扬飞溅着各种语言浪花：汉语、藏语、印度语、尼泊尔语、英语……色彩各异，声调各异，构成这高原圣地又一动人的插页。

陪我游览的是一位藏族青年诗人，他是牧民的儿子，在内地读完大学，又回到雪域高原故乡，他说一口很流畅的汉语。令人注目的是他身着藏装，脖子上却打着领带，蓬乱乌黑的卷发有着草原之子剽悍[⑧]的风采，深邃的眸子却闪烁现代文化人的聪慧。他幽默地朝我笑笑，说道："拉萨在变，和我一样，已敞开心扉，接纳世纪文明的八面来风，不拒绝每一缕阳光，不排斥每一滴雨露，不冷漠每一片流云。"接着，他又指点着那些来自四面八方的商人、朝圣者、藏胞，说道："拉萨的确能给人精神的洗礼，灵魂的净化。这些牧人们只要在这里住上几年，粗莽的变得温雅，呆滞的变得机灵，愚昧的变得聪慧，蛮野的

① 柽（chēng）柳：一种落叶乔木，能耐碱抗旱，适于造防沙林。也叫三春柳或红柳。

② 匝（zā）地：遍地、满地。

③ 笑靥（yè）：这里指笑脸。靥，酒窝。

④ 氤氲（yīn yūn）：形容烟或云气郁结。

⑤ 袈裟（jiā shā）：和尚披在外面的法衣。

⑥ 喇嘛（lǎ ma）：喇嘛教的僧人，原为一种尊称。

⑦ 筚（bì）路褴褛：这里形容一路上艰难困苦。筚路，柴车。褴褛，破衣服。

⑧ 剽（piāo）悍：敏捷、勇猛。

变得文明，他们会懂得什么是生存，什么是生命的价值、真正的追求，当然也懂得什么是真善美，什么是真正的人生哲学……”

“你看见吧？”年轻的诗人兴奋地告诉我，“那个饭店的女老板原来是羌塘草原的牧羊女；那个商店身着西装革履的经理，几年前还是头盘红绳、身披老羊皮袄的强巴汉子呐！”

我也兴奋地点点头，感慨道：“古老的宗教圣地已注入了现代文明的因子，这必将重铸一个民族的灵魂！”

“是呀，”年轻诗人目光变得深沉，口气庄重：“拉萨不再悲怆，雪域不再荒芜，草原不再孤独！”

我好久未说话，发潮的目光睃巡[①]着，穿过熙熙攘攘的人流，穿过飘扬的红黄绿蓝白五彩经幡，穿过纵横交织的高压线的琴弦和重重叠叠楼房的罅隙[②]，落在红山之巅上的布达拉宫，心里涌起一股热浪，不由得暗暗祈祷：祝福你拉萨！扎西德勒（吉祥如意），拉萨！

作品评析

本文构思精巧，极富层次感。先由远及近，从描绘美丽的高原风光，写到繁华的拉萨街景；再由物及人，从反映拉萨古老主题下的巨大变化，写到新一代拉萨人的精神风貌；最后点明了“古老的宗教圣地已注入了现代文明的因子，这必将重铸一个民族的灵魂”这一主题。文章语言优美而富于激情，充满诗意。在作者的艺术彩笔下，景物的描写、人物的刻画都蕴含着一种凝重深沉且富有意韵的色彩，堪称绝致。

思考与练习

一、本文是从哪几个层次来写的？表达了作者怎样的情感？

二、反复诵读全文，背诵经典段落，领悟本文诗歌般的语言，体会拟人、比喻等修辞手法的运用所带来的强烈艺术效果，理解并积累词汇。

---

① 睃（suō）巡：眼睛向四处观望。

② 罅（xià）隙：缝隙。

拓展训练

西藏以其壮美的自然风光、神秘的宗教色彩和独特的民族文化吸引着国内外广大的旅游者和探险者。请观看有关西藏的纪录片并阅读相关书籍资料，了解西藏的政治、经济、历史、文化和景观。

三、外国散文两篇

1. 春天的遐想[①]

泰戈尔

罗宾德拉纳特·泰戈尔（1861—1941 年），生于加尔各答，印度著名文学家、艺术家和社会活动家。13 岁开始创作长诗和颂歌体诗集，1913 年以抒情诗集《吉檀迦利》获诺贝尔文学奖，著有诗作 50 余部，中长篇小说 12 部，短篇小说 100 余篇，剧本 20 余部，画作 1 500 多幅，歌曲 1 000 余首。重要诗作另有《新月集》《飞鸟集》等，重要小说有《还债》《太阳与乌云》《沉船》《两姐妹》等，重要剧作有《顽固堡垒》《人红夹竹桃》，重要散文有《死亡的贸易》《中国的谈话》《俄罗斯书简》等。泰戈尔的作品早在 1915 年就已被介绍到中国，现已出版 10 卷本中文的《泰戈尔作品集》。其作品充满鲜明的爱国主义和民主主义精神，富有民族风格和民族特色，直接影响了五四运动后期中国新文学的创作。

本文作于 1903 年 3 月，作者以写春天为线索，表现了自己对童真、自然与道德的关注，阐述了人的天性与自然的绝妙搭配，并诉说了这种搭配所固有的无限价值。阅读本文时，注意体会作者的情感表达。

春风轻拂着田边娑罗树新绽的绿叶。

纵观进化史，人类的一部分与树木不可分割。古时候，我们曾是猿猴，人体上找得到确凿的证据。但我们岂能忘记在那以前的原古时期，我们曾经是树木！洪荒年代杳无人影的正午，春风不打个招呼，飒飒地从我们枝叶间溜走。当时我们何曾撰写文章？何曾弃家为国效力？我们终日聋哑人似地伫立着，摇晃着，全身叶片像疯了一样沙沙地狂歌。从根须至芊芊嫩梢，体内奔涌着生命的洪流。二月，三月，是在液汁充盈的慵懒中，含糊不清的絮语中度过。为此不必回答任何质问。倘若你接口说，此后便是懊悔的日子，四月、五月的干旱，只能默默地忍受。我表示同意。对远古时代所做的猜测，有何理由不接受！滋生甘浆的日子，享受；赤日炎炎的日子，忍耐。这既然轻易地成为定规，那么，天宇饱盈的慰藉的甘露降落下来，也必有能力吮贮在骨髓里。

① 此文选自《泰戈尔散文精选》（中国广播电视出版社，1991 年）。

我本不愿讲这些话，免得让人怀疑我借助形象思维进行说教。不过，怀疑不是没有一点根据。我本来就有坏习惯嘛[①]。

我说过，进入进化的最后阶段，“人”分为许多类别：固体、植物、禽兽、野蛮人、文明人、神祇，等等。不同的种类有不同的诞生季节，哪一类归哪一个季节，确定的责任，不用我承担。发誓以一次决断一辈子应付局面，免不了说些假话。我同意说假话，但那般辛劳我承受不了。

如今我安闲地眺望前方，写文章择选自以为简单的题材。

漫长的冬天结束之后，今日中午，田野刚散出新春的气息，我在身上就察觉到世俗生活的极大的不和谐。它的乐调与广大与空间不合拍。寒冬世界对我的企望，至今原封不动地存在着。仿佛有一股势力，让心灵击败季节的嬗变，然后麻木不仁。心灵的才能超群绝伦，哪件事干得不漂亮？它可以不理睬南风，一溜烟进入大商店。我承认它能这样做。但它非这样做不可吗？南风不会因此死在家里？末了究竟谁蒙受损失？

前一段日子，我们的阿姆拉吉树、穆胡亚树和娑罗树的叶子萧萧飘零。帕尔衮月[②]像远方的旅客走到门首，吹口气，树叶凋落即刻停止，枝条上绽放了嫩叶。

我们是俗人，没有那种本事。周围风变了，树叶变了，色彩变了，我们仍像套轭的黄牛，拉着旧岁的沉重包袱，车后尘土飞扬。驭手胸口顶着的仍是老式牛车。

手头没有日历，今天好像是帕尔衮月十五或十六了。春天的女神正值十六岁妙龄少女。然而，人间周报一如既往地出版、发行；有消息说，当局出于关心我们的利益，正一面忙着修改法律条款，一面加紧审理案件。茫茫宇宙之中，这些不是特别重要的事情。每年春天的使者全然不理会总督、县长、编辑、副编辑的忙碌，从南海波浪的盛大节日携来新生活的喜讯，在大地重新播布不朽生命的诺言。这对于人绝非小事，可惜我们没有闲暇细细玩味。

过去，听见天上打雷，我们立刻停课。雨季一到，外出做工的纷纷归来。我不敢断言：雨天无法学习，无法在外地工作。人是自主而特殊的，向来不牵着物质世界的衣摆。然而，人凭借力量越来越明显地叛逆瑰丽的自然难道合乎情理？人承认与自然的亲缘关系，对南风略表尊重，为欣赏天空翻卷的雨云而暂时停止学习、工作，停止批评法制，这不会在人世的合奏中掺入不协和的杂音。历书上规定某些日子禁食茄子、冬瓜、豇豆，看来得增加几条——哪个季节读报属非法活动，哪个季节不设法旷工是犯罪。这项任务不可交给缺乏

① 坏习惯：作者自指用诗的语言写散文的习惯。

② 帕尔衮月：印历 11 月，公历 2 至 3 月。

幽默感的死脑筋，而应让学科创始人去完成。

情女的心儿在春天啜泣，这是我们的古诗中读到的诗句。如今我们若写情诗，下笔必然犹豫不决，担心遭到读者的讥笑。于是，我们割断了诗魂与自然的联系。春天树林里繁花竞相开放的时节，是它们芳心的艳丽展露的节日。枝头洋溢着自我奉献的激情，绝不掺杂锱铢必较的念头。至多结两个果子的地方，缀着二十五个花蕾。人岂忍心堵塞百花的艳丽之流？自己不开放，不结果，不奉献？光顾收掇房间？擦洗器皿？没有家务缠身，便一门心思织毛围巾织到下午四点？

我们赤头赤尾是人？与秘密酿造春天的甜蜜的枝条花叶毫无干系？鲜花和我们那么生疏，花开的吉辰，我们照样身着制服去上班？无可言喻的冲动，不曾使我们心像叶片一样微颤？

我今日承认我与树木有着源远流长的亲谊，我不同意紧张地工作是生活中无可比拟的成功的观点。森林女神自古是我们的亲姐姐，今天邀请我们这些小弟弟进入她的华堂，为我们描吉祥痣。在那儿我们应该像和亲人团聚那样与树木团聚，捧着泥土在凉阴下消度时光。我欢迎春风欢快地掠过我的心田，但不要卷起林木听不懂的心语。直至杰特拉月[①]下旬，我把在泥土、清风、空气中濯洗、染绿的生活播布四方，然后静立在光影之中。

可是，唉，没有一项工作停止。文债的账簿在面前摊开着。落入世风的庞大机器和杂事的陷阱。春天来了，依旧动弹不得。

我向人类社会恳切地呼吁：设法改变这种不正常的现状！人的光荣不在于与世界的脱离，人伟大是因为人中间蕴藏世界的全部神奇。人在固体中是固体，在树木中是树木，在飞禽走兽中是飞禽走兽。自然王宫的每座殿堂对他是敞开的。但敞开又怎样！一个个季节从各个殿堂送来的请柬，人若不收下，一动不动地坐在椅子上，那博大的权利如何获得？做一个完整的人，需和万物浑然交融。人为何不记住这一点，却把人性当作叛逆世界的一面小旗，高高举起？为何一再骄傲地宣称："我不是固体，我不是植物，我不是动物，我是人。我只会工作，批评，统治，反叛？"为何不说："我是一切，我与万物不可分离。独居的旗不属于我？"

咳，社会的笼中鸟！今天，高天的蔚蓝如思归的瞳仁中浮现的梦幻。树叶的葱绿像少女秀额似的新奇。春风像团圆的热望一样活跃。可你敛起翅翼，绕足的琐事的锁链叮当作响。

这，就是人生！

---

① 杰特拉月：印历 12 月，公历 3 至 4 月。

作品评析

本文具有诗的美感，从头到尾处处充满诗的言语、意象与韵律。作者借助新奇的意象，将内心深沉的情感表达得真切、生动、可感可观。同时，作者广泛运用了排比、递进等修辞手法，有机搭配复合辅音和开音节字，使文章诵读起来有抑扬顿挫的节奏，如行云流水，轻快飘逸，具有回肠荡气的音乐效果。此外，作者将主观情意注入客观物境之中，并让抒情氛围与政论色彩相互交织，使得文章兼具美感与锋芒。

全文可分为 4 个层次。第一个层次，写春天已到眼前，远古时代人与自然和谐互动的感觉极为美妙，有意无意流露出作者对当前烦扰、压抑生活的厌倦。第二个层次，写春天无限美好，人们和自己却无暇消受。在这一部分，作者不仅坚决否定了世人迷失自我的态度与作为，而且热情讴歌了带来希望与活力的自然。第三个层次，进一步通过往昔与今日的对比，抒写了对自然春光与自在心灵的热望，表达了对沉陷俗务与远离自然的怅惘。第四个层次，写“我”对人类的呼吁与无助的感喟。

综观全文，作者通过对比描述春天的美好与生活的烦扰、往昔的自在与现时的忙碌、心灵的期盼与现实的麻木，抒发了热爱春天与自然、厌倦俗务与物欲的思想情感，表达了对回归天地万物、回归心灵自由、回归纯真人性的热切向往。

思考与练习

一、在人与自然的关系方面，作者表达了怎样的态度？

二、诵读全文，说说文章具有哪些写作特点，并举例。

拓展训练

一、课外阅读泰戈尔诗集《吉檀迦利》和《飞鸟集》的部分篇章，摘取好的段落诵读或背诵，并与同学分享。

二、试着写一篇以“秋天”为主题的小散文，注意使文章具有诗的言语、意象和韵律。

2．假如给我三天光明（节选）①

海伦·凯勒

阅读提示

海伦·凯勒（1880—1968 年），美国著名的女作家、教育家、慈善家、社会活动家。她在出生后 19 个月大时因患猩红热而被夺去视力和听力，此后 87 年便生活在无光、无声的世界里。在此时间里，她写了《假如给我三天光明》《我的生活》《我的人生故事》《石墙故事》等，并致力于为残疾人造福，建立慈善机构。

这篇散文是深受失明之苦的作者凭借独特的感受、切身的体会和丰富的想象，所描绘的假定自己得到三天视力后，所看到的丰富多彩的世界。文章表达了作者对生活的深刻理解，对生命的珍爱，对人类的真挚友爱，也展现了作者坚强乐观、积极进取、战胜困难的坚定信念，给人以强烈的震撼和警示。阅读本文时，注意品味朴素真挚的语言特点和生动细腻的心理描写。

啊，如果我有三天视力的话，我该看些什么东西呢？

第一天，我要看到那些好心的、温和的、友好的、使我的生活变得有价值的人们。首先，我想长时间地凝视着我亲爱的教师安妮·莎莉文·麦西夫人的脸。当我还在孩稚时，她就来到我家，是她给我打开了外部世界。我不仅要看她的脸部的轮廓；为了将她牢牢地放进我的记忆，还要仔细研究那张脸，并从中找出同情的温柔和耐心的生动的形迹，她就是靠温柔与耐心来完成教育我的困难任务的。我要从她的眼睛里看出那使她能坚定地面对困难的坚强毅力和她那经常向我显示出的对于人类的同情心。

第一天将是一个紧张的日子。我要将我的所有亲爱的朋友们都叫来，好好端详他们的面孔，将体现他们内在美的外貌深深地印在我的心上。我还要看一个婴儿的面孔，这样我就能看到一种有生气的、天真无邪的美，它是一种没有经历过生活斗争的美。

我还要看看我那群忠诚的、令人信赖的狗的眼睛——那沉着而机警的小斯科第、达基和那高大健壮而懂事的大戴恩、海尔加，它们的热情、温柔而淘气的友谊使我感到温暖。

在那紧张的第一天里，我还要仔细观察我家里那些简朴小巧的东西。我要看看脚下地毯的艳丽色彩，墙壁上的图画和那些把一所房屋改变成家的熟悉的小东西。我要用虔敬的目光凝视我所读过的那些凸字书，不过这眼光将更加急于看到那些供有视力的人读的印刷

① 节选自《我生活的故事》，王海珍译（广播出版社、北京盲文出版社，1981 年）文字略有改动。

书。因为在我生活的漫长黑夜里，我读过的书以及别人读给我听的书，已经变成一座伟大光明的灯塔，向我揭示出人类生活和人类精神的最深泉源。

在能看见东西的第一天下午，我将在森林里作一次长时间的漫步，让自己的眼睛陶醉在自然界的美色里，在这有限的几小时内我要如醉如痴地欣赏那永远向有视力的人敞开的壮丽奇景。结束短暂的森林之旅，回来的路上可能经过一个农场，这样我便能看到耐心的马匹犁田的情景（或许我只能看到拖拉机了！）和那些以土地为生的人的宁静满足的生活。我还要为绚丽夺目而又辉煌壮观的落日祈祷。

当夜幕降临，我因能看到人造光明而体验到双重的喜悦。这是人类的天才在大自然规定为黑夜的时候，为扩大自己的视力而发明创造的。

在能看见东西的第一天夜里，我会无法入睡，脑海里尽翻腾着对白天的回忆。

翌日①——也就是我能看见东西的第二天，我将伴着曙色起床，去看一看那由黑夜变成白天的激动人心的奇观。我将怀着敬畏的心情去观赏那光色的变幻莫测，正是在这变幻中太阳唤醒了沉睡的大地。

我要把这一天用来对整个世界，从古到今，作匆匆的一瞥。我想看看人类所走过的艰难曲折的道路，看看历代的兴衰和沧桑之变。这么多的东西怎能压缩在一天之内看完呢？当然，这只能参观博物馆了。我经常到纽约自然历史博物馆去，无数次地用手抚摸过那里展出的物品，我多么渴望能用自己的眼睛看一看这经过缩写的地球的历史，以及陈列在那里的地球上的居民——各种动物和被生活的天然环境描绘成不同肤色的人种；看看恐龙的巨大骨架和早在人类出现以前就漫游在地球上的柱牙象，当时的人类靠自己矮小的身躯和发达的大脑去征服动物的王国；看看那表现动物和人类进化过程的逼真画面，和那些人类用来为自己在这个星球上建造安全居处的工具，还有许许多多自然历史的其他方面的东西。

我不知道本文读者中究竟有多少人曾仔细观察过在那个激动人心的博物馆里展出的那些栩栩如生的展品的全貌。当然不是人人都有这样的机会。不过我敢断言，许多人有这种机会却没有很好地利用。那里实在是一个使用眼睛的地方。你们有视力的人可以在那里度过无数个大有所获的日子，而我，在想象中能看见东西的短短的三天里，对此只能作匆匆的一瞥便得离去。

我的下一站将是大都会艺术博物馆。正像自然历史博物馆揭示了世界的物质方面那样，大都会艺术博物馆将展现出人类精神的无数个侧面。贯穿人类历史的那种对于艺术表

---

① 翌（yì）日：次日。

大都会艺术博物馆

现形式的强烈要求几乎和人类对于食物、住房、生育的要求同样强烈。在这里，在大都会博物馆的巨型大厅里，当我们观看埃及、希腊、罗马的艺术时就看到了这些国家的精神面貌。通过我的双手，我熟悉古埃及男女诸神的雕像，感觉得出复制的帕特农神庙的正中门楣，辨别得出进攻中的雅典武士的优美动作。阿波罗、维纳斯以及萨莫特雷斯岛①的胜利女神雕像②都是我指尖的朋友。荷马那多瘤而又留着长须的相貌对我来说尤为亲切，因为他了解盲人。

我的手在罗马以及晚期那些栩栩如生的大理石雕塑上停留过，在米开朗基罗那激动人心的英雄摩西③石膏像上抚摸过，我了解罗丹的才能，对哥特人④木刻的虔诚精神感到敬畏。我能理解这些用手触摸过的艺术品的意义，然而那些只能看不能摸的东西，我只能猜测那一直躲避着我的美。我能欣赏希腊花瓶简朴的线条，然而对它那带有图案的装饰我却毫无所知。

就这么着，在我看见东西的第二天，我要设法通过艺术去探索人类的灵魂。我从手的触摸里了解的东西，现在可以用眼睛来看了。整个宏伟的绘画世界将向我敞开，从带有宁静的宗教虔诚的意大利原始艺术一直到具有狂热想象的现代派艺术。我要细细观察拉斐尔⑤、列奥纳多·达·芬奇、提香、伦勃朗⑥的油画，也想让眼睛享受一下委罗涅塞⑦艳丽的色彩，研究一下艾尔·格里柯的奥秘，并从柯罗⑧的风景画里捕捉到新的想象。啊，这么多世纪以来的艺术为你们有视力的人提供了如此绚丽的美和如此深广的意义！

凭着对这艺术圣殿的短暂访问，我将无法把那向你们敞开的伟大艺术世界每个细部都看清楚，我只能得到一个表面的印象。艺术家们告诉我，任何人如果想正确地和深刻地评价艺术，就必须训练自己的眼睛，他得从品评线条、构图、形式和色彩的经验中去学习。如果我的眼睛管用的话，我将会多么愉快地去着手这件令人心醉的研究工作！然而有人告诉我，对于你们许多有视力的人来说，艺术的世界是一个沉沉的黑夜，是一个无法探索和

---

① 萨莫特雷斯岛：爱琴海上的一个小岛。

② 胜利女神雕像：欧洲古代雕刻艺术品。胜利女神是古希腊神话中的诸神之一，传说她身上生有双翼，携带橄榄枝，给人们带来胜利和礼物。

③ 摩西：古代以色列人的先知、解放者。

④ 哥特人：古代欧洲日耳曼族的一个重要的部落。最早生活在波罗的海沿岸，3 世纪时向南迁徙，袭扰罗马帝国，在罗马帝国的灭亡过程中起了重要作用。

⑤ 拉斐尔（1483－1520 年）、列奥纳多·达·芬奇（1452－1519 年）、提香（1490－1576 年）：均为文艺复兴时期的意大利画家。

⑥ 伦勃朗（1606－1669 年）：荷兰画家。

⑦ 委罗涅塞（1528－1588 年）、艾尔·格里柯（约 1541－约 1614 年）：均为意大利画家。

⑧ 柯罗（1796－1875 年）：法国画家。

难以找到光明的世界。

我怀着无可奈何的心情，勉强离开大都会博物馆，离开那藏着发掘美的钥匙的所在——那是一种被忽略了的美啊。然而有视力的人并不需要从大都会博物馆里去找到发掘美的钥匙。它在较小的博物馆里，甚至在那些小图书馆书架上的书本里也能找到。而我，在想象中能看见东西的有限时间里，将选择这样一个地方，在那里发掘美的钥匙，在最短的时间内打开最伟大的宝库。

我将在戏院或电影院度过这能看见东西的第二天的夜晚。我目前也经常出席各种类型的表演，可剧情却得让一位陪同者在我手上拼写。我多么想用自己的眼睛看一看哈姆莱特①那迷人的形象和在穿着五光十色的伊丽莎白式服装的人物中间来来去去的福斯泰夫②。我多么想模仿优雅的哈姆莱特的每一个动作和健壮的福斯泰夫高视阔步的一举一动。由于我只能看一场戏，这将使我处于进退两难的境地，因为我想看的戏实在太多了。你们有视力的人想看什么都行，不过我怀疑你们之中究竟有多少人在全神贯注于一场戏、一幕电影或别的景象的时候，会意识到并感激那让你们享受其色彩、优美和动作的视力的奇迹呢？

除了用手触摸的有限范围内，我无法享受有节奏感的动作的美。尽管我知道节奏欢快的奥妙，因为我经常从地板的颤动中去辨别音乐的节拍，然而我也只能朦胧地想象巴甫洛娃③的魅力。我想像得出那富于节奏感的姿势，肯定是世间最赏心悦目④的奇景。从用手指循着大理石雕像线条的触摸里我能推测出这一点。如果静止的美已是那么可爱的话，那么运动中的美肯定更令人振奋和激动。

我最深切的回忆之一是当约瑟夫·杰斐逊在排练可爱的瑞普·凡·温克尔⑤，做着动作、讲着台词的时候，让我摸了他的脸和手。对戏剧的天地我就只有这么一点贫乏的接触，也将永远不会忘记那一时刻的欢乐。啊，我肯定还遗漏了许多东西。我多么羡慕你们有视力的人，能从戏剧表演中通过看动作和听台词而获得更多的享受。如果我能看戏，哪怕只看一场也行，我将弄明白我读过或通过手语字母的表达而进入我的脑海的一百场戏的情节。

这样，通过我想象中能看见东西的第二天的夜晚，戏剧文学中的许多高大形象将争先恐后地出现在我的眼前。

---

① 哈姆莱特：莎士比亚著名悲剧《哈姆莱特》（又译作《王子复仇记》）中的丹麦王子。

② 福斯泰夫：莎士比亚历史剧《亨利四世》中的一个喜剧角色。

③ 巴甫洛娃：俄国著名女芭蕾舞演员，以表演《吉赛尔》和《天鹅湖》著称。

④ 赏心悦目：因欣赏美好的情景而心情舒畅。

⑤ 瑞普·凡·温克尔：美国作家华盛顿·欧文的小说中的主人公。这里指的是根据同名小说改编成的戏剧中的主角。

下一天的早晨，怀着发现新的欢乐的渴望，我将再次去迎接那初升的旭日，因为我深信，那些有眼睛能真正看到东西的人肯定会发现，每个黎明都会展现出千姿万态、变幻无穷的美。

根据我想象中的奇迹的期限，这是我能看见东西的第三天，也是最后一天。我没有时间去悔恨或渴望，要看的东西实在太多了。我把第一天给了我的朋友，给了那些有生命和没有生命的东西，第二天我看到了人类和自然的历史面目。今天我要在现实世界里，在从事日常生活的人们中间度过平凡的一天。除了纽约你还能在别的什么地方发现人们这么多的活动和这样纷繁的情景呢？于是这城市成了我选择的目标。

我从长岛森林山，我的恬静的乡间小屋出发。这里，在绿草坪、树木、鲜花的包围中，是一片整洁、小巧的房屋，到处充满妇女、儿童谈笑奔走的欢乐，真是城市劳动者的安静的休息之所。当我乘车穿过横跨东河的钢带式桥梁时，我又开了眼界，看到人类的巧夺天工和力大无穷。河上千帆竞发、百舸争流。如果我从前曾有过一段未盲的岁月，我将用许多时间来观赏河上的热闹风光。

举目前望，面前耸立着奇异的纽约塔，这城市仿佛是从神话故事的书页中跳出来似的。这是多么令人敬畏的奇景啊！那些灿烂夺目的尖塔，那些用钢铁和石块筑起的巨大堤岸，就像神为自己修造的一样。这幅富有生气的画卷是千百万人每日生活的一部分，我不知道究竟有多少人愿意对它多看一眼，恐怕是很少、很少。人们的眼睛之所以看不见这壮美的奇观，是因为这景象对他们来说太熟悉了。

我匆匆忙忙登上那些大型建筑之一——帝国大厦的顶层，不久之前我在这里通过秘书的眼睛“看到”了脚下的城市。我急于要把想象力和真实感作一次比较。我相信在我面前展开的这幅画卷决不会使我感到失望，因为对我来说它将是另一个世界的景象。

现在我开始周游这个城市。首先我站在热闹的一角，仅仅看看来往的人群，想从观察中去了解他们生活中的一些东西。看到微笑，我感到欣慰；看到果断，我感到骄傲；看到疾苦，我产生怜悯。

我漫游到第五大街，让视野从聚精会神的注视里解放出来，以便不去留意特殊的事物而只看一看那瞬息万变的色彩。我相信那穿流在人群中的妇女装束的色彩，肯定是我永看不厌的灿烂奇观。不过，假如我的眼睛管用的话，或许我也会像大多数妇女一样，过多地注重个别的服装的风格和剪裁式样而忽略成群的色彩的壮美。我还确信我会变成一个在橱窗前溜达的常客，看着那多姿多彩、五光十色的陈列品，一定感到赏心悦目。

我从第五大街开始游览整个城市——我要到花园大街去，到贫民区去，到工厂去，到孩子们玩耍的公园去。通过对外国居民的访问，我做了一次不离本土的异国旅行。对于欢

乐和悲哀，我总是睁大眼睛去关心，以便能深刻探索和进一步了解人们是如何工作和生活的。我的心里充满了对人和物的憧憬①，我的目光不会轻易放过任何一个细小的东西，力求捕捉和把握所目击的每一件事物。有些场面是令人愉快的，让你内心喜悦，可有些情景却使你感到悲哀和忧郁。对后者我也不会闭上眼睛，因为它们毕竟也是生活的一部分，对它们闭上眼睛就等于紧锁心灵，禁锢②思想。

我能看见东西的第三天就要结束了，或许我应该把这剩下的几小时用在许多重要的探索和追求上，可是我怕在这最后一天夜晚，我还会再次跑到剧院去看一出狂喜的滑稽戏，以便能欣赏人类精神世界里喜剧的泛音。

到午夜，我从盲人痛苦中得到的暂时解脱就要终结了，永久的黑夜将重新笼罩我周围。当然我在那短暂的三天时间里，不可能看完我要看的全部事物，只有当黑暗重新降临时，我才会感到我没有看到的东西实在太多了。不过我脑海中会塞满那美妙的回忆，以至根本没时间去懊悔。今后无论摸到任何东西，它都会给我带来那原物是什么形状的鲜明回忆。

作品评析

马克·吐温说过，19 世纪出了两个了不起的人物，一个是拿破仑，一个就是海伦·凯勒。品读本文，可以对被誉为“精神楷模”和作为一个出色作家的海伦·凯勒有一个初步的了解。

这篇文章是引人入胜的，想象是那样丰富，文笔是那样流畅，但它之所以能深深地打动读者，还在于它的真挚而强烈的感情，在于它所给予读者的敞开心扉的亲切感。在这篇文章里，作者倾诉了她对生活的礼赞，表达了她的生活态度。虽然整篇文章都是虚拟的，所记叙的事情多是非现实的，却能使人感受到情感的真实。

在文章中，作者处处用视听健全的人来和自己作比，在对比中表达了她的生活态度，阐明了人对生活要有强烈的紧迫感。缺乏这种态度，即使视听健全，也有可能什么都看不见；而具备了这一生活态度，你将会发现一个美丽的新世界在面前敞开。这样的道理由作者这样一个用手来感知世界的人道来，不能不给我们以更强烈的震撼和更深的启迪！

作者以动人的、富于诗意的笔触，表达了她对生活的爱恋。文章在虚构的“三天”里所集中表现的，是作者对人类生活的高度礼赞。它赞美了我们生于斯、长于斯、繁衍于斯的大自然，称颂了人类往昔的历程与现代的文明、灿烂的文化和沸腾的生活。

---

① 憧憬（chōng jǐng）：向往。

② 禁锢（gù）：束缚。

透过这些，我们看到了一种坚韧不拔的精神，自我超脱的精神、追寻美和崇高的精神以及引导人类迈向未来的精神！

思考与练习

一、课文中，作者处处用视听健全的人来和自己进行对比，这样写有什么作用？

二、课文中，海伦·凯勒的精神世界使你受到了哪些感动？

三、与海伦相比，我们是无比幸福的人，但如果不幸降临，你失去了三天光明，那么你将如何度过这三天呢？

拓展训练

一、课外阅读海伦·凯勒的自传作品《我的人生故事》，细细感受她坚忍不拔的精神，体会她积极追寻崇高和美的人生态度。

二、想一想，在生活中，自己拥有哪些值得去珍惜的事物，并试着写一篇关于它的散文，表明你的态度。

第三单元　两汉魏晋南北朝文言文名作选读

玄圃积玉　叹为观止——食古而化　进德修业

单元导读

两汉魏晋南北朝时期，辞赋、散文、骈文、诗歌、小说、文学理论等各方面都取得了巨大成就。汉乐府民歌、政论散文和纪传散文就是这些成就的集中体现。

“乐府”是汉代建立的音乐官署，这个机构采自民间的歌谣和乐曲就叫汉乐府民歌。这些民歌描写了社会现实，反映了劳动人民的生活状况和思想情感。其风格刚健清新，语言朴质生动，有较强的叙事性，富有生活气息。东汉末年的《孔雀东南飞》就是汉乐府民歌的代表作品之一，它的出现标志着我国长篇叙事诗的发展达到了成熟阶段。

西汉是中国古代散文继先秦之后的又一繁荣时期。这一时期的政论散文和史传散文尤为突出，代表人物及作品就是贾谊的《过秦论》和司马迁的《史记》，这些作品的语言简练生动，极富表现力。

东晋末年，战乱频生，民不聊生，出现了诸多隐士，陶渊明就是其中之一。他归隐后作了大量田园诗，书写了对田园生活的热爱和对官场的憎恶。其作品感情真挚，风格平淡自然而又淳厚有味，对后世诗歌产生了深远影响。

本单元的 5 篇课文就选自于汉乐府民歌、政论散文和纪传散文等。本单元的学习要在学习第一册先秦文言作品的基础上进行，同时，要了解两汉魏晋南北朝时期的历史和文学概况，以深入理解本单元课文的思想内容和表现形式。在学习课文的过程中，要学习、积累文中的实词、虚词和偏义复词，以及通假字、一词多义、古今异义等古汉语知识，掌握词类活用的方法，并悉心学习、借鉴这些传世佳作的写作技巧。与此同时，要注意熟读和记诵名篇名句，进一步增强文言语感，提高审美能力。

一、爱情篇

孔雀东南飞（并序）[①]

《玉台新咏》

阅读提示

《孔雀东南飞》是现存最早的一首长篇叙事诗，也是汉乐府民歌的代表作之一。全诗通过叙述刘兰芝和焦仲卿的婚姻悲剧，揭露了封建家长制度和封建礼教摧残青年男女幸福生活的罪恶，歌颂了刘兰芝、焦仲卿忠贞不渝的爱情和对压迫的反抗。

这首诗通过个性的人物对话成功地塑造了刘兰芝、焦仲卿等鲜明的艺术形象。这是本诗的最高的艺术成就。学习时，要注意体会人物的性格是通过哪些言行表现出来的，同时要注意体会民歌气息和抒情意味。

汉末建安中[②]，庐江[③]府小吏[④]焦仲卿妻刘氏，为仲卿母所遣[⑤]，自誓不嫁。其家逼之，乃投水而死。仲卿闻之，亦自缢[⑥]于庭树。时人伤之，为诗云尔[⑦]。

孔雀东南飞，五里一徘徊[⑧]。

“十三能织素[⑨]，十四学裁衣，十五弹箜篌[⑩]，十六诵诗书[⑪]。十七为君妇，心中常苦

---

① 选自南朝陈徐陵（507－583 年）编《玉台新咏》卷一，原题为“古诗为焦仲卿妻作”，这里沿用后人常用的题目。作者不详。《孔雀东南飞》是保存下来的我国古代最早的一首长篇叙事诗，也是古乐府民歌的代表作之一，与北朝的《木兰辞》并称“乐府双璧”。

② 建安中：建安年间（196－219 年）。建安，汉献帝年号。

③ 庐江：汉代郡名，在现在安徽潜山一带。

④ 小吏：太守衙门里的小官吏。

⑤ 遣：指被夫家休掉，返回娘家。

⑥ 缢（yì）：吊死。

⑦ 时人伤之，为诗云尔：当时的人哀悼他们，写了这样一首诗。云尔，句末语气助词。

⑧ 孔雀东南飞，五里一徘徊：孔雀向东南飞，每飞五里，就流连一阵。徘徊，流连往复。汉代诗常以鸿鹄徘徊比喻夫妇离别，此诗开头也有这个意思。用这两句诗起兴以引起下边的故事，古代民歌中常用这种“起兴”写法。

⑨ 十三能织素：十三岁就能织精美的白绢。这一段话是仲卿妻对仲卿说的。

⑩ 箜篌（kōng hóu）：古代的一种弦乐器，23 弦或 25 弦，分卧式、竖式两种。

⑪ 诗书：古代常指《诗经》和《尚书》，这里泛指一般经书。

悲。君既为府吏，守节情不移[①]，贱妾[②]留空房，相见常日稀。鸡鸣入机织，夜夜不得息。三日断[③]五匹，大人故嫌迟[④]。非为织作迟，君家妇难为[⑤]！妾不堪驱使，徒留无所施[⑥]，便可白公姥[⑦]，及时相遣归。”

府吏得闻之，堂上启[⑧]阿母：“儿已薄禄相[⑨]，幸复得此妇，结发同枕席，黄泉共为友[⑩]。共事二三年，始尔未为久[⑪]，女行无偏斜，何意致不厚[⑫]？”

阿母谓府吏：“何乃太区区[⑬]！此妇无礼节，举动自专由[⑭]。吾意久怀忿[⑮]，汝岂得自由[⑯]！东家有贤女，自名秦罗敷。可怜体无比[⑰]，阿母为汝求。便可速遣之，遣去慎莫留[⑱]！”

府吏长跪告：“伏惟启阿母[⑲]，今若遣此妇，终老不复取[⑳]！”

阿母得闻之，槌床[㉑]便大怒：“小子无所畏，何敢助妇语！吾已失恩义，会不相从许[㉒]！”

---

① 守节情不移：遵守府里的规则，专心不移。

② 贱妾：仲卿妻自称。妾，旧时妇女谦卑的自称。

③ 断：（织成一匹）截下来。

④ 大人故嫌迟：婆婆总是嫌我织得慢。大人，相当于现在说的“老人家”，指婆婆。故，仍就。

⑤ 非为织作迟，君家妇难为：（其实）并不是织得慢，你家的媳妇难做啊！

⑥ 妾不堪驱使，徒留无所施：我既然不能胜任你家的使唤，白白地留着也没有什么用。不堪，不能胜任。驱使，使唤。施，用。

⑦ 便可白公姥（mǔ）：你就可以禀告婆婆。白，告诉、禀告。公姥，公公和婆婆，这里专指婆婆。

⑧ 启：告诉、禀告。

⑨ 儿已薄禄相：我已经没有做高官、享厚禄的福相。古人迷信，往往从一个人的相貌来断定他的命运。

⑩ 结发同枕席，黄泉共为友：两人结为夫妇，相亲相爱地过活，死后在阴间，也相依为伴。结发，指成婚前夕，男左女右共鬓发束。黄泉，指人死后埋葬的地方，在迷信中指所谓阴间。

⑪ 共事二三年，始尔未为久：（我们）在一起过日子不过两三年，（婚姻生活）才开头，还不算很久。尔，语气助词。

⑫ 女行无偏斜，何意致不厚：这个女子的行为并没有什么不正当，哪里想到会招来（母亲）不满意呢？何意，谁能料到。致，招致、招来。

⑬ 区区：愚拙、凡庸。

⑭ 举动自专由：一举一动完全凭（她）自己的意思。

⑮ 吾意久怀忿：我早就憋了一肚子气。忿，怒。

⑯ 自由：自作主张。

⑰ 可怜体无比：姿态可爱无比。可怜，可爱。体，姿态。

⑱ 遣去慎莫留：打发（她）走，千万不要留（她）。慎莫，千万不要。

⑲ 伏惟启阿母：启禀母亲。伏惟，下级对上级或晚辈对长辈说话表示恭敬的习惯用语。

⑳ 终老不复取：终身不再娶妻。取，通“娶”。

㉑ 槌床：用拳头敲着坐具。在古代，坐具叫“床”，小的只能坐一个人。

㉒ 吾已失恩义，会不相从许：我（对她）已经没有恩情了，一定不能答应你的要求。会，一定。

府吏默无声，再拜还入户[①]，举言谓新妇，哽咽不能语[②]："我自不驱卿[③]，逼迫有阿母。卿但暂还家，吾今且报府[④]。不久当归还，还必相迎取[⑤]。以此下心意[⑥]，慎勿违吾语。"

新妇谓府吏："勿复重纷纭[⑦]。往昔初阳岁[⑧]，谢家来贵门[⑨]。奉事循公姥，进止敢自专[⑩]？昼夜勤作息[⑪]，伶俜萦苦辛[⑫]。谓言[⑬]无罪过，供养卒大恩[⑭]；仍更被驱遣，何言复来还！妾有绣腰襦[⑮]，葳蕤自生光[⑯]；红罗复斗帐，四角垂香囊[⑰]；箱帘六七十，绿碧青丝绳[⑱]，物物各自异，种种在其中。人贱物亦鄙，不足迎后人[⑲]，留待作遗施[⑳]，于今无会因[㉑]。时时为安慰，久久莫相忘!"

鸡鸣外欲曙，新妇起严妆[㉒]。著我绣夹裙，事事四五通[㉓]。足下蹑丝履，头上玳瑁光[㉔]。

---

① 再拜还入户：对母亲拜了两拜，回到自己房里。

② 举言谓新妇，哽咽不能语：张嘴对妻子说话，却哽咽得连话也说不成。举言，开口说话。新妇，对结婚不久的妻子或媳妇的称呼。哽咽，悲伤过度而气塞不能发声。

③ 卿：这里是丈夫对妻子的爱称。

④ 报府：赴府，到庐江太守府里去办事。

⑤ 迎取：迎接你回家。

⑥ 以此下心意：为了这个，你就受些委屈吧。下心意，有忍耐委屈的意思。

⑦ 勿复重（chóng）纷纭：不要再添麻烦吧。也就是说，不必再提接回来的话了。

⑧ 初阳岁：冬至以后，立春以前。

⑨ 谢家来贵门：离开自己的家，嫁到你府上来。谢，辞别。

⑩ 奉事循公姥，进止敢自专：一切行事都顺着公婆的意思，一举一动，哪里敢自作主张？

⑪ 勤作息：勤劳地工作。作息，原意是工作和休息，这里专指劳作。

⑫ 伶俜（pīng）萦（yíng）苦辛：孤孤单单，受尽辛苦。伶俜，孤单的样子。萦，缠绕。

⑬ 谓言：以为。

⑭ 供养卒大恩：终生侍奉公婆，报答大恩。卒，尽、终。

⑮ 绣腰襦：绣花的齐腰短袄。

⑯ 葳蕤（wēi ruí）自生光：（袄上的刺绣）繁多艳丽，自然发出光彩。葳蕤，繁盛鲜丽的样子。

⑰ 红罗复斗帐，四角垂香囊：双层红色纱罗做的帐子，四角挂着香袋。复，双层。斗帐，帐子像倒置的斗的样子，所以称为"斗帐"。

⑱ 箱帘六七十，绿碧青丝绳：盛衣物的箱子有六七十只，都用碧绿的青丝绳捆着。帘，通"奁（lián）"，盛物之器。六七十，形容多。

⑲ 不足迎后人：不配送给后来的人。后人，指府吏将来再娶的妻子。

⑳ 留待作遗（wèi）施：留着做纪念吧。遗施，赠送、施与。

㉑ 于今无会因：从此没有再见面的机会了。

㉒ 严妆：盛妆，仔细地梳妆打扮。

㉓ 事事四五通：每穿戴一件衣饰，都更换四五次。通，遍。

㉔ 足下蹑丝履，头上玳瑁（dài mào）光：脚上穿着绸鞋，头上戴着闪闪发光的玳瑁首饰。蹑，穿（鞋）。玳瑁，一种产在海中的爬行动物，形状像龟，甲壳呈黄黑色，有黑斑，有光泽，可制装饰品。

腰若流纨素，耳著明月珰[①]。指如削葱根，口如含朱丹[②]。纤纤作细步，精妙世无双。

上堂拜阿母，阿母怒不止。“昔作女儿时[③]，生小出野里[④]，本自无教训，兼愧贵家子[⑤]。受母钱帛[⑥]多，不堪母驱使。今日还家去，念母劳家里[⑦]。”却与小姑别[⑧]，泪落连珠子[⑨]。“新妇初来时，小姑始扶床[⑩]；今日被驱遣，小姑如我长。勤心养公姥，好自相扶将[⑪]。初七及下九[⑫]，嬉戏莫相忘。”出门登车去，涕落百余行。

府吏马在前，新妇车在后，隐隐何甸甸[⑬]，俱会大道口。下马入车中，低头共耳语：“誓不相隔卿，且暂还家去；吾今且赴府，不久当还归，誓天不相负[⑭]！”

新妇谓府吏：“感君区区[⑮]怀！君既若见录[⑯]，不久望君来。君当作磐石[⑰]，妾当作蒲苇，蒲苇纫[⑱]如丝，磐石无转移。我有亲父兄[⑲]，性行[⑳]暴如雷。恐不任我意，逆以煎我怀[㉑]。”举手长劳劳[㉒]，二情同依依。

---

① 腰若流纨素，耳著明月珰（dāng）：腰束纨素的带子，光彩像水一样流动，耳朵上戴着夜明珠耳坠。纨素，洁白的绸子。流，是说纨素的光像水流动。著，戴。明月珰，夜明珠做的耳坠，因珠光晶莹似月光，故称明月。

② 指如削葱根，口如含朱丹：手指白嫩纤细，像削尖的葱根；嘴唇红润，像含着朱砂。葱根，葱白。朱丹，朱砂。

③ 昔作女儿时：以下八句是刘兰芝对焦母说的。

④ 生小出野里：从小生长在乡间。

⑤ 兼愧贵家子：同您家少爷结婚，更感到惭愧。

⑥ 钱帛：金钱和丝织品，指聘礼。

⑦ 念母劳家里：记挂婆婆在家里操劳。

⑧ 却与小姑别：退出来再同小姑告别。却，动词，退出来。小姑，丈夫的妹妹。

⑨ 泪落连珠子：眼泪像连串的珠子般落下来。

⑩ 始扶床：刚能扶着坐具走。按“新妇初来时，小姑始扶床；今日被驱遣，小姑如我长”，兰芝在焦家只有二三年。小姑不可能长得这么快。这是夸张写法，极言日子过得快。

⑪ 好自相扶将：好好服侍老人家。扶将，这里是服侍的意思。将，也是扶持的意思。

⑫ 初七及下九：七月七日和每月的十九日。初七，指农历七月七日，旧时妇女这天晚上在院子里陈设瓜果，祈求织女星帮助她们提高刺绣缝纫的技巧，又称“乞巧节”。下九，古人以农历每月的二十九为上九，初九为中九，十九为下九；在汉代，每月十九日是妇女欢聚的日子。

⑬ 隐隐何甸甸：隐隐、甸甸，都是模拟车声。何，何等。

⑭ 誓天不相负：指天发誓，决不会对不起你。

⑮ 区区：这里是情意真挚的意思。与上文“何乃太区区”的“区区”不同。

⑯ 君既若见录：你既然如此记着我。录，记取。

⑰ 磐（pán）石：厚而大的石头。

⑱ 纫：通“韧”，柔软而结实。

⑲ 亲父兄：即同胞兄、亲哥哥。

⑳ 性行：性情。

㉑ 逆以煎我怀：想到将来，我心里像煎熬一般。逆，预料、想到将来。

㉒ 举手长劳劳：举手告别，忧伤不止。劳劳，忧愁伤感的样子。

入门上家堂，进退无颜仪[①]。阿母大拊掌[②]，不图子自归[③]："十三教汝织，十四能裁衣，十五弹箜篌，十六知礼仪，十七遣汝嫁，谓言无誓违[④]。汝今何罪过，不迎而自归？"兰芝惭阿母[⑤]："儿实无罪过。"阿母大悲摧[⑥]。

还家十余日，县令遣媒来。云有第三郎[⑦]，窈窕世无双，年始十八九，便言多令才[⑧]。

阿母谓阿女："汝可去应之[⑨]。"

阿女含泪答："兰芝初还时，府吏见丁宁[⑩]，结誓不别离。今日违情义，恐此事非奇[⑪]。自可断来信，徐徐更谓之[⑫]。"

阿母白媒人："贫贱有此女，始适还家门[⑬]。不堪[⑭]吏人妇，岂合令郎君？幸可广问讯[⑮]，不得便相许。"媒人去数日，寻遣丞请还，说有兰家女，承籍有宦官[⑯]。云有第五郎，娇逸[⑰]未有婚。遣丞为媒人，主簿通语言[⑱]。直说太守家，有此令郎君，既欲结大义[⑲]，故遣来贵门。

阿母谢媒人："女子先有誓，老姥岂敢言！"

阿兄得闻之，怅然心中烦，举言谓阿妹："作计何不量[⑳]！先嫁得府吏，后嫁得郎君，

---

① 进退无颜仪：上前退后都觉得没脸面。意思是说，不论怎样都觉得惭愧。仪，容貌。

② 拊掌：拍手。这里表示惊异。

③ 不图子自归：想不到女儿自己回来了。意思是，没料到女儿竟被驱遣回家。古代女子出嫁以后，一定要得到婆家的同意后，娘家派人迎接，才能回娘家。下文"不迎而自归"，也是按这种规矩说的责备的话。子，指女儿。

④ 谓言无誓违：总以为你不会有什么过失。誓，似应作"諐"。諐，古"愆"字，过失的意思。

⑤ 兰芝惭阿母：兰芝很惭愧地对母亲说。

⑥ 悲摧：悲痛。摧，伤心、断肠。

⑦ 云有第三郎：（媒人)说，县令家有个三少爷。

⑧ 便（biàn）言多令才：口才很好，又多才能。便言，很会说话。便，敏捷。令，美好。

⑨ 应之：答应他。

⑩ 见丁宁：嘱咐我。见，指代我。这种用法常见，如"见察""见恕"。丁宁，嘱咐，也写作"叮咛"。

⑪ 恐此事非奇：恐怕这样做不合适。奇，应为"宜"。非奇，不宜。

⑫ 自可断来信，徐徐更谓之：可以回绝来做媒的人，以后慢慢再谈吧。断，回绝。信，使者，指媒人。之，它，指再嫁的事。

⑬ 始适还家门：刚出嫁不久就被休回娘家。适，出嫁。

⑭ 不堪：这里是"不能做"的意思。

⑮ 幸可广问讯．意思是希望你多方面打听打听。

⑯ 媒人去数日……承籍有宦官：这里可能有文字脱漏或错误，因此这四句没法解释清楚。有人认为"说有兰家女，承籍有宦官"两句当在"阿母谢媒人"之后，是阿母辞谢媒人的话。意思是有兰家之女，出身于做官人家，可配太守之子，而自己的女儿出身微贱，不能相配。但这两句后边，恐仍有脱漏之句。寻，接着、不久。丞，郡丞，辅助太守的官。宦官，就是官宦，做官的人。

⑰ 娇逸：娇美文雅。

⑱ 遣丞为媒人，主簿通语言：请郡丞去做媒人，（这是）主簿传达（太守）的话。主簿，太守的属官。

⑲ 结大义：指结为婚姻。

⑳ 作计何不量：（你）打这样的主意，多么缺乏考虑啊！量，思量、考虑。

否泰如天地[①]，足以荣汝身。不嫁义郎体，其往欲何云[②]？”

兰芝仰头答：“理实如兄言。谢家事夫婿，中道还兄门[③]。处分适兄意[④]，那得自任专！虽与府吏要[⑤]，渠会永无缘[⑥]。登即相许和[⑦]，便可作婚姻。”

媒人下床去[⑧]，诺诺复尔尔[⑨]。还部白府君[⑩]：“下官[⑪]奉使命，言谈大有缘[⑫]。”府君得闻之，心中大欢喜。视历复开书，便利此月内[⑬]，六合[⑭]正相应[⑮]。良吉[⑯]三十日，今已二十七，卿可去成婚[⑰]。交语速装束，络绎如浮云[⑱]。青雀白鹄舫，四角龙子幡[⑲]，婀娜[⑳]随风转，金车玉作轮，踯躅青骢马[㉑]，流苏金镂鞍[㉒]。赍[㉓]钱三百万，皆用青丝穿。杂彩[㉔]三百匹，交广市鲑珍[㉕]。从人[㉖]四五百，郁郁登郡门[㉗]。

---

① 否（pǐ）泰如天地：运气的好坏，相差像天上地下一样。否，坏运气。泰，好运气。

② 不嫁义郎体，其往欲何云：这样的好郎君都不嫁，往后（你）打算怎么样呢？义郎，好郎君，指太守的儿子。其往，其后、将来。何云，怎么样。

③ 中道还兄门：半中间又回到哥哥家里。

④ 处分适兄意：怎样处理，完全照哥哥的主意吧。适，适合、依照。

⑤ 要（yāo）：相约。

⑥ 渠会永无缘：同他（指府吏）永远没机会见面了。渠，他。

⑦ 登即相许和：立刻就答应这门亲事吧。登即，立刻。许和，应许。

⑧ 下床去：从座位上起来走了。去，离去。

⑨ 诺诺复尔尔：连声说“是，是，就这样办，就这样办”。尔尔，如此如此。

⑩ 还部白府君：回到府里报告太守。部，府衙。白，禀报。府君，太守。

⑪ 下官：郡丞自称。

⑫ 言谈大有缘：说起（这门亲事）来，他们（两人）大有缘分。

⑬ 视历复开书，便利此月内：反复翻看历书，婚期定在这个月内就很吉利。

⑭ 六合：旧时结婚要选好日子，要年、月、日的干支（干，天干，指甲、乙、丙、丁……；支，地支，指子、丑、寅、卯……；年、月、日的干支合起来共六个字，例如甲子年，乙丑月，丙寅日）都相适合，这叫“六合”。

⑮ 相应：合适。

⑯ 良吉：“良辰吉日”的省称。

⑰ 卿可去成婚：这是太守叫郡丞去刘家订好结婚日期。

⑱ 交语速装束，络绎如浮云：大家纷纷传告“赶快收拾，准备吧”，人来人往，像天上的浮云一样接连不断。交语，互相传告。络绎，接连不断。

⑲ 青雀白鹄舫，四角龙子幡：画着青雀、白鹄的船，四角挂着龙子幡。舫，船。龙子幡，旗帜名。

⑳ 婀娜（ē nuó）：这里是轻轻飘动的样子。

㉑ 踯躅（zhí zhú）青骢马：毛色青白相杂的马缓缓地走。踯躅，原意是徘徊不前，这里是缓缓地走的意思。

㉒ 流苏金镂鞍：马鞍上面有镂刻的金饰，周围垂着缨子。流苏，下垂的缨子，是五彩羽毛或丝线做的。

㉓ 赍（jī）：赠送。

㉔ 杂彩：各色绸子。

㉕ 交广市鲑（xié）珍：从交州、广州（现在广东、广西一带）采办的山珍海味。市，买。鲑，这里是鱼类菜肴的总称。珍，美味。

㉖ 从人：仆人。

㉗ 郁郁登郡门：热热闹闹地走到庐江郡门。郁郁，繁盛的样子。

阿母谓阿女：“适[①]得府君书，明日来迎汝。何不作衣裳？莫令事不举[②]！”

阿女默无声，手巾掩口啼，泪落便如泻。移我琉璃榻[③]，出置前窗下。左手持刀尺，右手执绫罗。朝成绣夹裙，晚成单罗衫。晻晻日欲暝[④]，愁思出门啼。

府吏闻此变，因求假暂归。未至二三里，摧藏马悲哀[⑤]。新妇识马声，蹑履相逢迎。怅然遥相望，知是故人来。举手拍马鞍，嗟叹使心伤：“自君别我后，人事不可量[⑥]。果不如先愿，又非君所详[⑦]。我有亲父母[⑧]，逼迫兼弟兄[⑨]，以我应他人，君还何所望！”

府吏谓新妇：“贺卿得高迁！磐石方且厚，可以卒千年；蒲苇一时纫，便作旦夕间[⑩]。卿当日胜贵[⑪]，吾独向黄泉！”

新妇谓府吏：“何意出此言！同是被逼迫，君尔妾亦然[⑫]。黄泉下相见，勿违今日言！”执手分道去，各各还家门。生人作死别，恨恨那可论[⑬]？念与世间辞，千万不复全[⑭]！

府吏还家去，上堂拜阿母：“今日大风寒，寒风摧树木，严霜结庭兰[⑮]。儿今日冥冥[⑯]，令母在后单[⑰]。故作不良计[⑱]，勿复怨鬼神！命如南山石，四体康且直[⑲]！”

阿母得闻之，零泪应声落：“汝是大家子，仕宦于台阁[⑳]，慎勿为妇死，贵贱情何薄[㉑]！

---

① 适：刚才。

② 莫令事不举：别让婚事办得不像样。不举，办不起来。

③ 琉璃榻：镶嵌着琉璃的榻。琉璃，一种经高温提炼加工而成的水晶作品，其品质晶莹剔透，光彩夺目。榻，坐具，即上文的“床”。

④ 晻晻（yǎn yǎn）日欲暝：昏昏暗暗，天色将晚。晻，昏暗。暝，日暮。

⑤ 未至二三里，摧藏（zàng）马悲哀：还没到（刘家，大约相隔）二三里地，人伤心，马也哀鸣。摧藏，摧折心肝，伤心。藏，犹“脏”，脏腑。一说，摧藏就是“悽怆”。

⑥ 不可量：料想不到。

⑦ 详：详知。

⑧ 父母：这里指母。

⑨ 逼迫兼弟兄：逼迫我的还有哥哥。弟兄，这里指兄。

⑩ 便作旦夕间：就只能保持很短的时间。旦夕，形容时间短。

⑪ 卿当日胜贵：你将会一天比一天尊贵起来。

⑫ 君尔妾亦然：你这样，我也这样。尔、然，都是代词，“这样”的意思。

⑬ 恨恨那可论：心里的愤恨哪里说得尽呢？恨恨，愤恨到极点。

⑭ 念与世间辞，千万不复全：想到他们将要永远离开人世，无论如何不能再保全了。这两句和前面两句，都是作者叙述的话。

⑮ 严霜结庭兰：院子里的兰花上结满了浓霜。

⑯ 儿今日冥冥：你的儿子从今将不久于人世。日冥冥，原意是日暮，这里拿太阳下山来比喻生命的终结。

⑰ 令母在后单：使得母亲今后很孤单。

⑱ 故作不良计：我是有意作这不好的打算（指自杀）。故，故意。

⑲ 命如南山石，四体康且直：（愿您的）寿命像南山的石头一样久长，（愿您的）身体永远健康。四体，这里指身体。直，意思是身子骨硬朗。

⑳ 仕宦于台阁：意思是在大官府任官职。仕宦，任官职。台阁，原指尚书台，这里泛指大的官府。

㉑ 贵贱情何薄：（你和她）贵贱不同，（离弃了她）哪里就算薄情呢！贵，指仲卿。贱，指兰芝。何薄，何薄之有。

东家有贤女，窈窕艳城郭[①]，阿母为汝求，便复在旦夕。”

府吏再拜还，长叹空房中，作计乃尔立[②]。转头向户里，渐见愁煎迫。

其日牛马嘶[③]，新妇入青庐[④]。奄奄黄昏后[⑤]，寂寂人定初[⑥]。“我命绝今日，魂去尸长留！”揽裙脱丝履，举身赴清池。

府吏闻此事，心知长别离，徘徊庭树下，自挂东南枝。

两家求合葬，合葬华山傍[⑦]。东西植松柏，左右种梧桐。枝枝相覆盖，叶叶相交通。中有双飞鸟，自名为鸳鸯，仰头相向鸣，夜夜达五更。行人驻足[⑧]听，寡妇起彷徨[⑨]。多谢后世人，戒之慎勿忘[⑩]！

作品评析

这首诗是一首描写家庭悲剧的千古绝唱。这一悲剧突破了文学作品中把两性生活的不幸归咎于一方（主要是男方）性格缺点的成规，而把批判的锋芒直接指向了封建礼教制度，这是文学创作中思想认识的一次重大超越。本诗按照悲剧发展的时间顺序进行叙说，并在人物的对话中插入了少数回忆过去生活的内容，延长了作品所叙说的生活进程的时间，使故事和人物形象更趋完整，作品结构也显得脉理清晰。

本诗在叙述艺术上成就极高。诗中人物众多，个个声情毕肖、神态如见。全诗事绪繁杂、矛盾迭出，却能写得圆顺自然、有条不紊。诗歌中的人物语言基本上以浅显通俗的口语为主，而诗人的描述语言则常铺以文采，两者都生动自然，而且通篇和谐协调。

在谋篇布局上，本诗具有以下特点：首先，篇首除用“孔雀东南飞，五里一徘徊”

---

① 窈窕艳城郭：（她的）美丽在这城内外是出名的。郭，外城。

② 作计乃尔立：（自杀的）主意就这样打定了。乃尔，就这样。

③ 其日牛马嘶：（结婚）这一天牛马乱叫的时候。嘶，马叫。

④ 新妇人青庐：新妇进了青布篷帐。新妇，指兰芝。青庐，用青布搭成的篷帐，举行婚礼的地方，东汉至唐有这种风俗。

⑤ 奄奄黄昏后：天黑了以后。奄奄，昏暗的样子。古时计算时间以地支分为十二时辰。黄昏，十二时辰之一，是戌（xū）时（相当于现在的19时至21时）。

⑥ 寂寂人定初：静悄悄的，人们开始安歇了。人定，是亥时（相当于现在的21时到23时），这里指夜深人静的时候。

⑦ 合葬华山傍：一起葬在华山旁边。合葬，把两人葬在同一个坟墓里。华山，庐江境内的一座小山。

⑧ 驻足：停步。

⑨ 寡妇起彷徨：寡妇（听见了）从床上起来，心里很不安定。

⑩ 多谢后世人，戒之慎勿忘：反复忠告后世的人，要以此为戒，千万不要忘记。这是作者的忠告。谢，告诉。戒，警戒。慎，千万。

作为起兴外，诗人径直把叙述的笔触伸到已呈激化状态的婆媳矛盾。这样安排有利于突出主干、集中主题。其次，全篇注意伏笔和照应。例如，焦母前后两次谈到要为她儿子向“东家贤女”求婚，刘兰芝和刘母分别叙起兰芝未出嫁前的情况，诗歌开头“孔雀东南飞”的起兴与结束部分“中有双飞鸟，自名为鸳鸯”之间，都存在着互相照应的关系。这些伏笔和照应的频繁出现，密切了诗篇各个部分的联系，增强了作品的整体感。最后，诗篇重视逻辑结构。例如，刘兰芝被遣归家以后，诗人没有接着写府君张扬隆重地为他家五少爷向兰芝求婚，而是在这中间插入了一小段县令为其家第三郎求婚的简短情节。叙事结构上做如此安排，一方面使作品显得更真实可信，另一方面也体现了一种作品内在的逻辑要求。

思考与练习

一、诵读全诗，了解故事情节，完成以下题目。

1. 理清故事的叙述线索，给每个情节拟出标题。
2. 谈谈刘兰芝、焦仲卿、焦母、刘兄的性格特点。
3. 结合具体诗句，说说课文刻画人物的方法。

二、“著我绣夹裙，事事四五通。足下蹑丝履，头上玳瑁光。腰若流纨素，耳著明月珰。指如削葱根，口如含朱丹。纤纤作细步，精妙世无双。”这些诗句着力铺陈的作用是什么？

三、在古代汉语中，有一些由两个意义相关或相反的单音词组成的合成词，这种合成词的意义只偏重于其中的一个单音词上，另一个单音词只起陪衬作用，这种合成词就叫偏义复词①。请从本课中找出 3 例予以说明。

四、熟读全诗，背诵“鸡鸣外欲曙”至“二情同依依”，及“府吏闻此变”至“千万不复全”的内容。

拓展训练

一、《木兰辞》也是一首长篇叙事诗，在中国诗歌发展史上与《孔雀东南飞》有着同样重要的地位。课外阅读这首诗歌，说说本诗的人物刻画手法及写作特点，背诵经典段落。

二、比较《木兰辞》与《孔雀东南飞》的异同。

---

① 比如，“今天下三分，益州疲敝，此诚危急存亡之秋也”（《出师表》），联系上下文看，这里的“存亡”，重点应该是说“亡”，“存”只是陪衬，这个合成词就是偏义复词。对偏义复词的理解，须结合上下文来琢磨。

二、志趣篇

归去来兮辞（并序）[①]

陶渊明

陶渊明（公元 352 或 365 年—公元 427 年），字元亮，又名潜，私谥“靖节”，世称靖节先生，浔阳柴桑人（今江西九江）。东晋末至南朝宋初期伟大的诗人、辞赋家。曾做过几年小官，后辞官回家，从此隐居。田园生活是陶渊明诗的主要题材，相关作品有《饮酒》《归园田居》《桃花源记》《五柳先生传》《归去来兮辞》等。其传世作品共有诗 125 首、文 12 篇，后人编为《陶渊明集》。陶渊明是中国第一位田园诗人，被称为“古今隐逸诗人之宗”。

这篇文章是一首抒情小赋，也是一篇脱离仕途回归田园的宣言。该文作于作者辞官之初，叙述了作者辞官归隐后的生活情趣和内心感受，通过描写具体的景物和活动，创造出一种宁静恬适、乐天自然的意境，寄托了作者的生活理想，表现了作者对官场的认识及对人生的思索，表达了其洁身自好、不同流合污的情操。

本文在文体上属于辞赋，但语言浅显，辞意畅达，匠心独运而又通脱自然，感情真挚、意境深远，有很强的感染力。学习本文时，注意感受文中的意境，体味作者的情感。

余家贫，耕植不足以自给[②]。幼稚盈室，瓶无储粟[③]，生生所资，未见其术[④]。亲故多劝余为长吏[⑤]，脱然[⑥]有怀[⑦]，求之靡途[⑧]。会有四方之事[⑨]，诸侯[⑩]以惠爱为德，家叔[⑪]以余

---

① 选自逯钦立《陶渊明集》（中华书局，1979 年）。来，助词，无义。辞，赋的一种，一般要压韵。

② 耕植不足以自给：耕田植桑无法供给自己的生活。耕，耕田。植，植桑。以，来。给，供给。

③ 幼稚盈室，瓶无储粟：孩子多，家无余粮。幼稚，指孩童。盈，满。瓶，指盛粮食的器皿。

④ 生生所资，未见其术：维持生活所需的一切，我也无法得到。生生，维持生计。前一“生”字为动词，后一“生”字为名词。资，凭借。术，这里指经营生计的本领。

⑤ 长吏：较高职位的县吏。

⑥ 脱然：轻快的样子。

⑦ 有怀：有所思念（指有了做官的念头）。

⑧ 靡途：没有门路。

⑨ 四方之事：刚巧碰上有出使到外地去的事情。会，适逢。四方，意为到各处去。

⑩ 诸侯：指州郡长官。

⑪ 家叔：指作者的叔父陶夔（kuí），当时任太常卿。

贫苦，遂见[1]用于小邑。于时风波未静[2]，心惮远役[3]。彭泽[4]去家百里，公田之利，足以为酒。故便求之。及少日，眷然有归欤之情[5]。何则[6]？质性[7]自然，非矫厉所得。饥冻虽切，违己交病[8]。尝从人事[9]，皆口腹自役[10]。于是怅然慷慨，深愧平生之志。犹望一稔，当敛裳宵逝[11]。寻程氏妹丧于武昌[12]，情在骏奔[13]，自免去职。仲秋至冬，在官八十余日。因事顺心[14]，命篇曰《归去来兮》。乙巳岁[15]十一月也。

归去来兮[16]，田园将芜胡不归[17]？既自以心为形役[18]，奚惆怅而独悲[19]？悟已往之不谏[20]，知来者之可追[21]。实迷途其未远[22]，觉今是而昨非。舟遥遥以轻飏[23]，风飘飘而吹衣。问征夫以前路[24]，恨晨光之熹微[25]。

---

① 见：被。

② 风波未静：指战乱未停息。风波，指社会动荡不安。静，平。

③ 惮役：害怕服役，这里指当官。

④ 彭泽：县名。在今江西省湖口县东。

⑤ 眷然有归欤（yú）之情：有辞官归家的想法。眷然，依恋的样子。欤，语气词。

⑥ 何则：什么道理呢？何，什么。则，道理。

⑦ 质性：本性。

⑧ 饥冻虽切，违己交病：饥寒虽然来得急迫，但是违背自己本意去做官，身心就会痛苦。切，迫切。违己，违反自己本意。交病，指身心痛苦。

⑨ 尝从人事：曾经出仕。尝，曾经。从人事，这里指做官。

⑩ 口腹自役：为糊口饱腹而役使自己。

⑪ 犹望一稔（rěn），当敛裳宵逝：仍然期待压稼成熟时，收拾衣装，星夜离去。犹，仍然。望，期待。稔，谷物成熟之期。一稔即一年（古代谷物一年成熟一次）。敛裳，收拾行装。宵逝，连夜离去。

⑫ 寻程氏妹丧于武昌：不久，嫁给程家的妹妹在武昌去世。寻，不久。程氏妹，嫁给程家的妹妹。武昌，今湖北省鄂城县。

⑬ 情在骏奔：去吊丧的心情像骏马奔驰一样急迫。情，吊丧的心情。在，像。骏奔，骏马奔驰，这里指急着前去奔丧。

⑭ 因事顺心：因辞官而顺遂心愿。事，辞官。顺，顺遂。心，心愿。

⑮ 乙巳岁：指晋安帝义熙元年（405 年）。

⑯ 归去来兮：意思是“回去吧”。来，助词，无义。兮，语气词。

⑰ 田园将芜胡不归：田园将要荒芜了，为什么不回去？胡，同“何”，为什么。

⑱ 以心为形役：让心神为形体所役使。意思是本心不愿出仕，但为了免于饥寒，违背本意做了官。心，意愿。形，形体，指身体。役，奴役。

⑲ 奚惆怅而独悲：为什么悲愁失意。惆怅，失意的样子。

⑳ 悟已往之不谏：觉悟到过去做错了的事（指出仕）已经不能改正。谏，谏止、劝止。

㉑ 知来者之可追：知道未来的事（指归隐）还可以挽救。追，挽救、补救。

㉒ 实迷途其未远：确实走入了迷途，大概还不太远。实，确实。迷途，指做官。其，大概。

㉓ 舟遥遥以轻飏（yáng）：船在水面上轻轻地飘荡着前进。遥遥，即“摇摇”，摇摆不定的样子。以，而。飏，飞扬，形容船行驶轻快的样子。

㉔ 问征夫以前路：向行人问前面的路程。征夫，行人。以，把（以前路问征夫）。后文中“农人告余以春及”也是这样的。前，前面的。

㉕ 恨晨光之熹微：遗憾的是天刚刚放亮。恨，遗憾。熹微，天色微明。

乃瞻衡宇，载欣载奔[①]。僮仆欢迎，稚子候门。三径就荒，松菊犹存[②]。携幼入室，有酒盈樽[③]。引[④]壶觞以自酌，眄庭柯以怡颜[⑤]。倚南窗以寄傲[⑥]，审容膝之易安[⑦]。园日涉以成趣[⑧]，门虽设而常关。策扶老以流憩[⑨]，时矫首而遐观[⑩]。云无心以出岫[⑪]，鸟倦飞而知还。景翳翳以将入[⑫]，抚孤松而盘桓[⑬]。

归去来兮，请息交以绝游[⑭]。世与我而相违，复驾言兮焉求[⑮]？悦亲戚之情话[⑯]，乐琴书以消忧。农人告余以春及[⑰]，将有事于西畴[⑱]。或命巾车[⑲]，或棹孤舟[⑳]。既窈窕以寻壑[㉑]，亦崎岖而经丘[㉒]。木欣欣以向荣[㉓]，泉涓涓[㉔]而始流。善万物之得时，感吾生之行休[㉕]。

---

① 乃瞻衡宇，载欣载奔：看见自己家的房子，心中欣喜，奔跑过去。瞻，远望。衡宇，简陋的房子。

② 三径就荒，松菊犹存：院子里的小路快要荒芜了，松菊还长在那里。三径，院中小路。汉朝蒋诩（xǔ）隐居之后，在院里竹下开辟三径，只与隐士求仲、羊仲二人来往。后人以“三径”代指隐士所居。就，近于。

③ 盈樽：满杯。

④ 引：拿来。

⑤ 眄（miǎn）庭柯以怡颜：看看院子里的树木，觉得很愉快。眄，斜视。这里是“随便看看”的意思。柯，树枝。以，为了。怡颜，使面容现出愉快神色。

⑥ 寄傲：寄托傲然自得的情怀。傲，指傲世。

⑦ 审容膝之易安：深知住在小屋里反而容易安适。审，明白、知道。容膝，只能容下双膝的小屋，极言居室狭小。

⑧ 园日涉以成趣：每天在园中散步，自成一种乐趣。涉，涉足，走到。

⑨ 策扶老以流憩（qì）：拄着拐杖出去走走，随时随地休息。策，拄着。扶老，手杖。憩，休息。流憩，指无目的地漫步和随时随地休息。

⑩ 时矫首而遐观：常常抬起头向远处望望。矫，抬。遐，远。

⑪ 云无心以出岫（xiù）：云气自然而然地从山里冒出。无心，无意。岫，有洞穴的山，这里泛指山峰。

⑫ 景翳（yì）翳以将入：阳光黯淡，太阳快下山了。景，同“影”，日光。翳翳，阴暗的样子。将入，指太阳快下山。

⑬ 扶孤松而盘桓：手扶孤松徘徊。盘桓，盘旋，徘徊，留恋不去。

⑭ 请息交以绝游：息交，停止与人交往，意思是不再同官场有任何瓜葛。

⑮ 世与我而相违，复驾言兮焉求：世事与我所想的相违背，还要驾车出去追求什么呢？驾，驾车，这里指驾车出游去追求想要的东西。言，助词。

⑯ 情话：知心话。

⑰ 春及：春天到了。

⑱ 将有事于西畴：将要到西边的田里去春耕。有事，指耕种之事。事，这里指农事。畴，田地。

⑲ 或命巾车：有时坐着有布篷的小车。巾车，有布篷的小车。或，有时。

⑳ 或棹（zhào）孤舟：有时划一只小船。棹，本义船桨，这里名词用作动词，意为划桨。

㉑ 既窈窕以寻壑：经过幽深曲折的山谷。窈窕，幽深曲折的样子。壑，山沟。

㉒ 亦崎岖而经丘：也走过高低不平的山路。

㉓ 木欣欣以向荣：草木茂盛。欣欣、向荣，都是草木滋长茂盛的意思。

㉔ 涓涓：水流细微的样子。

㉕ 善万物之得时，感吾生之行休：羡慕自然界万物恰逢繁荣滋长的季节，感叹我的一生将要结束。善，喜好、羡慕。行休，将要结束。

已矣乎[1]！寓形宇内复几时？曷不委心任去留[2]？胡为乎遑遑兮欲何之[3]？富贵非吾愿，帝乡不可期[4]。怀良辰以孤往[5]，或植杖而耘耔[6]。登东皋以舒啸[7]，临清流而赋诗。聊乘化以归尽[8]，乐夫天命复奚疑[9]！

作品评析

汉魏六朝，文风绮靡。陶渊明的作品就如花团锦簇中的一枝清水芙蓉，返璞归真、毫无雕琢。陶渊明把田园自然风光作为自己的精神归宿，是在看透了官场的腐败黑暗之后转向大自然而获得的一种觉悟。他弃官归田，作《归去来兮辞》。这篇辞体抒情诗，不仅是他一生转折点的标志，亦是中国文学史上表现归隐意识的创作高峰。

序文委婉叙说出仕为彭泽令和辞官归去的过程和当时心情，弥补辞中所未足，可以相为表里。正文分三大段。前两段各用“归去来兮”领起，写了决意辞官归去时的心情，也写了归家途中所经、到家情状和回归家园后的生活。第三段“已矣乎”以下是全篇的总结。

全文真挚飘逸、发自肺腑，蕴含着热烈情感。在结构上取大开大阖的形式，选语精炼、形象，有时用比兴表意，多用对偶句，或正对，或反对，都恰到好处。描写和抒情、议论相结合，时而写景，时而抒情，时而议论，有景，有情，有理，有趣。篇幅虽然不大，却圆满地表达了主旨。文章句式长短多变，隔句用韵，逐节改变韵脚，因而产生特有的音韵谐协之美。欧阳修曾评谓：“晋无文章，惟陶渊明《归去来兮辞》一篇而已。”文章文笔雅淡自然，是极为纯净而渊然有深味的散文佳作。

---

① 已矣乎：算了吧！助词“矣”与“乎”连用，加强感叹语气。

② 寓形宇内复几时？曷（hé）不委心任去留：活在世上还能有多久呢？为什么不随心所欲，听凭自然地生死。寓形，寄托身体，宇内，天地之间。曷，何。委心，随心所欲。去留，指生死。

③ 胡为乎遑遑欲何之：为什么心神不定啊，想到哪里去呢？遑遑，心神不安的样子。之，往。

④ 帝乡不可期：修仙成神是没有希望的。帝乡，仙乡，神仙居住的地方。期，希望、企及。

⑤ 怀良辰以孤往：爱惜美好的时光，独自外出。怀，留恋、爱惜。良辰，指上文所说万物得时的春天。孤，独自。

⑥ 或植杖而耘耔：有时扶着拐杖除草培苗。植，立、扶着。耘，除草。耔，培苗。

⑦ 登东皋（gāo）以舒啸：登上东面的高地，放声长啸。皋，高地。舒啸，放声长啸。

⑧ 聊乘化以归尽：姑且顺其自然走完生命的路程。聊，姑且。乘化，顺随自然。归尽，到死。尽，指死亡。

⑨ 乐夫天命复奚疑：乐安天命，还有什么可疑虑的呢？复，还有。疑，疑虑。

思考与练习

一、本文多处情托于物，情寓于景。例如，“云无心以出岫，鸟倦飞而知还”句，表现了大自然中万物悠闲自在、无拘无束的真实生命状态。文中哪些句子表现了春天的自然蓬勃之气，以表现作者归隐田园的快乐之情？

二、翻译下列句子。

1. 悟已往之不谏，知来者之可追。
2. 云无心以出岫，鸟倦飞而知还。
3. 聊乘化以归尽，乐夫天命复奚疑！

三、对下面句子的意思，理解正确的一项是（　　）。

① 问征夫以前路，恨晨光之熹微。
② 富贵非吾愿，帝乡不可期。

A. ① 向出征的士兵打听前面的路程，遗憾的是天亮得太慢。
② 富贵并不是我的意愿，到达皇帝居住的地方是没有希望的。

B. ① 向出征的士兵打听前面的路程，恨天亮得太慢。
② 富贵并不是我的意愿，修仙成神是没有希望的。

C. ① 向行人打听前面的路程，遗憾的是天亮得太慢。
② 富贵并不是我的意愿，修仙成神是没有希望的。

D. ① 向行人打听前面的路程，恨天亮得太慢。
② 富贵并不是我的意愿，到达皇帝居住的地方是没有希望的。

四、熟读并背诵全文。

拓展训练

课外阅读陶渊明的《桃花源记》，品读文中淡雅的用词，体会文章的意境，感受作者的情感，领悟文章主旨，背诵经典语句。

三、谏言篇

出师表[1]

诸葛亮

阅读提示

诸葛亮（公元181年—公元234年），字孔明，号卧龙（也作伏龙）。三国时期蜀汉丞相，杰出的政治家、军事家。汉末避乱荆州，躬耕隐居于南阳。后辅佐刘备，联合孙权，在赤壁打败曹操，占领荆州，西取益州，建蜀汉。刘备称帝，他任丞相。刘备死，他受托辅助后主刘禅。其散文代表作有《出师表》《诫子书》等。

《出师表》是诸葛亮在北伐中原之前给后主刘禅上书的表文。这篇表文以议论为主，兼用记叙和抒情，阐述了北伐的必要性，以及对后主刘禅治国寄予的期望，言辞恳切，写出了他的一片忠诚之心。

臣亮言：先帝[2]创业未半而中道崩殂[3]，今天下三分，益州疲弊[4]，此诚危急存亡之秋[5]也。然侍卫之臣[6]不懈于内，忠志之士忘身[7]于外者，盖追先帝之殊遇[8]，欲报之于陛下也。诚宜开张圣听[9]，以光[10]先帝遗德，恢弘[11]志士之气；不宜妄自菲薄[12]，引喻失义[13]，以塞忠谏之路也。

---

① 选自《汉魏六朝百三名家家集·诸葛亮丞相集》（江苏广陵古籍刊印社，1996年）。历史上有《前出师表》和《后出师表》，通常所说的《出师表》一般指《前出师表》。本文即《前出师表》。

② 先帝：指蜀汉先主刘备。因刘备此时已死，故称先帝。

③ 崩殂（cú）：死。古代帝王死亡叫“崩”，也叫“殂”。

④ 益州疲弊：指蜀汉力量衰微，处境艰难。益州，这里指蜀汉政权，今四川省一带。疲弊，困乏无力。

⑤ 秋：时候。

⑥ 侍卫之臣：服侍、保卫皇帝的臣下。

⑦ 忘身：不顾自身危难。

⑧ 盖追先帝之殊遇：是因为追念先帝对他们的特殊厚待。盖，连词，表推断原因。殊遇，优异的待遇。殊，不一般，特异。

⑨ 开张圣听：扩大圣明的听闻。意思是要后主广泛听取别人的意见。开张，扩大，与下文的“塞”相对。

⑩ 光：发扬发大。

⑪ 恢弘：发扬扩大。

⑫ 妄自菲薄：随意看轻自己。妄，随意。菲薄，微薄、轻视。

⑬ 引喻失义：讲话不当。引喻，称引、比喻。失义，失当、违背大义。

宫中府中[①]，俱为一体，陟罚臧否[②]，不宜异同[③]。若有作奸犯科[④]及为忠善者，宜付有司论其刑赏[⑤]，以昭陛下平明之理[⑥]；不宜偏私[⑦]，使内外异法也[⑧]。侍中、侍郎郭攸之、费祎、董允等[⑨]，此皆良实，志虑忠纯[⑩]，是以先帝简拔以遗陛下[⑪]。愚以为宫中之事，事无大小，悉以咨之[⑫]，然后施行，必能裨补阙漏[⑬]，有所广益[⑭]。将军向宠[⑮]，性行淑均[⑯]，晓畅军事[⑰]，试用于昔日[⑱]，先帝称之曰能，是以众议举宠为督[⑲]。愚以为营中之事，悉以咨之，必能使行阵[⑳]和睦，优劣得所。亲贤臣，远小人，此先汉[㉑]所以兴隆也；亲小人，远贤臣，此后汉所以倾颓[㉒]也。先帝在时，每与臣论此事，未尝不叹息痛恨于桓、灵也[㉓]。侍中、尚书、长史、参军[㉔]，此悉贞良死节[㉕]之臣，愿陛下亲之信之，则汉室之隆[㉖]，可计日[㉗]而待也。

---

① 宫中府中：皇宫朝廷。宫，指皇宫。府，指朝廷中。

② 陟（zhì）罚臧（zāng）否（pǐ）：奖惩功过，评论人物的好坏。陟，提升。罚，惩罚。臧，表扬。否，批评。

③ 异同：不同。

④ 作奸犯科：干不正当的事，违犯法令。作奸，干坏事。科，科条、法令。

⑤ 宜付有司论其刑赏：应交给主管官吏，判定他们受罚或受奖。有司，官吏，此指主管刑赏的官吏。论，判定。

⑥ 以昭陛下平明之理：来显示陛下公正严明的治理方针。昭，显示。平明，公正严明。理，治。

⑦ 偏私：偏袒私情。

⑧ 内外异法：宫内和朝廷刑赏之法不同。内外，指宫廷内外。异法，行不同的法度。

⑨ 侍中、侍郎郭攸之、费祎（yī）、董允：侍中、侍郎都是官名，皇帝的亲臣。郭攸之，南阳人，当时任刘禅的侍中。费祎，字文伟，江夏人，刘备时任太子舍人，刘禅继位后，任费门侍郎，后升为侍中。董允，字休昭，南郡枝江人，刘备时为太子舍人，刘禅继位，升任黄门侍郎，诸葛亮出师时又提升为侍中。

⑩ 志虑忠纯：志向和心思忠诚无二。志虑，志趣、思想。忠纯，忠诚纯洁。

⑪ 是以先帝简拔以遗陛下：所以先帝把他们选拔出来留给陛下。简，挑选。拔，提升。遗（wèi），留给。

⑫ 悉以咨咨（zī）之：都拿来问问他们。悉，全部。之，征求郭攸之等人的意见。咨，询问，征求意见。之，指郭攸之等人。

⑬ 必能裨补阙漏：一定能弥补缺点和疏漏之处。裨（bì），补。阙漏，同“缺漏”，缺点和疏漏。

⑭ 广益：增益。

⑮ 向宠：三国襄阳宜城人，刘备时任牙门将，刘禅继位，被封为都亭侯，后任中部督。

⑯ 性行淑均：性格品德善良平正。淑，善良。均，公正。

⑰ 晓畅：明达、通晓。

⑱ 试用于昔日：指向宠曾随刘备伐吴，秭归兵败，唯他的营垒得到保全。

⑲ 举宠为督：当时蜀大臣拟推举向宠为中部督，主管宫廷禁军的事务。

⑳ 行（háng）阵：指部队。

㉑ 先汉：前汉，即西汉。

㉒ 倾颓：倾覆、灭亡。

㉓ 桓、灵：指桓帝刘志、灵帝刘宏。这两个东汉末年的皇帝政治腐败，使刘汉王朝倾覆。

㉔ 侍中、尚书、长史、参军：都是官名。侍中，指郭攸之、费祎、董允等人。尚书，协助皇帝处理公文政务的官吏，此指陈震。长史，丞相府主要佐官，此指张裔。参军，丞相府主管军务的佐官，此指蒋琬，诸葛亮死后继为尚书令，统领国事。

㉕ 死节：为国而死的气节。

㉖ 隆：兴盛。

㉗ 计日：计算着天数，指时日不远。

臣本布衣，躬耕[①]于南阳[②]，苟全性命于乱世，不求闻[③]达[④]于诸侯[⑤]。先帝不以臣卑鄙[⑥]，猥自枉屈[⑦]，三顾臣于草庐之中[⑧]，咨臣以当世之事，由是感激，遂许[⑨]先帝以驱驰[⑩]。后值倾覆[⑪]，受任于败军之际，奉命于危难之间，尔来二十有一年矣。先帝知臣谨慎，故临崩寄[⑫]臣以大事[⑬]也。受命以来，夙夜[⑭]忧叹，恐托付不效，以伤先帝之明。故五月渡泸[⑮]，深入不毛[⑯]。今南方已定，兵甲已足，当奖率[⑰]三军[⑱]，北定中原[⑲]，庶竭驽钝[⑳]，攘除奸凶[㉑]，兴复汉室，还于旧都[㉒]。此臣所以报先帝而忠陛下之职分也。至于斟酌[㉓]损益，进尽忠言，则攸之、祎、允之任也。

愿陛下托臣以讨贼兴复之效[㉔]，不效则治臣之罪，以告先帝之灵。若无兴德之言，则

---

① 躬耕：亲自耕种。

② 南阳：当时南阳郡，今河南南阳和湖北襄阳城西一带。

③ 闻：有名望，闻名。

④ 达：通达，此指官运通达。

⑤ 诸侯：这里指当时割据一方的军阀。

⑥ 卑鄙：地位、身份卑下，见识鄙野。卑，身份低下。鄙，鄙野、粗野。

⑦ 猥（wěi）自枉屈：降低身份，屈尊相访。猥，屈辱。枉屈，枉驾屈就。诸葛亮认为刘备三顾茅庐去请他，对刘备来说是屈辱，自己不该受到刘备亲自登门拜请的待遇。这是一种客气的说法。

⑧ 三顾臣于草庐之中：“三顾”指一再拜访或邀请。顾，看、看望。

⑨ 许：答应，许允。

⑩ 驱驰：指奔走效力。

⑪ 后值倾覆：以后遇到危难。建安十三年（公元 208 年）刘备在当阳长坂坡被曹操打败，退至夏口，派诸葛亮去联结孙权，共同抵抗曹操。本句连同下两句即指此事。

⑫ 寄：托付。

⑬ 大事：指章武三年（公元 223 年）刘备临终前嘱托诸葛亮辅佐刘禅，复兴汉室，统一国家的大事。

⑭ 夙夜：日日夜夜。夙，清晨。

⑮ 五月渡泸：建兴元年（公元 223 年）云南少数民族的上层统治者发动叛乱，建兴三年（公元 225 年）诸葛亮率师南征，五月渡泸水，秋天平定了这次叛乱，下句“南方已定”即指此。泸，泸水，即金沙江。

⑯ 不毛：不长草木，此指不长草木的荒凉地区。

⑰ 奖率：激励率领。

⑱ 三军：古代诸侯国的军队分上、中、下三军，三军即全军。

⑲ 中原：指曹魏。

⑳ 庶竭驽钝：希望竭尽自己的平壤之才。庶，庶几，希望。竭，尽。驽钝，比喻自己的低劣的才能。驽，劣马，指才能低劣。钝，刀刃不锋利，指头脑不灵活，做事迟钝。

㉑ 攘（rǎng）除奸凶：铲除奸臣汉贼。攘除、排除、铲除。奸凶，此指曹魏政权。

㉒ 旧都：指汉朝曾建都的长安和洛阳。

㉓ 斟酌：权衡。

㉔ 托臣以讨贼复之效：把讨伐曹魏、复兴汉室的任务交给我。托，委托，交给。效，效命的任务。

责攸之、祎、允等之慢[①]，以彰其咎[②]。陛下亦宜自谋，以咨诹善道[③]，察纳[④]雅言[⑤]，深追[⑥]先帝遗诏[⑦]，臣不胜受恩感激。今当远离，临表涕零[⑧]，不知所言。

作品评析

在汉魏六朝文学史上，有两篇章表之文脍炙人口、久传不衰，那就是蜀汉诸葛亮的《出师表》和稍后李密的《陈情表》。从文学角度看，两表都是情恳辞切、感人至深的名文，堪称双璧；从社会政治的角度看，《出师表》所见之事尤大、所明之理尤深，具有更高的史学价值。

全文从内容看，可分两个部分。前半部分是对后主的嘱咐和规劝，后半部分叙述自己的生平与抱负，表明此行夺取胜利的决心。两部分统一在继承“先帝”遗志、完成“兴复”大业这个基本立意之下，具有深密的内在联系。

文章的前半部分，诸葛亮对刘禅的嘱咐着重在3个方面，即广开言路，赏罚分明，亲贤远佞。文章起笔就指明了蜀国当时面临的形势，目的自然是引起后主的警惕和自勉，打消他的苟安之念。文章的第二段里，诸葛亮特别指出“内外异法”、赏罚不公的弊端，要求后主对侍臣（内）和官员（外）一视同仁。以下几节里，诸葛亮着重向后主谈了“亲贤臣，远小人”的问题，并把这个问题提到国运安危所系的高度来加以强调。

文章的后半部分转向自诉生平及抱负，充分表白了对刘备知遇之恩的报效之诚，同时为下文陈说“出师”的动机和原因作铺垫。可以说，这一席话“形”散而“神”聚，思路甚密。

文章最后围绕“讨贼兴复”这个中心，一方面表明了自己的无限忠诚和志在必得的决心；另一方面对其他人也各有托付，再次回应上文并强调了继承“先帝”遗志、完成统一大业这个立意，使文章上下贯通、主脉清晰。结束数语，一片真情流露于顾盼之间，千载之下令人读之仍不能不深受感动。

---

① 慢：怠慢，懈惰。
② 彰其咎：揭示他们的过失。彰，表明。咎，罪过。
③ 咨诹（zōu）善道：征求好的建议。诹，征询。
④ 察纳：考察采纳。
⑤ 雅言：正确的意见。
⑥ 深追；深切地追念。
⑦ 遗诏：皇帝在临终时所发的诏令。刘备临死时曾对刘禅说：“勿以恶小而为之，勿以善小而不为。”
⑧ 临表涕零：面对着《表》落泪。涕零，落泪。

总之，诸葛亮的这篇章表所见之事大，所明之理深，所披之情真，所以文辞质朴而益彰其事大、理深、情真。苏轼认为《出师表》写得“简而且尽”（言简而意尽），跟他对“辞达”的推崇是相一致的，这是很有见地的品评。

思考与练习

一、给下列词语中的加点字注音。

1. 陟罚臧否（　　）　　2. 中道崩殂（　　）
3. 以遗陛下（　　）　　4. 行阵和睦（　　）

二、下列句子读法停顿有误的一项是（　　）。

A. 咨臣／以当世之事　　B. 今／天下三分，益州／疲弊
C. 是／以先帝简拔／以遗陛下　　D. 亲／贤臣，远／小人

三、下列关于诸葛亮向刘禅上《出师表》的目的，说法最正确的一项是（　　）。

A. 向刘禅表示自己对刘氏父子的忠心
B. 此文写在他北伐之前，所以目的是让刘禅治理好国家，让他放心去北伐，使北伐的计划得以实现
C. 让刘禅做到亲贤远佞、修明政治
D、此“表”开头就写蜀国形势危急，让刘禅修明政治，治理好国家，其目的只在挽救蜀国的危难

四、文中提出了蜀军北伐的有利条件，请找出有关句子。（用原文语句回答）

五、翻译下列语句。

1. 侍卫之臣不懈于内，忠志之士往身于外。
2. 先帝不以臣卑鄙，猥自枉屈，三顾臣于草庐之中，咨臣以当世之事。
3. 愿陛下亲之信之，则汉室之隆，可计日而待也。

六、熟读全文，背诵经典语句。

拓展训练

课外阅读李密的《陈情表》，比较其与本篇课文的异同；注意辨别文中古今异义和词性活用的字词，把握文章的主旨，并熟读全文。

四、故事篇

鸿门宴[①]

司马迁

司马迁（公元前145年—公元前90年），字子长，中国西汉伟大的史学家、文学家、思想家。任太史令，因替李陵败降之事辩解而受宫刑，后任中书令，发奋继续完成所著史籍，创作了中国第一部纪传体通史《史记》。该书记载了从上古传说中的黄帝时期到汉武帝元狩元年长达3 000多年的历史，被公认为是中国史书的典范，是“二十五史”之首。

鸿门宴指在公元前206年于秦朝都城咸阳郊外的鸿门举行的一次宴会，参与者包括当时两支抗秦军队伍的领袖项羽及刘邦。这次宴会对秦末农民战争及楚汉战争皆产生了重要影响，被认为间接促成了项羽败亡及刘邦成功建立汉朝。本文生动巧妙地记录了鸿门宴会的经过，情节跌宕起伏、扣人心弦，人物丰满鲜活、栩栩如生。学习本文时，要注意把握人物性格，探究项羽由主动变为被动及刘邦由被动变为主动的原因，深入领会课文内容。同时，把握人物个性化的言行和情态，学习人物描写的方法。

沛公[②]军[③]霸上[④]，未得与项羽[⑤]相见。沛公左司马[⑥]曹无伤使人言于项羽曰：“沛公欲王[⑦]关中[⑧]，使子婴[⑨]为相，珍宝尽有之。”项羽大怒曰：“旦日[⑩]飨[⑪]士卒，为击破沛公军！”当

① 节选自《史记·项羽本纪》（中华书局，1963年）。鸿门，地名，在新丰县（今陕西省临潼县以东）。

② 沛公：刘邦，起兵于沛（今江苏省沛县），号称“沛公”。

③ 军：驻军，动词。

④ 霸上：即灞上，地名，在今陕西省西安市东，即灞水西边的白鹿原。

⑤ 项羽：名籍，字羽，秦末下相县（今江苏省宿迁市）人。起兵反秦后与刘邦争天下，交战五年，战败自杀。

⑥ 左司马：官名。司马是统兵官，分左右司马，执掌军政。

⑦ 王（wàng）：为王，用作动词。

⑧ 关中：函谷关（今河南省灵宝县东北）以西，在今陕西省一带。

⑨ 子婴：秦二世胡亥的侄子，秦王朝最后一个统治者，在位46天，当时已投降刘邦，后为项羽所杀。

⑩ 旦日：明天。

⑪ 飨（xiǎng）：用酒食款待宾客，这里是犒劳的意思。

是时，项羽兵四十万，在新丰鸿门；沛公兵十万，在霸上。范增[①]说[②]项羽曰：“沛公居山东[③]时，贪于财货，好美姬[④]。今入关，财物无所取，妇女无所幸[⑤]，此其志不在小。吾令人望其气[⑥]，皆为龙虎，成五采，此天子气也。急击勿失！”

楚左尹[⑦]项伯[⑧]者，项羽季父[⑨]也，素善留侯张良[⑩]。张良是时从沛公，项伯乃夜驰之沛公军[⑪]，私见张良，具告以事[⑫]，欲呼张良与俱去，曰：“毋从俱死也。”张良曰：“臣为韩王送沛公[⑬]，沛公今事有急，亡去不义，不可不语。”良乃入，具告沛公。沛公大惊，曰：“为之奈何[⑭]？”张良曰：“谁为大王为此计者[⑮]？”曰：“鲰生[⑯]说我曰：‘距[⑰]关，毋内诸侯[⑱]，秦地可尽王也[⑲]。’故听之。”良曰：“料[⑳]大王士卒足以当项王乎？”沛公默然[㉑]，曰：“固不如也。且为之奈何？”张良曰：“请往谓项伯，言沛公不敢背项王也。”沛公曰：“君安与项伯有故[㉒]？”张良曰：“秦时与臣游[㉓]，项伯杀人，臣活之[㉔]；今事有急，故幸来告良。”

---

① 范增：项羽的主要谋士。

② 说（shuì）：劝说。

③ 山东：指崤（xiáo）山以东，也就是函谷关以东地区。

④ 美姬（jī）：美女。

⑤ 幸：封建君主对妻妾的宠爱叫“幸”，含有“加恩”的意思。下文“故幸来告良”的“幸”是“幸亏”“幸而”的意思。

⑥ 望其气：望他头上的云气。这是一种迷信，说是“真龙天子”所在的地方，天空中有一种异样的云气，会望气的人能够看出来。

⑦ 左尹：官名，辅佐令尹的官。

⑧ 项伯：名缠，字伯，项羽的族叔。

⑨ 季父：叔父。

⑩ 素善留侯张良：向来与张良友善。素，向来。善，友善、友好。张良，字子房，刘邦的主要谋士。刘邦得天下后，封他为“留侯”。留，地名，在今江苏省沛县东南。

⑪ 之沛公军：到沛公驻地。之，到。

⑫ 具告以事：把事情（项羽打算攻击刘邦的事）全部告诉了张良。具，通“俱”，完全、全部。

⑬ 臣为韩王送沛公：张良曾劝说项梁立韩公子为韩王，后来自己就做了韩王的申徒(相当于国相)。刘邦从洛阳南行，让韩王留守阳翟，张良奉韩王的命令同刘邦一道进军入武关。这里张良托词说“为韩王送沛公”，是向项伯表示他和刘邦的关系。

⑭ 为之奈何：就是“奈何为之”，怎样对付这件事。奈何，如何、怎样。

⑮ 谁为（wèi）大王为（wéi）此计者：谁替大王做出这个决策的？前一个“为”字，是“替”的意思。后一个“为”字，是“做”的意思。此计，指下文“距关，毋内诸侯”的计策。

⑯ 鲰（zou）生：指浅陋无知的小人。鲰，原意是小杂鱼，在这里指卑微、浅陋。

⑰ 距：通“拒”，把守的意思。

⑱ 毋内诸侯：不让诸侯进来。内，通“纳”。诸侯，指其他率兵攻秦的人。

⑲ 秦地可尽王（wàng）也：可以占领整个秦地而为王。尽，全部、整个。

⑳ 料：估量。

㉑ 默然：沉默的样子。

㉒ 有故：有旧交情。

㉓ 游：结交、往来。

㉔ 活之：使之活。救了他（项伯）的命。活，使动用法。

沛公曰："孰与君少长[①]？"良曰："长于臣。"沛公曰："君为我呼入，吾得兄事之[②]。"张良出，要[③]项伯。项伯即入见沛公。沛公奉卮酒为寿[④]，约为婚姻[⑤]，曰："吾入关，秋毫不敢有所近[⑥]，籍吏民[⑦]，封府库，而待将军[⑧]。所以遣将守关者，备[⑨]他盗之出入与非常[⑩]也。日夜望将军至，岂敢反乎！愿伯具言臣之不敢倍德[⑪]也。"项伯许诺，谓沛公曰："旦日不可不蚤[⑫]自来谢[⑬]项王。"沛公曰："诺。"于是项伯复夜去，至军中，具以沛公言报项王。因言曰："沛公不先破关中，公岂敢入乎？今人有大功而击之，不义也。不如因善遇之。"项王许诺。

沛公旦日从百余骑[⑭]来见项王，至鸿门，谢曰："臣与将军戮力[⑮]而攻秦，将军战河北[⑯]，臣战河南，然不自意[⑰]能先入关破秦，得复见将军于此。今者有小人之言，令将军与臣有郤[⑱]。"项王曰："此沛公左司马曹无伤言之；不然，籍何以至此？"项王即日因留沛公与饮。项王、项伯东向坐，亚父[⑲]南向坐，——亚父者，范增也；沛公北向坐；张良西向侍[⑳]。范增数目[㉑]项王，举所佩玉玦[㉒]以示之者三，项王默然不应。范增起，出，召项庄[㉓]，谓曰："君

---

① 孰与君少长：（他）和你相比，年岁谁小谁大？就是"与君孰少孰长"。孰，谁。

② 吾得兄事之：我可以用对待兄长的礼节侍奉他。事，侍奉。兄，作状语，像对兄长一样。

③ 要（yāo）：通"邀"，邀请。

④ 奉卮（zhī）酒为寿：奉上一杯酒，祝（项伯）健康长寿。卮，酒器。为寿，即上寿，古时到尊者前敬酒、致辞、祝颂叫上寿。

⑤ 约为婚姻：约定和项伯结为姻亲。

⑥ 秋毫不敢有所近：财物丝毫不敢据为己有。秋毫，鸟兽在秋天初生的细毛，常用来指称细小的东西。近，接触、沾染。

⑦ 籍吏民：登记官吏、百姓，就是造官吏名册和户籍册。

⑧ 将军：指项羽。

⑨ 备：防备。

⑩ 非常：意外的变故。

⑪ 倍德：忘恩负义。倍，通"背"。

⑫ 蚤：通"早"。

⑬ 谢：谢罪，就是道歉的意思。

⑭ 从百余骑：带着一百多人马。从，使动用法。骑，一人一马叫一骑。

⑮ 戮（lù）力：并力、合力。

⑯ 河北：黄河以北。河，黄河，下文"河南"，指黄河以南。

⑰ 意：料想。

⑱ 有郤（xì）：有隔阂。郤，通"隙"，隔阂、嫌怨。

⑲ 亚父：项羽对范增的尊称。意思是尊敬他仅次于父亲。亚，次。

⑳ 侍：这里是陪坐的意思。

㉑ 数（shuò）目：屡次以目示意。数，频、屡。

㉒ 玉玦（jué）：半环形的佩玉。玦，与"决"同音，范增用玦暗示项羽要下决心杀刘邦。

㉓ 项庄：项羽的堂弟。

王为人不忍[①]。若[②]入前为寿，寿毕，请以剑舞，因击沛公于坐[③]，杀之。不者[④]，若属皆且为所虏。”庄则入为寿。寿毕，曰：“君王与沛公饮，军中无以为乐，请以剑舞。”项王曰：“诺。”项庄拔剑起舞，项伯亦拔剑起舞，常以身翼蔽[⑤]沛公，庄不得击。

于是张良至军门见樊哙[⑥]。樊哙曰：“今日之事何如？”良曰：“甚急！今者项庄拔剑舞，其意常在沛公也。”哙曰：“此迫矣！臣请入，与之同命[⑦]。”哙即带剑拥盾入军门。交戟之卫士[⑧]欲止不内，樊哙侧其盾以撞，卫士仆地，哙遂入，披帷[⑨]西向立，瞋目[⑩]视项王，头发上指，目眦[⑪]尽裂。项王按剑而跽[⑫]曰：“客何为者？”张良曰：“沛公之参乘[⑬]樊哙者也。”项王曰：“壮士，——赐之卮酒[⑭]。”则与斗卮[⑮]酒。哙拜谢，起，立而饮之。项王曰：“赐之彘肩[⑯]。”则与一生彘肩。樊哙覆其盾于地，加彘肩上[⑰]，拔剑切而啖[⑱]之。项王曰：“壮士！能复饮乎？”樊哙曰：“臣死且不避，卮酒安足辞！夫秦王有虎狼之心，杀人如不能举，刑人如恐不胜[⑲]，天下皆叛之。怀王[⑳]与诸将约曰：‘先破秦入咸阳者王之[㉑]。’今沛公先破秦入咸阳，毫毛不敢有所近，封闭宫室，还军霸上，以待大王来。故[㉒]遣将守关者，

---

① 不忍：心慈手软。忍，狠心。

② 若：你。下文“若属”，你们，是“若”的复数。

③ 坐：同“座”。

④ 不者：否则。不，同“否”。

⑤ 翼蔽：像鸟那样用翅膀掩护。

⑥ 樊哙（kuài）：刘邦的部下，屠夫出身，和刘邦在沛县起义反秦，屡立战功。汉朝建立后曾任左丞相，封舞阳侯。

⑦ 与之同命：跟他同生死。之，指刘邦。同命，同生死。

⑧ 交戟之卫士：拿戟交叉着守卫军门的兵士。戟，一种长柄的兵器。

⑨ 披帏：掀开帷幕。

⑩ 瞋（chēn）目：瞪着眼睛，怒目而视。

⑪ 目眦（zì）：眼眶。

⑫ 按剑而跽（jì）：握着剑，跪直身子。这是一种警备的姿势。古人席地而坐，两膝着地，要起来就先得挺直上身。

⑬ 参乘（shèng）：也作“骖乘”，古时乘车，站在车右担任警卫的人叫参乘。乘，四匹马拉的车。

⑭ 壮士，赐之卮酒：“壮士”，是项羽称赞樊哙。“赐之卮酒”，是项羽对左右侍从说的。

⑮ 斗卮：大的酒器。

⑯ 彘（zhì）肩：猪的前腿。彘，猪。

⑰ 加彘肩上：把猪腿放（在盾）上。“上”的前面略去“于”字。

⑱ 啖（dàn）：吃。

⑲ 杀人如不能举，刑人如恐不胜：杀人唯恐不能杀尽，用刑罚唯恐不能用尽酷刑。意思是杀人多得数不过来，用刑唯恐不重。举、胜，都有“尽”的意思。刑，指施加肉刑，作动词。

⑳ 怀王：战国时楚怀王的孙子，名心。项梁起兵时，立他为王，也称“楚怀王”。破秦后，项羽尊他为“义帝”，后来项羽又把他杀了。

㉑ 王之：就是“以他为王”。意动用法。

㉒ 故：特意。

备他盗出入与非常也。劳苦而功高如此，未有封侯之赏，而听细说[①]，欲诛有功之人。此亡秦之续耳[②]。窃为大王不取也[③]！”项王未有以应，曰：“坐。”樊哙从良坐。坐须臾，沛公起如厕[④]，因招樊哙出。

沛公已出，项王使都尉陈平[⑤]召沛公。沛公曰：“今者出，未辞也，为之奈何？”樊哙曰：“大行不顾细谨，大礼不辞小让[⑥]。如今人方为刀俎，我为鱼肉，何辞为[⑦]？”于是遂去。乃令张良留谢。良问曰：“大王来何操[⑧]？”曰：“我持白璧一双，欲献项王，玉斗一双，欲与亚父。会其怒，不敢献。公为我献之。”张良曰：“谨诺[⑨]。”当是时，项王军在鸿门下，沛公军在霸上，相去四十里。沛公则置[⑩]车骑，脱身独骑，与樊哙、夏侯婴、靳强、纪信[⑪]等四人持剑盾步走[⑫]，从郦山[⑬]下，道[⑭]芷阳[⑮]间行[⑯]。沛公谓张良曰：“从此道至吾军，不过二十里耳。度[⑰]我至军中，公乃入。”

沛公已去，间至军中。张良入谢，曰：“沛公不胜杯杓[⑱]，不能辞。谨使臣良奉白璧一双，再拜[⑲]献大王足下，玉斗一双，再拜奉大将军[⑳]足下。”项王曰：“沛公安在？”良曰：“闻大王有意督过[㉑]之，脱身独去，已至军矣。”项王则受璧，置之坐上。亚父受玉斗，置

---

① 细说：小人的谗言。

② 此亡秦之续耳：这是继续走秦朝灭亡的老路罢了。意思是重蹈秦朝灭亡的覆辙。

③ 窃为大王不取也：私意以为（这是）大王不应该采取（的做法）。为，以为。

④ 如厕：上厕所。如，往。

⑤ 都尉陈平：都尉，官名。陈平，项羽的部下，后来归刘邦，是刘邦的谋士，官至丞相。

⑥ 大行不顾细谨，大礼不辞小让：意思是，做大事不必拘泥于细枝末节，行大礼不必讲小的谦让。行，行为、作为。让，谦让。

⑦ 如今人方为刀俎（zǔ），我为鱼肉，何辞为：现在人家正处在宰割者的地位，我们处在被宰割的地位，还（向他）告辞做什么。俎，砧板。为，句末语气词，常用在疑问句中。

⑧ 操：拿，这里是携带的意思。

⑨ 谨诺：遵命的意思。谨，表恭敬语气的副词。

⑩ 置：放弃、丢下。

⑪ 夏侯婴、靳强、纪信：都是刘邦的部下。

⑫ 步走：徒步走。走，急行。

⑬ 郦山：就是骊山，在今陕西省临潼县东南。

⑭ 道：取道。用作动词。

⑮ 芷阳：秦代县名，在今陕西省西安市东。

⑯ 间（jiàn）行：从小路走。

⑰ 度（duó）：估计。

⑱ 不胜（shēng）杯杓：禁不起喝酒，意思是醉了。不胜，禁不起、受不了。杯杓，酒器，这里作为酒的代称。

⑲ 再拜：先后拜两次，古代一种隆重的礼节。

⑳ 大将军：指范增。

㉑ 督过：责备、怪罪。

之地，拔剑撞而破之，曰：“唉！竖子[①]不足与谋。夺项王天下者必沛公也。吾属[②]今为之虏矣！”

沛公至军，立诛杀曹无伤。

作品评析

这篇文章是《史记·项羽本纪》中一个相对独立的片断，它是秦末起义军两大首领刘邦和项羽由联合破秦到互争天下的转折点。文章以刘邦赴项营请罪为核心，连同赴营以前和逃出以后共3个组成部分，生动地记述了两家的明争暗斗。

纵观全文情节，凡五起五落，1 500多字，几乎全是惊涛骇浪，又全都化为涟漪，令读者魂悸魄动、目眩神摇、时笑时颦、不能自已。文中跌宕的情节，众多人物处在矛盾高峰中的生动形象，给人以深刻而又丰盈的思想教育和饱满而又崇高的艺术享受，使得文章成为两千多年来脍炙人口的名篇。

本文中，司马迁写了4对人物——雄主项羽和刘邦，谋臣范增和张良，武士项庄和樊哙，内奸项伯和曹无伤（虽未上场，但同是内奸）。这些人物互相映衬，个性各不相同。文章用人物性格的展开来推动情节发展，以精彩的笔墨成功地刻画了一个“失败英雄”项羽，使其成为我国历代相传的一个典型人物。

项羽以勇武闯天下，兴于钜鹿之战，在推翻秦王朝的过程中建立了巨大的功勋，显赫一时，最终成为一代枭雄，雄霸一方。在鸿门宴上，项羽本可以轻而易举地杀掉日后夺他天下的刘邦，但却放走了他。这种决策是建立于项羽的勇气和自信基础上的，非由他优柔寡断、沽名钓誉的性格所致，亦非他政治头脑简单、胸中全无谋略的结果。

作者司马迁在尊重历史的基础上对历史材料进行了慎重的选择和恰当的安排，选择了最能突出人物性格的典型材料塑造了“项羽”这个“失败的英雄”的形象。

思考与练习

、下列句中带点的词，读音和意义与通常的不同，请为其注音并释义。

1. 范增说项羽曰。
2. 沛公之参乘樊哙者也。
3. 度我至军中。
4. 范增数目项王。

---

① 竖子：骂人的话，相当于“小子”。这里是明斥项庄，暗责项羽不够果断。

② 吾属：我们这些人。

5. 沛公已去，间至军中。

二、翻译下列各句，注意句中加点字的意义。

1. 籍吏民封府库，而待将军。
2. 沛公欲王关中。
3. 沛公军霸上。
4. 素善留侯张良。
5. 范增数目项王。
6. 刑人如恐不胜。

三、借助注释，读懂全文，完成下列各题。

1. 指出故事的开端、发展、高潮、结局和尾声，理出故事的线索。
2. 分析、比较项羽、刘邦的性格特点。
3. 请与同学讨论：项羽、刘邦的不同性格特点与他们日后各自命运的关系。

四、口头叙述鸿门宴的故事，注意突出项羽和刘邦双方有利或不利的局面是怎样一步步转化的。

五、这篇课文中的一些语句至今广为流传，摘出其中的成语名句。

拓展训练

课外阅读司马迁的文章《孙膑》，注意把握古今异义和词性活用的字词，体会文中人物的性格特点，把握文章刻画人物的方法，领悟文章主旨。

五、治国篇

过秦论[1]

贾谊

贾谊（公元前200年—公元前168年），洛阳（今河南洛阳东）人，西汉初年著名的政论家、文学家，世称贾生。贾谊的著作主要有散文和辞赋两类，散文的主要文学成就是政论文，评论时政，风格朴实峻拔，议论酣畅，代表作有《过秦论》《论积贮疏》《陈政事疏》等；其辞赋皆为骚体，形式趋于散体化，是汉赋发展的先声，以《吊屈原赋》《鵩鸟赋》最为著名。

西汉初年，以《过秦论》为代表的政论散文应运而生，并取得辉煌成就，把中国散文推进到了一个新的高度。在《过秦论》这篇文章中，贾谊回顾秦的兴起、灭亡过程，总结强秦遽亡的历史教训，鲜明地提出"仁义不施而攻守之势异也"的观点，表达了深刻的政治思考。文章取名"过秦"，实则是借古喻今，劝谏汉文帝施行仁政，不要重蹈亡秦覆辙。学习本文时，应反复诵读，注意辨析词类活用现象，真正读懂文句，理解文章内容，感受文中多种修辞手法，深入领会战国纵横家的遗风。

秦孝公[2]据崤函[3]之固，拥雍州[4]之地，君臣固守以窥周室，有席卷天下，包举宇内，囊括四海之意，并吞八荒之心[5]。当是时也，商君佐之，内立法度，务耕织，修守战之具，外连衡而斗诸侯[6]。于是秦人拱手[7]而取西河之外。

---

① 选自贾谊《新书》（上海古籍出版社，1985年），个别字句依从《史记》和萧统《文选》。《过秦论》有上、中、下3篇，这里选的是上篇。过秦，意思是指出秦的过失。过，这里是动词。

② 秦孝公：秦国的国君。他任用商鞅变法，富国强兵。下文的商君就是商鞅。

③ 崤（xiáo）函：崤山和函谷关。崤山，在函谷关的东边。函谷关，在今河南灵宝。

④ 雍（yōng）州：在今陕西中部北部、甘肃、青海的东南部和宁夏一带地方。

⑤ 有席卷天下，包举宇内，囊括四海之意，并吞八荒之心：意思是（秦孝公）有统一天下的野心。席卷、包举、囊括，都有并吞的意思。宇内、四海、八荒，都是天下的意思。八荒，原指八方最边远的地方。

⑥ 外连衡而斗诸侯：对外用连衡的策略使诸侯自相斗争。连衡，也作"连横"，是一种离间六国，使它们各自同秦国联合，从而各个击破的策略。

⑦ 拱手：两手相合，形容毫不费力。

孝公既没，惠文、武、昭襄[1]蒙故业，因遗策[2]，南取汉中，西举[3]巴、蜀，东割膏腴之地，北收要害之郡[4]。诸侯恐惧，会盟而谋弱秦[5]，不爱[6]珍器重宝肥美之地，以致[7]天下之士，合从缔交，相与为一[8]。当此之时，齐有孟尝，赵有平原，楚有春申，魏有信陵[9]。此四君者，皆明智而忠信，宽厚而爱人，尊贤而重士，约从离衡[10]，兼韩、魏、燕、楚、齐、赵、宋、卫、中山之众。于是六国之士，有宁越、徐尚、苏秦、杜赫之属为之谋[11]；齐明、周最、陈轸、召滑、楼缓、翟景、苏厉、乐毅之徒通其意[12]，吴起、孙膑、带佗、倪良、王廖、田忌、廉颇、赵奢之伦制其兵[13]。尝以十倍之地，百万之众，叩关[14]而攻秦。秦人开关延敌，九国[15]之师逡巡[16]而不敢进。秦无亡矢遗镞之费，而天下诸侯已困矣。于是从散约败，争割地而赂秦。秦有余力而制其弊[17]，追亡逐北[18]，伏尸百万，流血漂橹[19]；因利乘便，宰割天下，分裂山河。强国请服，弱国入朝。延及孝文王、庄襄王[20]，享国之日浅，国家无事。

---

① 惠文、武、昭襄：惠文王、武王、昭襄王。惠文王是孝公的儿子，武王是惠文王的儿子，昭襄王是武王的异母弟。

② 蒙故业，因遗策：继承已有的基业，沿袭前代的策略。

③ 举：攻取。

④ 要害之郡：（政治、经济、军事上）都非常重要的地区。

⑤ 弱秦：削弱秦国。

⑥ 爱：吝惜。

⑦ 致：招纳。

⑧ 合从缔交，相与为一：采用合纵的策略缔结盟约，互相援助，成为一体。合从，是六国联合起来共同对付秦国的策略。从，通“纵”，与“横”相对。

⑨ 齐有孟尝，赵有平原，楚有春申，魏有信陵：孟尝君，齐国贵族，姓田名文。平原君，赵国贵族，姓赵名胜，赵武灵王之子。春申君，楚国贵族，姓黄名歇。信陵君，魏国贵族，姓魏名无忌。后人将此四人统称为“战国四公子”。

⑩ 约从离衡：相约为合纵，击破秦国的连横策略。离，使……离散。

⑪ 宁越、徐尚、苏秦、杜赫之属为之谋：宁越、徐尚这些人替他们谋划。属，属类，某类人。

⑫ 齐明、周最、陈轸（zhěn）、召（shào）滑、楼缓、翟景、苏厉、乐（yuè）毅之徒通其意：齐明、周最这些人沟通他们的意见。徒，徒党，某一类的人。

⑬ 吴起、孙膑（bìn）、带佗、倪良、王廖、田忌、廉颇、赵奢之伦制其兵：吴起、孙膑这些人统率他们的军队。伦，类。制，掌握。

⑭ 叩关：攻打函谷关。叩，击。

⑮ 九国：就是上文所说的韩、魏、燕、楚、齐、赵、宋、卫、中山。

⑯ 逡巡（qūn xún）：有所顾虑而徘徊不前。

⑰ 制其弊：控制并利用他们的弱点。弊，弱点、毛病。

⑱ 追亡逐北：追逐逃走的败兵。北，败北、溃败（的军队）。

⑲ 流血漂橹：血流成河，可以漂浮盾牌。橹，盾牌。

⑳ 孝文王、庄襄王：孝文王，昭襄王的儿子，在位只有三天就死了。庄襄王，孝文王的儿子，在位三年。

及至始皇，奋六世之余烈[①]，振长策而御宇内[②]，吞二周[③]而亡诸侯，履至尊而制六合[④]，执敲扑而鞭笞天下[⑤]，威振四海。南取百越[⑥]之地，以为桂林、象郡[⑦]；百越之君，俯首系颈[⑧]，委命下吏[⑨]。乃使蒙恬[⑩]北筑长城而守藩篱[⑪]，却[⑫]匈奴七百余里；胡人不敢南下而牧马，士不敢弯弓而报怨。于是废先王之道，焚百家之言[⑬]，以愚黔首[⑭]；隳[⑮]名城，杀豪杰，收天下之兵，聚之咸阳，销锋镝[⑯]，铸以为金人十二，以弱天下之民。然后践华为城，因河为池[⑰]，据亿丈之城[⑱]，临不测之渊[⑲]，以为固。良将劲弩守要害之处，信臣[⑳]精卒陈利兵而谁何[㉑]。天下已定，始皇之心，自以为关中之固，金城[㉒]千里，子孙帝王万世之业也。

始皇既没，余威震于殊俗[㉓]。然陈涉瓮牖绳枢[㉔]之子，氓隶[㉕]之人，而迁徙之徒[㉖]也；

---

① 奋六世之余烈：发展六世遗留下来的功业。六世，指孝公、惠文王、武王、昭襄王、孝文王、庄襄王。烈，功业。

② 振长策而御宇内：意思是用武力来统治各国。振，举起。策，马鞭子。御，驾驭、统治。

③ 二周：在东周王朝最后的周赧（nǎn）王时，东西周分治。西周建都于河南东部旧王城，东周则建都巩，史称东西二周。

④ 履至尊而制六合：登上皇帝的宝座控制天下。履至尊，登帝位。六合，天地四方。

⑤ 执敲扑而鞭笞天下：用严酷的刑罚来奴役天下的百姓。敲扑，刑具，短的叫“敲”，长的叫“扑”。

⑥ 百越：古代越族居住在桂、浙、闽、粤等地，每个部落都有名称，统称百越，也叫百粤。

⑦ 桂林、象郡：在今广西壮族自治区一带。

⑧ 俯首系颈：意思是愿意服从、投降。俯首，低头，表示服从。系颈，颈上系绳，表示投降。

⑨ 委命下吏：（百越之君）把自己的生命交付司法官吏（审讯）。下吏，属吏、下级官吏。

⑩ 蒙恬：秦将。秦始皇时领兵30万北逐匈奴，修筑万里长城。

⑪ 藩篱：比喻边疆上的屏障。藩，篱笆。

⑫ 却：击退。

⑬ 百家之言：各学派的著作。言，言论，这里指著作。

⑭ 黔首：秦朝时对百姓的称呼。

⑮ 隳（huī）：毁坏。

⑯ 销锋镝（dí）：销毁兵器。锋，兵刃。铺，箭头。

⑰ 践华为城，因河为池：据守华山以之为帝都东城，以黄河作为帝都的护城河。践，踏。

⑱ 亿丈之城：指华山。

⑲ 不测之渊：指黄河。

⑳ 信臣：可靠的大臣。

㉑ 谁何：呵问他是谁，就是缉查盘问的意思。

㉒ 金城：坚固的城池。金，比喻坚固。

㉓ 殊俗：不同的风俗，指边远的地方。

㉔ 瓮牖（yǒng）绳枢：以破瓮作窗户，以草绳系户板，形容家里穷。牖，窗户。枢，门扇开关的枢轴。

㉕ 氓（méng）隶：百姓中之充当隶役者。氓，耕田的人。

㉖ 迁徙之徒：被征发的人，指陈涉被征发戍守渔阳。

才能不及中人[①]，非有仲尼、墨翟之贤，陶朱、猗顿[②]之富；蹑足[③]行伍之间，而倔起阡陌[④]之中，率疲弊之卒，将数百之众，转而攻秦；斩木为兵，揭[⑤]竿为旗，天下云集响应，赢粮而景从[⑥]。山东[⑦]豪俊遂并起而亡秦族矣。

且夫天下非小弱也，雍州之地，崤函之固，自若也。陈涉之位，非尊于齐、楚、燕、赵、韩、魏、宋、卫、中山之君也；锄櫌棘矜，非铦于钩戟长铩也[⑧]；谪戍[⑨]之众，非抗[⑩]于九国之师也；深谋远虑，行军用兵之道，非及向时[⑪]之士也。然而成败异变，功业相反也。试使山东之国与陈涉度长絜大[⑫]，比权量力，则不可同年而语矣。然秦以区区之地，致万乘[⑬]之势，序八州而朝同列[⑭]，百有余年矣；然后以六合为家，崤函为宫；一夫作难[⑮]而七庙隳[⑯]，身死人手[⑰]，为天下笑者，何也？仁义不施而攻守之势异也[⑱]。

---

① 中人：平常的人。

② 陶朱、猗（yī）顿：陶朱，就是春秋时期越国的范蠡（lǐ）。他帮助越王勾践灭吴后，离开越国到陶（今山东定陶西北），自称陶朱公，以经商致富，所以后人常以“陶朱”为富人的代称。猗顿，春秋鲁国人。他向陶朱公学致富之术，大畜牛羊于猗氏（现在山西临猗南部），积累了很多财物。

③ 蹑足：插足、参加。这里有“置身于……”的意思。

④ 阡陌：本是田间小道，这里指田野、民间。

⑤ 揭：举。

⑥ 赢粮而景从：（许多人）担着干粮如影随形地跟着（陈涉）。赢，担负。景，古“影”字。

⑦ 山东：指崤山以东，即东方诸国。

⑧ 锄（chú）櫌（yōu）棘矜（qín），非铦（xián）于钩戟长铩（shā）也：农具木棍不比钩戟长矛锋利。锄櫌，古时的一种农具，似耙而无齿。棘矜，用酸枣木做的棍子。棘，酸枣木。矜，矛柄。这里的意思是农民军的武器，只有农具和木棍。铦，锋利。钩，短兵器，似剑而曲。戟，以戈和矛合为一体的长柄兵器。铩，长矛。

⑨ 谪戍：因有罪而被贬调去守边。

⑩ 抗：匹敌、相当。

⑪ 向时：先前。

⑫ 度（duó）长絜（xié）大：量长（短），比大（小）。絜，衡量。

⑬ 万乘：兵车万辆。表示军事力量强大。

⑭ 序八州而朝同列：招致八州来归，而使六国诸侯都来朝见。序，排列座次。八州，兖州、冀州、青州、徐州、豫州、荆州、扬州、梁州。古时天下分九州，秦居雍州，六国分别居于其他八州。同列，指六国诸侯。秦与六国本来是同列诸侯。这句跟上句合起来说的是秦的霸主地位。

⑮ 一夫作难（nàn）：指陈涉起义。作难，起事、首事。

⑯ 七庙隳（huī）：宗庙毁灭，就是政权灭亡的意思。七庙，天子的宗庙。《礼记·王制》：“天子七庙。”

⑰ 身死人手：指秦王子婴为项羽所杀。

⑱ 攻守之势异也：攻和守的形势变了。攻，指秦始皇和始皇以前攻打六国、夺取全国政权的时候。守，指秦始皇统一中国之后。

作品评析

本文着重叙述秦王朝的兴亡过程，揭露秦始皇的暴虐无道，指出秦王朝的迅速灭亡是“仁义不施而攻守之势异也”导致的结果。文章从秦亡的反面总结经验，目的是劝谏汉文帝对人民实行宽松的仁义政策。

全文5段，第一段写秦国势力的崛起。先写地势，次写野心，然后突出“商君佐之”的改革措施，由内政而外交，由于政策得当，因而效果惊人。第二段写秦国势力的进一步扩展。先写惠文王、武王、昭襄王三代秦君继承旧业，以武力蚕食四邻，使秦国和列国的矛盾日益尖锐；次写列国的联合抗秦；再次写列国联合抗秦的溃败，反衬了秦国的强盛；最后写孝文王和庄襄王，一笔带过。第三段写秦始皇统一天下，国势日盛，暴政达到极点。通过对“攻”和“守”的极力铺叙，显出暴政的魔影，反衬下段秦的速亡。第四段写陈涉起义摧毁了秦王朝，与前三段形成鲜明对照。第五段阐明秦王朝迅速灭亡的原因，分析了各方力量的对比，照应了前文的叙述，水到渠成地得出结论。

文章大量运用对比、排比、对偶、夸张、比喻等手法大肆渲染铺陈，波澜起伏、境界开阔、气势雄浑、淋漓酣畅。那开阖自如的描述、直泻而下的铺陈、力透纸背的议论，使文章带有明显的战国纵横家的遗风，具有很强的说服力和感染力。

思考与练习

一、在理解课文的基础上，回答以下问题。

1. 作者总结了秦朝灭亡的原因，你是否同意作者的观点？为什么？
2. 本文中心论点的提出有什么特点？
3. 为论证中心论点，作者选用了哪些材料？
4. 请说说本文叙述与议论之间的关系。

二、本文通篇运用了对比手法。试以第五段为例，说说这样写的好处。

三、本文的语言有什么特点？这些特点对思想内容的表达起了怎样的作用？

四、请结合语境，正确判断下列句子中加点字的词性活用种类，把恰当的选项序号填入括号中。

A. 名词用作动词

B. 形容词用作动词

C. 名词作状语

D. 使动用法

E. 意动用法

1. 诸侯恐惧，会盟而谋弱秦（　　）。

2. 履至尊而制六合（　　）。

3. 然陈涉瓮牖绳枢之子（　　）。

4. 天下云集响应（　　）。

5. 外连衡而斗诸侯（　　）。

五、请运用所学的诵读知识熟读课文，背诵第三段。

拓展训练

课外阅读苏洵、苏辙、苏轼各自的《六国论》，说说这 3 篇文章各自的写作特点，把握每篇文章的中心论点，品读精美语言，背诵经典语句。

写

写　妙笔生花　文采飞扬

第一单元　基础写作

言之有序——立意、选材

单元导读

立意和选材决定着文章的内容。古人曾说过："意犹帅也，无帅之兵，谓之乌合。"意是文章的统帅。在军队中，统帅往往是制定决策、调遣军队、威慑敌军的核心人物，具有举足轻重的地位。军队如果没有统帅，就会变成乌合之众；文章没有立意，材料就成了"无帅之兵"的"乌合之众"。所以，材料要受立意的指导和制约。

但确立文章的意，要在搜集、摄取材料的基础上，研究、分析、认识材料所蕴涵的意义，并和作者主观的思想感情统一而产生评价、观点、情趣等。意也就是全部事实材料所蕴涵的意义的集中概括。因此，立意一旦确定，就会对材料起到统帅作用。一篇文章，材料如何取舍、如何组织、如何表现，都要根据意的需要来进行。

本单元学习的重点就是了解立意和选材的要求，并指导学生在写作实践中处理好立意和选材的关系。

一、朱自清先生①

冯至

阅读提示

冯至（1905—1993年），原名冯承植，河北涿州人，现代著名散文家、诗人、翻译家。这篇文章是冯至先生在1948年底创作的。冯至是个文学功底相当出众的作家，尤其是"十四行诗"的写作，尽显其文采，被称为"中国最伟大的抒情诗人"，代表作品有《昨日之歌》《伍子胥》等。

本文重在写人。凡写人，总要表现出人物的思想性格。而人物的思想性格又总是通过具体事例来表现的。因此，阅读此类文章要注意揣摩所写事例与人物思想性格之间的关系，要通过分析人物的具体言行表现来把握其思想性格，进而理解文章的主旨。而我们也可以由此学习作者通过提炼而客观、辩证地确立主旨的写法。学习时请思考：课文叙写了朱先生哪些方面

① 选自《冯至诗文选集》（人民文学出版社，1955年）。

的言行表现？它们表现了人物怎样的思想性格？

远在25年前，我读到过一部诗集《雪朝》，是6个人的合集，其中有一位是朱自清。封面是黄色的，里边的诗有一个共同的趋势：散文化、朴实，好像有很重的人道主义[①]的色彩。那本诗集现在已经很不容易得到了，并且里边的诗我一首也不记得，但根据我模糊的印象，我可以说，假如《雪朝》里的诗能够在当时成为一种风气，发展下去，中国的新诗也许会省却许多迂途[②]。只可惜中国的新诗并没有那样发展下去，中间走了许多不必要的歧路，而《雪朝》中的6个作者也在中途有的抛掉了诗，有的改变了作风。其中真能把那种朴质的精神保持下来，不但应用在诗上，而且应用在散文上以及做人的态度上的，据我所知，怕只有朱自清先生吧。

我最初遇见朱先生是在1932年的夏天，那时我住在柏林西郊，他在清华任教休假到伦敦住了一年，归途路过柏林。我请他到我住的地方谈过一次，过了几天又陪他到波茨坦的无忧宫[③]去游玩过。他很少说话，只注意听旁人谈讲；他游无忧宫时，因为语言文字的隔阂，不住地问这个问那个，那诚挚求真的目光使回答者不好意思说一句强不知以为知的话。此后他就到意大利，从威尼市[④]登船回国了。3年后，我也回国了，和他却很少见面，见了面也没有得到过充足的时间长谈。至于常常见面，能以谈些文学上的问题时，则是共同在昆明西南联合大学教书的那几年。

他谈话时，仍然和我在柏林时所得到的印象一样。他倾心[⑤]听取旁人的意见，旁人的意见只要有一分可取，他便点头称是。他这样虚心，使谈话者不敢说不负责任的话。他对我的确发生过这样的作用，我不知道别人在他面前是否也有过同样的感觉，但愿他的诚挚和虚心——这最显示在他那两只大眼睛上——曾经启迪过不少的人，应该怎样向人谈话！

由虚心产生出来的是公平，没有偏见。党同伐异[⑥]、刻薄寡恩[⑦]，在朱先生写的文字里

---

① 人道主义：起源于欧洲文艺复兴时期的一种思想体系。提倡关怀人、尊重人、以人为中心。法国资产阶级革命时期把人道主义具体化为“自由”“平等”“博爱”的政治口号。它在资产阶级革命时期曾起过反封建的积极作用。

② 迂（yū）途：曲折的道路。迂，曲折。

③ 波茨坦的无忧宫：原普鲁士的王宫，建于18世纪中叶。波茨坦，地名，在德国柏林西南。

④ 威尼市：即意大利的滨海城市威尼斯。

⑤ 倾心：拿出真诚的心。

⑥ 党同伐异：和自己意见相同的就结成一派，跟自己意见不同的就加以攻击。原指学术上的派别之争，后泛指一切社会集团之间的斗争。党，结派。伐，讨伐、攻击。

⑦ 刻薄寡恩：（待人、说话）冷酷无情，不厚道。

是读不到的。他不是没有自己的意见，但他对于每个文艺工作者都给予分所应得[①]的地位，不轻易抹杀任何一个的努力。去年“五四”，北大举行文艺晚会，我和他都被约去讲演，我在讲演时攻击到战前所谓象征派[②]的诗，夜半回来，他在路上向我说：“你说得对，只是有些过分。”今年 7 月 4 日，我到清华去看他——这是我最后一次见他，他已十分憔悴，谈起一个过于主观的批评家，他尽管不以他为然，却还是说：“他读了不少的书。”

一个没有偏见的、过于宽容的人，容易给人以乡愿[③]的印象，但是我们从朱先生的身上看不出一点乡愿的气味。一切在他的心中自有分寸，他对于恶势力绝不宽容。尤其是近两年来，也就是回到北平[④]以来，他的文字与行动无时不在支持新文艺以及新中国向着光明方面的发展，他有愤激，有热烈的渴望，不过这都蒙在他那平静的面貌与朴质的生活形式下边，使一个生疏的人不能立即发现。他最近出版的两部论文集《论雅俗共赏》和《标准与尺度》是他最坦白的说明。他一步步地转变，所以步步都脚踏实地；他认为应该怎样，便怎样。我们应该怎样呢？每个心地清明的中国人都会知道得清楚。

不幸他在中途死去。中国的新文艺失却一个公正的扶持人，朋友中失却一个公正的畏友[⑤]，将来的新中国失却一个脚踏实地的文艺工作者。

现在我如果能够得到《雪朝》那本诗集，再把他历年的著作排列在一起，我会看见他在这一世纪的四分之一的时间内在走着一条忠实朴素的道路。

思考与练习

一、阅读写人的文章要紧扣文章记叙的事实来感知人物的性格品质，进而领会文章的主旨。在反复阅读课文的基础上填写下表。

所写事实（言行表现）	所表现的思想性格特点（用文章中的词语概括）

二、文章的材料不仅是指客观的人、事、景、物、理，而且包括作者对这些人、事、景、物、理的感受与评价。它们也是表现文章主旨的重要组成部分。在记叙性文章中，作

---

① 分（fèn）所应得：按他的名分所应该得到的。分，名分，旧指人的名义、身份和地位。

② 象征派：19 世纪末叶在法国兴起的颓废主义文艺思潮中的一个主要流派。象征派诗作充满颓废、悲观的情调。

③ 乡愿：本指外貌忠厚，实际欺世盗名的人，一般引申为没有是非原则的人。本文所用的是后一种意义。

④ 北平：1928 年至新中国成立这段时间北京叫北平。

⑤ 畏友：自己敬畏的朋友。

者的这种感受与评价常常表现为对所记事情或所写人物的议论。请画出文中“议”的语句，并分析它们在表达文章主旨方面所起的作用。

三、诵读课文，回答下列问题。

1. 朱自清先生对人过于宽容，甚至肯定一个过于主观的批评家“读了不少书”，而第五段又说他“绝不宽容”，这是否矛盾？请结合文本探究。

2. 文章结尾一段可不可以删掉？为什么？

拓展训练

立意贵新颖，贵深刻。请尝试用新颖的视角描写一个你熟悉的人。

二、套袖[1]

铁凝

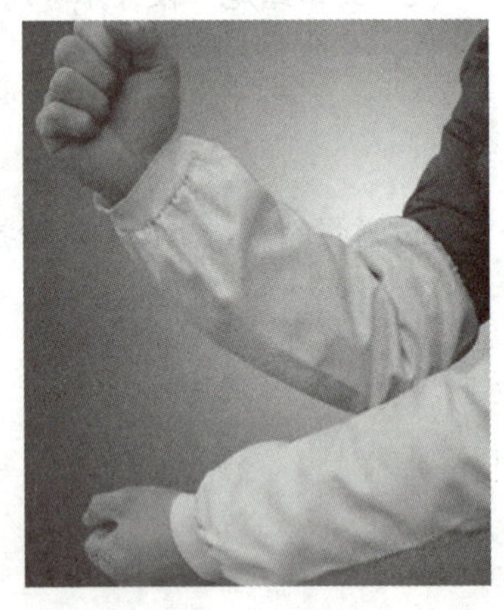

铁凝（1957 年—），当代著名作家，河北赵县人，现任中共第十八届中央委员、中国作家协会主席，代表作品有《玫瑰门》《无雨之城》《大浴女》《麦秸垛》《哦，香雪》《孕妇和牛》等。散文集《女人的白夜》曾获中国首届鲁迅文学奖。

套袖是日常生活中的寻常物件。作者以这一寻常物件为情节线索，选用了一些有内在联系的典型材料，从文章中生发出了令人深思的某些意蕴。作者不仅写了孙犁戴套袖，还写了其他许许多多与套袖有关的人和事；不仅写了套袖，还写了布袜子。这些材料之间的内在联系，很值得解读。如果我们在阅读中能勾画出课文中反映作者对套袖认识的语句，顺着这些语意轨迹所提供的思路去思索、探寻，那么，我们就能从诸多材料中理清头绪进而把握全文的主旨。

选材与立意，尤其是主旨的提炼，是本文的学练重点。认真体会作者在提炼主旨方面的经验，对我们今后的阅读和写作都会有很大的启迪。

插队[2]时，邻家姑娘总帮我们做针线。她话不多，手巧，全村妇女绣枕头、缀袜底，几乎都用她出的花样[3]。姑娘常年戴一副素净的套袖，显得勤快，干练。

不久，她也送我一副花细布套袖，告诉我说，戴上它，省衣服。我没有省衣服的概念，戴上后只觉得多了一层从姑娘身上感觉过的那种气质。另外，冬春两季，冀中平原多风，有了套袖，黄风就灌不进袖筒了。

我戴着套袖赶集，买菜籽、碱面[4]；戴着套袖去公社[5]参加“三夏”[6]动员会；戴着套袖起猪圈，推碾子，摘棉花，下山药窖，烫 40 个人吃的棒子面……

---

① 选自 1984 年 2 月 29 日《文汇报》。

② 插队：指我国 20 世纪六七十年代城市（镇）青年学生响应国家号召去农村，被安插在生产队安家落户。队，生产队，参见注释⑤。

③ 花样：花纹的式样。

④ 碱面：即食用碱，一般用来发酵馒头和面包。

⑤ 公社：人民公社的简称。新中国特定历史时期（20 世纪 50 年代末至 70 年代末）农村中政社合一的组织。一般实行以生产队为基本核算单位的公社、生产大队、生产队三级所有制。

⑥ 三夏：夏收、夏种和夏管的统称。

我回城了。要办各种手续，戴着那副套袖东奔西跑，在各种纸片上盖过 20 多枚公章。后来手续办完了，我的花套袖就没了。它丢的很自然，不知不觉。

以后，在熟悉而又陌生的环境里，我又见过很多戴套袖的人：精细严谨的银行出纳；结实、果敢的卖肉师傅；托儿所阿姨、传达室老伯、印刷厂拣字工、公共汽车上的售票员……工作的需要啊，我想。

我没有想过我那副花套袖。

4 年前的一个秋天，我因事去天津。行前韩映山同志嘱我带封信给孙犁老师，我脸上竟显出了难色。我怕见大作家，尽管他的优美篇章有些我几乎可以背诵。我还听人说过，孙犁的房间高大幽暗，人也很严厉，少言寡语。连他养的鸟在笼子里叫得都不顺畅。向我介绍孙犁的同志很注意细节的渲染，而细节是最能给人以印象的。我怎么也忘不掉这点，连孙犁的鸟都怕孙犁。

韩映山同志似看出我的心思，指着他家镜框里孙犁的照片说：“孙犁同志……你见面就知道。”

我带了信，由百花文艺出版社李克明同志陪同，终于走进了孙犁老师的“高墙大院”。这是一座早已失却[①]了规矩和章法的大院，孙犁老师曾在文章里多次提及，并详细描述过它的衰败经过。如今各种凹凸不平的土堆、土坑在院里自由地起伏着，稍显平整的一块地，一户人家还种了一小片黄豆。

那天黄豆刚刚收过，一位老人正蹲在拔了豆秸的地里聚精会神地捡豆子。我先看到老人的侧面，就猜出了那是谁。

看见李克明同志和我，他站起来，把手里的黄豆亮给我们，微笑着说：“别人收了豆子，剩下几粒不要了。我捡起来，可以给花施肥。丢了怪可惜的。”

他身材很高，面容温厚，语调洪亮，夹杂着淡淡的乡音。说话时眼睛很少朝你直视，你却时时感觉到他的关注。他穿一身普通的灰色衣裤，当他腾出手来和我握手时，我发现他戴着一副青色棉布套袖。

他引我们进屋，高声询问我写作、工作情况，我很快就如释重负。我相信戴套袖的作家是不会不苟言笑[②]的。戴着套袖的作家给了我一种亲近感。

我再次见到孙犁老师，是次年初冬。那天很冷，还刮着风。他刚裁出一沓[③]沓粉连纸[④]，和保姆准备糊窗缝。见我进屋，孙犁老师迎过来说：“铁凝，你看我是不是很见老？我这

① 失却：丢失、丢掉。

② 不苟言笑：不随便说笑。形容处世严肃稳重。苟，随便。

③ 沓（dá）：量词，用于重叠起来的纸张或其他薄的东西。

④ 粉连纸：一种白色的一面光的纸，比较薄，半透明，可以蒙在字画上描摹。

两年老得特别快。”

“您是见老。”我说。

也许是门外的风、房间的清冷和那沓糊窗缝用的粉连纸加强了我这种印象。但我说完很后悔，我不该迎合老人去证实他的衰老感。接着我便发现，孙犁老师两只袄袖上，仍旧套着一副干净的青色套袖。套袖的颜色是凝重的，但人却洋溢着一种干练的活力，一种不愿停下手、时刻准备工作的情绪。受了这种情绪的感染，我更后悔刚才自己的失口。

前年春天，我又见到孙犁老师，是和六七位同行一道。那天他没捡豆粒，也没糊窗缝，正坐在写字台前。桌面摊开着纸和笔，大约是在写作。看见我们，他立刻停下工作，招呼客人就座。我还是先注意了一下他的袖子，又看见了那副套袖。

那天他很高兴，随便地和大家聊着天，却并没有摘去套袖的意思。这次我才意识到，戴套袖并不是老人的临时“武装”。我也才想起我有过的那副花细布套袖。在那些年里，一副花套袖也曾武装过我的双臂。我一时忘却了客人们的谈论，思想起冀中平原的一切。

一副棉布套袖，到底联系着什么，我说不清。联系着质朴、节俭？联系着勤劳、创造和开拓？好像都不完全。

我没有问过孙犁老师为什么总戴着套袖。也许，他也会说是为了爱护衣服，好像村里那位邻家姑娘告诉过我的那样。但我深信，孙犁老师珍爱的不仅仅是衣服。不然，为什么一位山里老人的靛蓝①衣裤，就能引他写出《山地回忆》那样的名篇？尽管《山地回忆》里的一切和套袖并无联系，但它联系着织布、买布。作家没有忘记，战争年代山里一个单纯、善良的女孩子为他缝过一双结实的布袜子。然而作家更珍爱的，是那女孩子为缝制袜子所付出的真诚劳动和在这劳动中倾注的难以估价的感情，倾注着中华民族乐观向上、坚韧不拔的天性。是这种感情和天性，滋养着作家的心灵。

正月已近。“正月里来是新春”，春天是开拓、创造的季节。夜深人静时，我又想起孙犁老师的套袖。我仿佛看到他又坐在那张靠窗的旧桌前，双臂戴着那整洁的青色套袖，开始伏案写作，领略文学这平凡而又复杂的劳动中的喜怒哀乐。

春天永远属于勤劳、质朴、潜心创造着的人。

春天离珍惜她的人最近。

思考与练习

一、细读课文，勾画出反应作者对套袖的认识的语句，揣摩作者是如何一步步写出对套袖意义的认识的。

二、课文第二部分叙写的与孙犁 3 次会面的材料完全可以用来写一篇以表现孙犁人品和风貌为主旨的文章。但作者没有这样，而是以极平常的“套袖”为题写下这篇具有真实

---

① 靛（diàn）蓝：深蓝色。

思想感触并富有新意的文章，将孙犁戴套袖与自己过去戴过、见过的套袖关联起来，歌颂了中华民族的传统美德和潜心创造的精神。作者为什么要这么立意呢？请从主旨的深刻性要求方面加以说明。

三、课文是以对套袖内涵认识的逐步深化为行文线索的。无论是写自己插队时的经历，还是写回城后的所见，或是写与孙犁的3次接触，无不紧扣标题“套袖”。而第20段却写到了孙犁的《山地回忆》及孙犁不能忘怀的布袜子。这是否有点“离题”？作者为什么要写它呢？它与课文对主旨的进一步表达有什么关系？请纵观课文整体，从选材立意的角度加以体会，谈谈自己的认识。

拓展训练

作者由寻常的“套袖”，深情联想到相关的人与事，进而赋予其一种深刻的精神意蕴。生活中有很多物件都会触发我们的情感与联想，请任选某一物件说说自己的情感体验。

三、我的母亲[1]

老舍

这篇散文以琐碎小事表现、赞美了母亲勤劳、好客、热情、大度、明理的美德。读着“生命是母亲给我的。我之能长大成人，是母亲的血汗灌养的。我之能成为一个不十分坏的人，是母亲感化的。我的性格，习惯，是母亲传给的”，我们都会被作者浓烈的情感深深地感染、打动。

本文语言通俗而又意蕴丰厚，以母亲对“我”的影响为线索，按逻辑顺序将表现母亲美德的琐事一一道来，突出了母亲的美德及其对“我”的深远影响。文章内容丰富、事情繁多，但由于组织合理而显得井然有序、主旨鲜明。对此，学习时应重点把握领会。

母亲的娘家是北平德胜门外，土城儿外边，通大钟寺的大路上的一个小村里。村里一共有四五家人家，都姓马。大家都种点不十分肥美的地，但是与我同辈的兄弟们，也有当兵的，作木匠的，作泥水匠的，和当巡察[2]的。他们虽然是农家，却养不起牛马，人手不够的时候，妇女便也须下地做活。

对于姥姥家，我只知道上述的一点。外公外婆是什么样子，我就不知道了，因为他们早已去世。至于更远的族系与家史，就更不晓得了；穷人只能顾眼前的衣食，没有功夫谈论什么过去的光荣；“家谱”这字眼，我在幼年就根本没有听说过。

母亲生在农家，所以勤俭诚实，身体也好。这一点事实却极重要，因为假若我没有这样的一位母亲，我以为我恐怕也就要大大的打个折扣了。

母亲出嫁大概是很早，因为我的大姐现在已是六十多岁的老太婆，而我的大外甥女还长我一岁啊。我有三个哥哥、四个姐姐，但能长大成人的，只有大姐、二姐、三姐、三哥与我。我是“老”儿子[3]。生我的时候，母亲已有四十一岁，大姐、二姐已都出了阁。

由大姐与二姐所嫁入的家庭来推断，在我生下之前，我的家里，大概还马马虎虎的过得去。那时候定婚讲究门当户对，而大姐丈是作小官的，二姐丈也开过一间酒馆，他们都是相当体面的人。

可是，我，我给家庭带来了不幸：我生下来，母亲晕过去半夜，才睁眼看见她的老儿

① 选自《老舍文集》第十四卷（人民文学出版社，1989 年）。

② 巡察：巡警，旧时指警察。

③ “老”儿子：最小的儿子。

子——感谢大姐，把我揣在怀中，致未冻死。

一岁半，我父亲死了。

兄不到十岁，三姐十二三岁，我才一岁半，全仗母亲独力抚养了。父亲的寡姐跟我们一块儿住，她吸鸦片，她喜摸纸牌，她的脾气极坏。为我们的衣食，母亲要给人家洗衣服，缝补或裁缝衣裳。在我的记忆中，她的手终年是鲜红微肿的。白天，她洗衣服，洗一两大绿瓦盆。她做事永远丝毫也不敷衍，就是屠户们送来的黑如铁的布袜，她也给洗得雪白。晚间，她与三姐抱着一盏油灯，还要缝补衣服，一直到半夜。她终年没有休息，可是在忙碌中她还把院子屋中收拾得清清爽爽。桌椅都是旧的，柜门的铜活[①]久已残缺不全，可是她的手老使破桌面上没有尘土，残破的铜活发着光。院中，父亲遗留下的几盆石榴与夹竹桃，永远会得到应有的浇灌与爱护，年年夏天开许多花。

哥哥似乎没有同我玩耍过。有时候，他去读书；有时候，他去学徒；有时候，他也去卖花生或樱桃之类的小东西。母亲含着泪把他送走，不到两天，又含着泪接他回来。我不明白这都是什么事，而只觉得与他很生疏。与母亲相依为命的是我与三姐。因此，她们做事，我老在后面跟着。她们浇花，我也张罗着取水；她们扫地，我就撮土……从这里，我学得了爱花、爱清洁、守秩序。这些习惯至今还被我保存着。

有客人来，无论手中怎么窘[②]，母亲也要设法弄一点东西去款待。舅父与表哥们往往是自己掏钱买酒肉食，这使她脸上羞得飞红，可是殷勤地给他们温酒作面，又给她一些喜悦。遇上亲友家中有喜丧事，母亲必把大褂洗得干干净净，亲自去贺吊——份礼[③]也许只是两吊小钱。到如今我的好客的习性，还未全改，尽管生活是这么清苦，因为自幼儿看惯了的事情是不易改掉的。

姑母常闹脾气。她单在鸡蛋里找骨头。她是我家中的阎王。直到我入了中学，她才死去，我可是没有看见母亲反抗过。“没受过婆婆的气，还不受大姑子的吗？命当如此！”母亲在非解释一下不足以平服别人的时候，才这样说。是的，命当如此。母亲活到老，穷到老，辛苦到老，全是命当如此。她最会吃亏。给亲友邻居帮忙，她总跑在前面：她会给婴儿洗三[④]——穷朋友们可以因此少花一笔“请姥姥”钱——她会刮痧[⑤]，她会给孩子们剃头，

---

① 铜活：指器物上面各种铜制的物件。

② 窘：穷困，拿不出东西。

③ 份礼：指对办喜丧事的人家赠送的钱物，以表示祝贺或者慰问。

④ 洗三：旧俗在婴儿出生后第三天要给婴儿洗澡。

⑤ 刮痧（shā）：旧时民间治疗某些疾病的一种方法，用铜钱等物蘸水或油刮患者的胸背等处，使局部皮肤充血，减轻内部炎症。因其简、便、廉、效的特点，现今在临床被广泛应用，适合医疗及家庭保健。

她会给少妇们绞脸[①]……凡是她能做的，都有求必应。但是吵嘴打架，永远没有她。她宁吃亏，不斗气。当姑母死去的时候，母亲似乎把一世的委屈都哭了出来，一直哭到坟地。不知道哪里来的一位侄子，声称有承继权，母亲便一声不响，教他搬走那些破桌子、烂板凳，而且把姑母养的一只肥母鸡也送给他。

可是，母亲并不软弱。父亲死在庚子闹“拳”[②]的那一年。联军[③]入城，挨家搜索财物鸡鸭，我们被搜两次。母亲拉着哥哥与三姐坐在墙根，等着“鬼子”进门，街门是开着的。“鬼子”进门，一刺刀先把老黄狗刺死，而后入室搜索。他们走后，母亲把破衣箱搬起，才发现了我。假若箱子不空，我早就被压死了。皇上跑了，丈夫死了，鬼子来了，满城是血光火焰，可是母亲不怕，她要在刺刀下，饥荒中，保护着儿女。北平有多少变乱啊，有时候兵变了，街市整条地烧起，火团落在我们院中。有时候内战了，城门紧闭，铺店关门，昼夜响着枪炮。这惊恐，这紧张，再加上一家饮食的筹划，儿女安全的顾虑，岂是一个软弱的老寡妇所能受得起的？可是，在这种时候，母亲的心横起来，她不慌不哭，要从无办法中想出办法来。她的泪会往心中落！这点软而硬的个性，也传给了我。我对一切人与事，都取和平的态度，把吃亏看作当然的。但是，在做人上，我有一定的宗旨与基本的法则，什么事都可将就，而不能超过自己划好的界限。我怕见生人，怕办杂事，怕出头露面；但是到了非我去不可的时候，我便不得不去，正像我的母亲。从私塾到小学，到中学，我经历过起码有廿位教师吧，其中有给我很大影响的，也有毫无影响的，但是我的真正的教师，把性格传给我的，是我的母亲。母亲并不识字，她给我的是生命的教育。

当我在小学毕了业的时候，亲友一致地愿意我去学手艺，好帮助母亲。我晓得我应当去找饭吃，以减轻母亲的勤劳困苦。可是，我也愿意升学。我偷偷地考入了师范学校——制服，饭食，书籍，宿处，都由学校供给。只有这样，我才敢对母亲提升学的话。入学，要交十元的保证金。这是一笔巨款！母亲作了半个月的难，把这巨款筹到，而后含泪把我送出门去。她不辞劳苦，只要儿子有出息。当我由师范毕业，而被派为小学校校长，母亲与我都一夜不曾合眼。我只说了句：“以后，您可以歇一歇了！”她的回答只有一串串的眼泪。我入学之后，三姐结了婚。母亲对儿女是都一样疼爱的，但是假若她也有点偏爱的话，她应当偏爱三姐，因为自父亲死后，家中一切的事情都是母亲和三姐共同撑持的。三姐是母亲的右手。但是母亲知道这右手必须割去，她不能为自己的便利而耽误了女儿的青春。当花轿来到我们的破门外的时候，母亲的手就和冰一样的凉，脸上没有血色——那是阴历四月，天气很暖。大家都怕她晕过去。可是，她挣扎着，咬着嘴唇，手扶着门框，看花轿徐徐地走去。不久，姑母死了。三姐已出嫁，哥哥不在家，我又住学校，家中只剩母亲自

---

① 绞（jiǎo）脸：旧时妇女整容时用相交在一起的细线一张一合去掉脸上的细毛。

② 庚子闹“拳”：指庚子年（1900 年）发生的义和团运动。

③ 联军：指 1 900 年英、美、德、法、俄、日、意、奥八国为侵略我国而组成的联合军。

己。她还须自早至晚的操作，可是终日没人和她说一句话。新年到了，正赶上政府倡用阳历，不许过旧年。除夕，我请了两小时的假。由拥挤不堪的街市回到清炉冷灶的家中。母亲笑了。及至听说我还须回校，她愣住了。半天，她才叹出一口气来。到我该走的时候，她递给我一些花生，“去吧，小子！”街上是那么热闹，我却什么也没看见，泪遮迷了我的眼。今天，泪又遮住了我的眼，又想起当日孤独地过那凄惨的除夕的慈母。可是慈母不会再候盼着我了，她已入了土！

儿女的生命是不依顺着父母所设下的轨道一直前进的，所以老人总免不了伤心。我廿三岁，母亲要我结了婚，我不要。我请来三姐给我说情，老母含泪点了头。我爱母亲，但是我给了她最大的打击。时代使我成为逆子。廿七岁，我上了英国。为了自己，我给六十多岁的老母以第二次打击。在她七十大寿的那一天，我还远在异域。那天，据姐姐们后来告诉我，老太太只喝了两口酒，很早地便睡下。她想念她的幼子，而不便说出来。

七七抗战[①]后，我由济南逃出来。北平又像庚子那年似的被鬼子占据了，可是母亲日夜惦念的幼子却跑到西南来。母亲怎样想念我，我可以想象得到，可是我不能回去。每逢接到家信，我总不敢马上拆开，我怕，怕，怕，怕有那不祥的消息。人，即使活到八九十岁，有母亲便可以多少还有点孩子气。失了慈母便像花插在瓶子里，虽然还有色有香，却失去了根。有母亲的人，心里是安定的。我怕，怕，怕家信中带来不好的消息，告诉我已是失去了根的花草。

去年一年，我在家信中找不到关于老母的起居情况。我疑虑，害怕。我想象得到，如有不幸，家中念我流亡孤苦，或不忍相告。母亲的生日是在九月，我在八月半写去祝寿的信，算计着会在寿日之前到达。信中嘱咐千万把寿日的详情写来，使我不再疑虑。十二月二十六日，由文化劳军大会上回来，我接到家信。我不敢拆读。就寝前，我拆开信，母亲已去世一年了！

生命是母亲给我的。我之能长大成人，是母亲的血汗灌养的。我之能成为一个不十分坏的人，是母亲感化的。我的性格，习惯，是母亲传给的。她一世未曾享过一天福，临死还吃的是粗粮。唉！还说什么呢？心痛！心痛！

---

① 七七抗战：指 1937 年 7 月 7 日的卢沟桥事变，抗日战争从此开始。

思考与练习

一、课文围绕母亲主要写了哪几件事情？从这些事情中可以看出母亲的哪些性格？结合课文中作者即事抒情的语句，说一说作者从母亲的身上获得了哪些为人处世的启示？

二、找出文中运用白描手法的语句，并赏析这些语句在表现人物方面的作用。

拓展训练

树欲静而风不止，子欲养而亲不待。当我们看着母亲日渐衰老的面容，当我们喝着母亲为我们煲好的汤，当我们听着母亲日复一日的唠叨时，我们是不是能感觉到她们的心、她们的爱？大音希声，至爱寡言，也许我们的母亲并没有把爱字挂在嘴边，可是她们深沉的爱，我们依然可以那么清晰地感觉到。母爱是水，是沉默不语的水，可是却包含着多少涌动的心血。

请以“心中有爱要表达”为题，书写对母亲的爱。

四、白发苏州①

余秋雨

余秋雨（1946 年—），艺术理论家、中国文化史学者、散文作家。散文集有《文化苦旅》《山居笔记》《霜冷长河》，另有戏剧艺术研究论著《戏剧理论史稿》《戏剧审美心理学》《中国戏剧文化史述》《艺术创造工程》等。

本文作者借助深厚的史学知识和文学功底，从中外对比、文化界定、美学角度和个人观感四个角度来审视挖掘古老苏州的广阔丰富的内涵和意义，表现自己的主观情感，使文章呈现出“形散而神不散”的特色。

本文运用了多种修辞手法和多变的句式，语言准确、生动、传神、典雅。阅读时请细加体会。学习本文，要在反复诵读的基础上，深入品味作者驾驭这样的语言对表情达意所起的作用。

一

前些年，美国刚刚庆祝过建国 200 周年。洛杉矶奥运会的开幕式把他们两个世纪的历史表演得辉煌壮丽。前些天，澳大利亚又在庆祝他们的 200 周年，海湾里千帆竞发，确实也激动人心。

与此同时，我们的苏州城，却悄悄地过了自己 2 500 周年的生日。时间之长，简直有点让人发晕。

入夜，苏州人穿过 2 500 年的街道，回到家里，观看美国和澳大利亚国庆的电视转播。窗外，古城门藤葛垂垂，虎丘塔隐入夜空。

在清理河道，说要变成东方的威尼斯。这些河道船楫如梭的时候，威尼斯还是荒原一片。

二

苏州是我常去之地。海内美景多得是，唯苏州，能给我一种真正的休憩。柔婉的言语，姣好的面容，精雅的园林，幽深的街道，处处给人以感官上的宁静和慰藉。现实生活常常

① 选自《文化苦旅》（东方出版中心，1992 年）。

搅得人心志烦乱，那么，苏州无数的古迹会让你熨帖[①]着历史定一定情怀。有古迹必有题咏，大多是古代文人超迈的感叹，读一读，那种鸟瞰历史的达观又能把你心头的皱褶熨抚得平平展展。看得多了，也便知道，这些文人大多也是到这里休憩来的。他们不想在这儿创建伟业，但在事成事败之后，却愿意到这里来走走。苏州，是中国文化宁谧[②]的后院。

做了那么长时间的后院，我有时不禁感叹，苏州在中国文化史上的地位是不公平的。历来很有一些人，在这里吃饱了，玩足了，风雅够了，回去就写鄙薄苏州的文字。京城史官的眼光，更是很少在苏州停驻。直到近代，吴侬软语[③]与玩物丧志[④]同义。

理由是简明的：苏州缺少金陵王气。这里没有森然殿阙[⑤]，只有园林。这里摆不开战场，徒造了几座城门。这里的曲巷通不过堂皇的官轿，这里的民风不崇拜肃杀的禁令。这里的流水太清，这里的桃花太艳，这里的弹唱有点撩人。这里的小食太甜，这里的女人太俏，这里的茶馆太多，这里的书肆太密，这里的书法过于流丽，这里的绘画不够苍凉遒劲[⑥]，这里的诗歌缺少易水壮士低哑的喉音。

于是，苏州，背负着种种罪名，默默地端坐着，迎来送往，安分度日。却也不愿重整衣冠，去领受那份王气。反正已经老了，去吃那种追随之苦作甚？

三

说来话长，苏州的委屈，2 000 多年前已经受了。

当时正是春秋晚期，苏州一带的吴国和浙江的越国打得难分难解。其实吴、越本是一家，两国的首领都是外来的冒险家。先是越王勾践把吴王阖闾[⑦]打死，然后又是继任的吴王夫差击败勾践。勾践利用计谋卑怯称臣，实际上发愤图强，终于在十年后卷土重来，成了春秋时代最后一个霸主。这事在中国差不多人所共知，原是一场分不清是非的混战，可惜后人只欣赏勾践的计谋和忍耐，嘲笑夫差的该死。千百年来，勾践的首府会稽，一直被称颂为“报仇雪耻之乡”，那么苏州呢，当然是亡国亡君之地。

---

① 熨帖（yù tiē）：心里平静。这里的意思是心里平静地依偎着。

② 宁谧（mì）：安宁、平静。

③ 吴侬软语：一般指吴语，又称江东话、江南话、吴越语，分布于今浙江、江苏南部、上海、安徽南部、江西东北部、福建北一带，使用人口约有一亿。

④ 玩物丧志：只顾玩赏所喜好的东西，因而消磨掉志气。

⑤ 阙（què）：宫门前两边供瞭望的楼，泛指帝王的住所。

⑥ 遒（qiú）劲：雄健有力。

⑦ 阖闾（hé lǘ）：春秋末年吴国国君，夫差之父。

细想吴越混战，最苦的是苏州百姓。吴越间打的几次大仗，有两次是野外战斗，一次在嘉兴南部，一次在太湖洞庭山，而第三次，则是勾践攻陷苏州，所遭惨状一想便知。早在勾践用计期间，苏州人也连续遭殃。勾践用煮过的稻子上贡吴国，吴国用以撒种，颗粒无收，灾荒由苏州人民领受；勾践怂恿①夫差享乐，亭台楼阁建造无数，劳役由苏州人民承担。最后，亡国奴的滋味，又让苏州人民品尝。

传说勾践计谋中还有重要一项，就是把越国的美女西施进献给夫差，诱使夫差荒淫无度，慵②理国事。计成，西施却被家乡来的官员投沉江中，因为她已与“亡国”二字相连，霸主最为忌讳。

苏州人心肠软，他们不计较这位姑娘给自己带来过多大的灾害，只觉得她可怜，真真假假地留着她的大量遗迹来纪念。据说今日苏州西郊灵岩山顶的灵岩寺，便是当初西施居住的所在，吴王曾名之“馆娃③宫”。灵岩山是苏州一大胜景，游山时若能遇到几位热心的苏州老者，他们还会细细告诉你，何处是西施洞，何处是西施迹，何处是玩月池，何处是吴王井，处处与西施相关。正当会稽人不断为报仇雪耻的传统而自豪的时候，他们派出的西施姑娘却长期地躲避在对方的山巅。你做王他做王，管它亡不亡，苏州人不大理睬。这也就注定了历代帝王对苏州很少垂盼。

苏州人甚至还不甘心于西施姑娘被人利用后又被沉死的悲剧。明代梁辰鱼（苏州东邻昆山人）作《浣纱记》，让西施完成任务后与原先的情人范蠡④泛舟太湖而隐遁。这确实是善良的，但这么一来，又产生了新的麻烦。这对情人既然原先已经爱深情笃，那么西施后来在吴国的奉献就太与人性相背。

前不久一位苏州作家给我看他的一部新作，写勾践灭吴后，越国正等着女英雄西施凯旋，但西施已经真正爱上了自己的夫君吴王夫差，甘愿陪着他一同流放边荒。

又有一位江苏作家更是奇想妙设，写越国隆重欢迎西施还乡的典礼上，人们看见，这位女主角竟是怀孕而来。于是，如何处置这个还未出生的吴国孽种，构成了一场政治、人性的大搏战。许多怪诞的境遇，接踵⑤而来。

可怜的西施姑娘，到今天，终于被当作一个人，一个女性，一个妻子和母亲，让后人

① 怂恿（sǒng yǒng）：鼓动别人去做某事。
② 慵（yōng）：困倦、懒。
③ 娃：旧时吴中俗称美女为娃。
④ 范蠡（lǐ）：春秋时人，越国大夫。
⑤ 接踵（zhǒng）：后面的人的脚尖接着前面的人的脚跟，形容连接不断。

细细体谅。

我也算一个越人吧，家乡曾属会稽郡管辖。无论如何，我钦佩苏州的见识和度量。

四

吴越战争以降，苏州一直没有发出太大的音响。千年易过，直到明代，苏州突然变得坚挺起来。

对于遥远京城的腐败统治，竟然是苏州人反抗得最为厉害。先是苏州织工大暴动，再是东林党人反对魏忠贤，朝廷特务在苏州逮捕东林党人时，遭到苏州全城的反对。柔婉的苏州人这次是提着脑袋、踏着血泊冲击，冲击的对象，是皇帝最信任的“九千岁”。“九千岁”的事情，最后由朝廷主子的自然更替解决，正当朝野上下齐向京城欢呼谢恩的时候，苏州人只把五位抗争时被杀的普通市民，立了墓碑，葬在虎丘山脚下，让他们安享山色和夕阳。

这次浩荡突发，使整整一部中国史都对苏州人另眼相看。这座古城怎么啦？脾性一发让人再也认不出来。说他们含而不露，说他们忠奸分明，说他们报效朝廷，苏州人只笑一笑，又去过原先的日子。园林依然这样纤巧[①]，桃花依然这样灿烂。

明代的苏州人，可享受的东西多得很。他们有一大批才华横溢的戏曲家，他们有盛况空前的虎丘山曲会，他们还有了唐伯虎[②]和仇英[③]的绘画。到后来，他们又有了一个金圣叹[④]。

如此种种，又让京城的文化官员皱眉。轻柔悠扬，潇洒倜傥[⑤]，放浪不驯，艳情漫漫，这似乎又不是圣朝气象。就拿那个名声最坏的唐伯虎来说吧，自称江南第一才子，也不干什么正事，也看不起大小官员，风流落拓[⑥]，高高傲傲，只知写诗作画，不时拿几幅画到街上出卖。

不炼金丹不坐禅，
不为商贾不耕田，
闲来写幅青山卖，
不使人间造孽钱。

---

① 纤（xiān）巧：细巧、小巧。
② 唐伯虎：即唐寅，字伯虎，又字子畏，号六如居士、桃花庵主等，明代画家、文学家。
③ 仇（qiú）英：明代画家，字实父（fǔ），号十洲，太仓（今江苏）人，居苏州。
④ 金圣叹：名采，字若采，明亡后改名人瑞，字圣叹，吴县（今江苏）人，明末清初的文学批评家。
⑤ 倜傥（tì tǎng）：洒脱，不拘束。
⑥ 落拓：豪迈，不拘束。

这样过日子，怎么不贫病而死呢！然而苏州人似乎挺喜欢他，亲亲热热叫他唐解元[①]，在他死后把桃花庵修葺[②]保存，还传播一个“三笑”故事让他多一桩艳遇。

唐伯虎是好是坏我们且不去论他。无论如何，他为中国增添了几页非官方文化。人品、艺品的平衡木实在让人走得太累，他有权利躲在桃花丛中做一个真正的艺术家。中国这么大，历史这么长，有几个才子型、浪子型的艺术家怕什么？深紫的色彩层层涂抹，够沉重了，涂几笔浅红淡绿，加几分俏皮洒泼，才有活气，才有活活泼泼的中国文化。

真正能够导致亡国的远不是这些才子艺术家。你看大明亡后，唯有苏州才子金圣叹哭声震天，他因痛哭而被杀。

近年苏州又重修了唐伯虎墓，这是应该的，不能让他们老这么委屈着。

五

一切都已过去了，不提也罢。现在我只困惑，人类最早的城邑之一，会不会、应不应淹没在后生晚辈的竞争之中？

山水还在，古迹还在，似乎精魂也有些许留存。最近一次去苏州，重游寒山寺，撞了几下钟，因俞樾[③]题写的诗碑而想到曲园。曲园为新开，因有平伯[④]先生等后人捐赠，原物原貌，适人心怀。曲园在一条狭窄的小巷里，由于这个普通门庭的存在，苏州一度成为晚清国学重镇。当时的苏州十分沉静，但无数的小巷中，无数的门庭里，藏匿着无数厚实的灵魂。正是这些灵魂，千百年来，以积聚久远的固执，使苏州保存了风韵的核心。

漫步在苏州的小巷中是一种奇特的经验。一排排鹅卵石，一级级台阶，一座座门庭，门都关闭着，让你去猜想它的蕴藏，猜想它以前、很早以前的主人。想得再奇也不要紧，2 500 年的时间，什么事情都可能发生。

如今的曲园，辟有一间茶室。巷子太深，门庭太小，茶客不多。但一听他们的谈论，却有些怪异。阵阵茶香中飘出一些名字，竟有戴东原[⑤]、王念孙[⑥]、焦理堂[⑦]、章太炎[⑧]、胡

---

① 解（jiè）元：乡试考取第一名的人。此处指唐伯虎。

② 修葺（qì）：修理。

③ 俞樾（1821－1907 年）：字荫甫，自号曲园居士，浙江德清人，清代学者。

④ 平伯（1900－1990 年）：即俞平伯，俞樾的曾孙，现代著名学者、文学家、诗人，在《红楼梦》的研究方面有很大贡献。

⑤ 戴东原（1724－1777 年）：即戴震，字东原，清代思想家、学者。

⑥ 王念孙（1744－1832 年）：清代音韵训诂学家。

⑦ 焦理堂（1763－1820 年）：即焦循，字理堂，清代哲学家、数学家、戏曲理论家。

⑧ 章太炎（1869－1936 年）：近代民主革命家、思想家。

适之[①]。茶客上了年纪，皆操吴侬软语，似有所争执，又继以笑声。几个年轻的茶客听着吃力，呷[②]一口茶，清清嗓子，开始高声谈论陆文夫[③]的作品。

未几，老人们起身了，他们在门口拱手作揖[④]，转过身去，消失在狭狭的小巷里。

我也沿着小巷回去。依然是光光的鹅卵石，依然是座座关闭的门庭。

我突然有点害怕，怕哪个门庭突然打开，涌出来几个人：再是长髯[⑤]老者，我会既满意又悲凉；若是时髦青年，我会既高兴又不无遗憾。

该是什么样的人？我一时找不到答案。

思考与练习

一、文章题为“白发苏州”，开头却从美国和澳大利亚的建国庆典写起，是否偏题了，请说说你的理解。

二、作者对同一个对象——苏州从五个方面来描述，请分别归纳五个部分的段落大意及作者的写作意图。

三、指出下边句子所用的修辞手法，并说明其在课文中的作用。

1. 苏州，是中国文化宁谧的后院。
2. 于是，苏州，背负着种种罪名，默默地端坐着，迎来送往，安分度日。
3. 这里没有森然殿阙，只有园林。这里摆不开战场，徒造了几座城门。
4. 历来很有一些人，在这里吃饱了，玩足了，风雅够了，回去就写鄙薄苏州的文字。
5. 柔婉的苏州人这次是提着脑袋、踏着血泊冲击，冲击的对象，是皇帝最信任的“九千岁”。

四、文中结尾处“我突然有点害怕，怕哪个门庭突然打开，涌出来几个人：再是长髯老者，我会既满意又悲凉；若是时髦青年，我会既高兴又不无遗憾。”有什么含义，请说说你的理解。

拓展训练

学习本课后，你对如何立意有什么感悟，请以文字的形式表现出来。

---

① 胡适之（1891－1962 年）：即胡适，字适之，安徽绩溪人，现代学者。

② 呷（xiā）：喝。

③ 陆文夫（1928－2005 年）：当代作家。他的小说包含着大量的苏州环境和人文精神，被称为“姑苏风味小说”。代表作有《小巷深处》《献身》《小贩世家》《围墙》《美食家》。

④ 作揖（yī）：两手抱拳高拱，身子略弯，向人敬礼。

⑤ 髯（rán）：两腮的胡须，亦泛指胡须。

五、咬文嚼字[①]

朱光潜

朱光潜（1897—1986年），安徽桐城人，中国美学家、文艺理论家。

本文是一篇文艺随笔，撰写于1943年，是作者从写作的角度就“炼字”而展开议论的文章。“咬文嚼字”一般解释为：过分地斟酌字词（死抠字眼，不领会精神实质）。作者赋予了这个成语一种新的意义，就是在文字运用上“必须有一字不肯放松的谨严”。其核心在于阐明“咬文嚼字，在表面上，像只是斟酌文字的分量，在实际上，就是调整思想和情感”。

本文结构简洁明了，思路新颖别致，见解新颖独特，取例丰富、恰当，分析精辟透彻。学习时请仔细揣摩朱光潜先生精妙的思想，领略此文独到的写作特色。

郭沫若先生的剧本《屈原》里婵娟骂宋玉说：“你是没有骨气的文人！”排演时他自己在台下听，嫌这话不够味，想在“没有骨气的”下面加“无耻的”三个字。一位演员提醒他把“是”改为“这”，“你这没有骨气的文人！”就够味了。他觉得这字改得很恰当，他研究这两种语法的强弱不同，以为“你是什么”只是单纯的叙述语，没有更多的意义，有时或许竟会落个“不是”；“你这什么”便是坚决的判断，而且还把必须有的附带语省略去了。根据这种见解，他把另一文里“你有革命家的风度”一句话改为“你这革命家的风度”。

这是炼字的好例。我们不妨借此把炼字的道理研究一番。那位演员把“是”改为“这”，确是改得好，不过郭先生如果记得《水浒》，就会明白一般民众骂人，都用“你这什么”式语法。石秀[②]骂梁中书[③]说：“你这与奴才做奴才的奴才！”杨雄[④]醉骂潘巧云[⑤]说：“你这贱人！你这淫妇！你这你这大虫口里倒涎[⑥]！你这你这……”一口气就骂了六个“你这”。看这些实例，“你这什么！”倒不仅是“坚决的判断”，而是带有极端憎恶的惊叹语，表现着强烈的情感。“你是什么”便只是不带情感的判断，纵有情感也不能在文字本身上见出。

① 选自《谈美·谈文学》（人民文学出版社，1988年）。

② 石秀：《水浒传》中的人物，一百〇八人之一，绰号“拼命三郎”。

③ 梁中书：《水浒传》中的人物，为宋朝北京大名府留守司留守，东京太师蔡京的女婿。

④ 杨雄：《水浒传》中的人物，一百〇八人之一，绰号“病关索”。

⑤ 潘巧云：杨雄之妻。

⑥ 涎（xián）：口水。

不过它也不一定就是“单纯的叙述语，没有更多的含义”。《红楼梦》里茗烟骂金荣[①]说：“你是个好小子，出来动一动你茗大爷！”这里“你是”含有假定语气，也带“你不是”一点讥刺的意味，如果改成“你这好小子！”神情就完全不对了。从此可知“你这”式语法并非在任何情形之下都比“你是”式语法来得更有力。其次，郭先生援例把“你有革命家的风度”改为“你这革命家的风度”，似乎改得并不很妥。一、“你这”式语法大半表示深恶痛绝，在赞美时便不适宜。二、“是”在逻辑上是连接词（copula），相当于等号；“有”的性质全不同。在“你有革命家的风度”一句中，“风度”是动词的宾词；在“你这革命家的风度”中，“风度”便变成主词，和“你（的）”平行根本不成一句话。

这番话不免啰唆，但是我们原在咬文嚼字，非这样锱铢必较[②]不可。咬文嚼字有时是一个坏习惯，所以这个成语的涵义通常不很好。但是在文学，无论阅读或写作，我们必须有一字不肯放松的谨严。文学借文字表现思想感情；文字上面有含糊，就显得思想还没有透彻，情感还没有凝练。咬文嚼字，在表面上像只是斟酌文字的分量，在实际上就是调整思想和情感。从来没有一句话换一个说法而意味仍完全不变。例如《史记》李广[③]射虎一段：“李广出猎，见草中石，以为虎而射之，中石没镞[④]，视之，石也。因复更射之，终不能复入石矣。”这本是一段好文章，王若虚[⑤]在《史记辨惑》里说它“凡多三石字”，当改为：“以为虎而射之，没镞，既知其为石，因更复射，终不能入。”或改为：“尝见草中有虎，射之，没镞。视之，石也。”在表面上看，改的似乎简洁些，却实在远不如原文。“见草中石，以为虎”并非“见草中有虎”。原文“视之，石也”有发现错误而惊讶的意味，改为“既知其为石”便失去这意味。原文“终不能复入石矣”有失望而放弃得很斩截的意味，改为“终不能入”便觉索然无味。这种分别稍有文字敏感的人细心玩索一番，自会明白。

一般人根本不了解文字和思想情感的密切关系，以为更改一两个字不过是要文字顺畅些或是漂亮些。其实更动了文字，就同时更动了思想情感，内容和形式是相随而变的。姑举一个人人皆知的实例。韩愈在月夜里听见贾岛吟诗，有“鸟宿池边树，僧推月下门”两句，劝他把“推”字改成“敲”字。这段文字因缘古今传为美谈，今人要把咬文嚼字的意思说得好听一点，都说“推敲”。古今人也都赞赏“敲”字比“推”字下得好。其实这不仅是文字上的分别，同时也是意境上的分别。“推”固然显得鲁莽一点，但是它表示孤僧步月归寺，门原来是他自己掩的，于今他“推”。他须自掩自推，足见寺里只有他孤零零

---

① 茗烟骂金荣：见《红楼梦》第九回。茗烟：贾宝玉的书童。金荣：贾府的远亲，在贾氏义学中读书。

② 锱铢（zī zhū）必较：对极少的钱或极小的事都十分计较。锱、铢：都是古代很小的重量单位。旧制一两的四分之一为锱，一两的二十四分之一为铢。

③ 李广：西汉名将。善骑射，驻守边塞时，匈奴数年不敢攻扰，被称为“飞将军”。

④ 镞（zú）：箭头。

⑤ 王若虚（1174－1243 年）：金代文学家。论文主张辞达理顺，论诗反对模拟雕琢。

的一个和尚。在这冷寂的场合，他有兴致出来步月，兴尽而返，独往独来，自在无碍，他也自有一副胸襟气度。“敲”就显得他拘礼些，也就显得寺里有人应门。他仿佛是乘月夜访友，他自己不甘寂寞，那寺里如果不是热闹场合，至少也有一些温暖的人情。比较起来，“敲”的空气没有“推”的那么冷寂。就上句“鸟宿池边树”，看来，“推”似乎比“敲”要调和些。“推”可以无声，“敲”就不免剥啄有声，惊起了宿鸟，打破了岑寂①，也似乎平添了搅扰。所以我很怀疑韩愈的修改是否真如古今所称赏的那么妥当。究竟哪一种意境是贾岛当时在心里玩索而要表现的，只有他自己知道。如果他想到“推”而下“敲”字，或是想到“敲”而下“推”字，我认为那是不可能的事。所以问题不在“推”字和“敲”字哪一个比较恰当，而在哪一种境界是他当时所要说的而且与全诗调和的。在文字上推敲，骨子里实在是在思想情感上“推敲”。

无论是阅读或是写作，字的难处在意义的确定与控制。字有直指的意义，有联想的意义。比如说“烟”，它的直指的意义，凡见过燃烧体冒烟的人都会明白，只是它的联想的意义迷离不易捉摸，它可联想到燃烧弹、鸦片烟榻、庙里焚香、“一川烟水”“杨柳万条烟”“烟光凝而暮山紫”“蓝田日暖玉生烟”……种种境界。直指的意义载在字典上，有如月轮，明显而确实；联想的意义是文字在历史过程上所累积的种种关系，有如轮外圆晕，晕外霞光，其浓淡大小随人随时随地而各个不同，变化莫测。科学的文字愈限于直指的意义就愈精确，文学的文字有时却必须顾到联想的意义，尤其是在诗方面。直指的意义易用，联想的意义却难用，因为前者是固定的，后者是游离的；前者偏于类型，后者偏于个性。既是游离的，个别的，它就不易控制，而且它可以使意蕴丰富，也可以使意思含糊甚至于支离。比如说苏东坡的《惠山烹小龙团》诗里三、四两句“独携天上小团月，来试人间第二泉”，“天上小团月”是由“小龙团”茶联想起来的，如果你不知道这个关联，原文就简直读不通；如果你不了解明月照着泉水和清茶泡在泉水里那一点共同的清沁肺腑的意味，也就失去原文的妙处。这两句诗的妙处就在不即不离、若隐若现之中。它比用“惠山泉水泡小龙团茶”一句话来得较丰富，也来得较含混有蕴藉。难处就在于含混中显得丰富。由“独携小龙团，来试惠山泉”变成“独携天上小团月，来试人间第二泉”，这是点铁成金。文学之所以为文学就在这一点生发上面。

这是一个善用联想意义的例子。联想意义也最易误用而生流弊。联想起于习惯，习惯老是欢喜走熟路。熟路抵抗力最低，引诱性最大，一人走过，人人就都跟着走，愈走就愈平滑俗滥，没有一点新奇的意味。字被人用得太滥，也是如此。从前做诗文的人都依靠《文

---

① 岑（cén）寂：寂静、寂寞。

料触机》《幼学琼林》《事类统编》之类书籍，要找辞藻典故，都到那里去乞灵。美人都是“柳腰桃面”“王嫱、西施”，才子都是“学富五车，才高八斗”；谈风景必是“春花秋月”，叙离别不离“柳岸灞桥”；做买卖都有“端木遗风”，到现在用铅字排印书籍还是“付梓”、“杀青”。像这样例子举不胜举，它们是从前人所谓“套语”，我们所谓“滥调”。一件事物发生时立即使你联想到一些套语滥调，而你也就安于套语滥调，毫不斟酌地使用它们，并且自鸣得意。这就是近代文艺心理学家们所说的“套板反应”。一个人的心理习惯如果老是倾向“套板反应”，他就根本与文艺无缘，因为就作者说，“套板反应”和创造的动机是仇敌；就读者说，它引不起新鲜而真切的情趣。一个作者在用字用词上面离不掉“套板反应”，在运思布局上面，甚至于在整个人生态度方面也就难免如此。不过习惯力量的深广非我们意料所及，沿着习惯的去做，总比新创较省力，人生来有惰性，常使我们不知不觉地一滑就滑到“套板反应”里去。你如果随便在报章杂志或是尺牍宣言里面挑一段文章来分析，你就会发现那里面的思想情感和语言，大半都是由“套板反应”起来的。韩愈谈他自己做古文，“惟陈言之务去”。这是一句最紧要的教训。语言跟着思想情感走，你不肯用俗滥的语言，自然也就不肯用俗滥的思想情感，你遇事就会朝深一层去想，你的文章也就真正是“作”出来的，不至落入下乘。

以上只是随便举几个实例，说明咬文嚼字的道理。例子举不尽，道理也说不完。我希望读者从这粗枝大叶的讨论中，可以领略运用文字所应有的谨严精神。本着这个精神，你随处留心玩索，无论是阅读或写作，就会逐渐养成创作和欣赏都必需的好习惯。你不能懒，不能粗心，不能受一时兴会所生的幻觉迷惑而轻易自满。文学是艰苦的事，只有刻苦自励，推陈翻新，时时求思想情感和语言的精练与吻合，他才会逐渐达到艺术的完美。

思考与练习

一、本文阐述了什么样的观点？

二、学习本文后，你觉得本文有观点什么是值得借鉴吸收的？

三、作者举的下列例子分别说明一个什么道理？试分别加以概括。

1. “你是没有骨气的文人”一句的修改。
2. 《史记》李广射虎一段的改写。
3. “僧推月下门”一句的推敲。
4. 《惠山烹小龙团》三、四两句的剖析。
5. “柳腰桃面”等套语的评述。

四、作者说：“在文字上推敲，骨子里实在是在思想感情上‘推敲’。”理由是什么？试从自己的写作体会或者读过的诗文中举例说明这个论断。

拓展训练

读《史记》的原句和王若虚的改句，想想原句和改句意味有什么不同？哪一句好？你有什么心得体会？

第二单元　文书写作

书面交际——计划、总结

单元导读

本单元主要学习计划、总结这两种常用事务性文书的写作。要求在了解这两种文书的基本概念、特点及写作要求的基础上，能够在阅读过程中迅速、准确地筛选到所需要的信息，在写作过程中正确地选择、组织材料，规范、正确地表达。

学习时要做到知识学习与技能训练相结合、阅读与写作相结合，辨析计划与总结的联系和区别，掌握写作规律，努力提高运用计划和总结进行书面交际的能力。

一、计划

（一）计划的概念和特点

计划是预先对未来一定时期内要开展的工作提出要求、指示、步骤和完成期限的文字材料。通常所说的“安排”“设想”“方案”“打算”“要点”等均属计划范畴。

- 规划：适用的时间比较长、范围较广，内容较概括，是具有全局性、长远性和方向性的计划。
- 设想：是指初步的、非正式的计划，以提供参考为主要目的。
- 要点：是列出工作主要目标的计划。
- 方案：往往用于领导机关向所属单位部署一定时期的工作，交代政策，提供工作方法是原则性较强的计划。
- 打算：是短期内工作的要点式计划。
- 安排：是对短期内工作进行具体布置的计划。

计划有预见性、目的性和可行性的特点。预见性是指计划者预先估计到了能够达到的目标、可能遇到的问题、困难等，并制定出相应的克服困难、解决问题、实现目标的措施步骤；目的性是指在何时完成什么任务，明确要获得什么效益；可行性是指任何计划都必须切实可行。

计划对工作具有指导、促进和约束的作用。

（二）计划的分类

按不同的方法划分，计划有不同的种类。

- 按时间划分，有长期计划（三年以上的计划）、短期计划（年度计划、季度计划、月计划等）。
- 按形式划分，有表格式计划、条文式计划、条文表格兼用式计划等。
- 按性质划分，有综合计划和专题计划。
- 按范围划分，有国家计划、部门计划、单位计划、个人计划等。
- 按内容划分，有工作计划、生产计划、学习计划、科研计划、教学计划等。

在实际应用中，具体到每一份计划，并不是以某个单一种类计划出现的，而是同时具备几方面属性。如《××学院 2012 年教学工作计划》，从范围看，是单位计划；从时间看，是年度计划；从内容看，是教学计划。

（三）计划的结构和写作方法

计划的写作，一般可以分为表格式和条文式两种类型。

1. 表格式计划

表格式计划在写作时先要把各项内容划分成几个栏目，再把制定好的各项具体计划内容填写进栏目中，形成表格。这种方式适用于时间较短、范围较小、方式变化不大、内容较单一的具体安排，如销售计划、月计划等。

2. 条文式计划

条文式计划一般由标题、正文、落款三部分组成。

（1）标题

标题一般由四个要素组成：单位名称、适用时限、计划内容和计划种类，如《××大学 2013 年招生工作计划》。有时候，标题也可以省略其中的某些要素，或省略时限，或省略单位，或省略单位和时限，如《××公司接待方案》《2014－2015 年河南省城市规划》、《2014 年毕业生分配工作的计划》。若计划是不成熟或未经批准的，则在标题后加“草案”“讨论稿”“征求意见稿”等字样，并加上圆括号。

有的计划还要在标题下注明何时何会议通过。

（2）正文

正文是计划的主体内容，主要包括三个方面，即前言、目标和任务、措施和步骤，有时还包括分工责任、执行期望等。

前言多以一个自然段完成。应简单概括地写清楚制订计划的目的、依据和上级的要求及今后总的任务等。

目标和任务，即要“做什么”“做到什么程度”。这既是计划产生的起点，又是计划实施的归宿，包括目的、任务、指标、要求和完成时限等。如果计划要完成的任务量大或属

于综合性计划，这部分应分条列项地写，使之纲目清晰。

措施和步骤，即“怎样做”。这是计划正文中占有极为重要地位的内容，按要求完成计划任务和指标的保证。包括完成任务的阶段划分，采取的措施，人力、物力和财力的分配等。对于比较重要的计划，还要写清每一项工作任务应达到的具体目标，收到的具体效果等。这部分的步骤、方法等要尽可能写得合理、切合实际，以增强执行者的自觉性和信心。制定计划时，如果只注重写任务和要求，对步骤、方法草草而过，执行时缺乏约束，很可能会落空。

计划正文主体部分的写作，多采用分条列项的结构形式，即采用序号或小标题的形式划分出主体的层次。篇幅较短的计划，上述主体部分的三项内容可分别单独写。篇幅较长的计划，则可采用每个层次分别包含上述三项内容的写法，使之眉目清楚。内容繁多的大型计划，如“规划”等，则可以在大层次中再划分几个小层次，分条阐述。

分工和责任，即“由谁做”。要写明每项工作的具体分工，谁是主管责任者，谁是协助、配合者。这样可以避免由于责任不明而产生的工作中互相推诿的现象，使计划得以顺利进行。有的计划正文主体部分将分工责任与步骤合在一起写。

执行期望，这是用以鼓舞、激励人们完成任务的具有鼓动性和号召性的内容，要写得鲜明、生动，避免空泛。有的计划以“分工责任”或“步骤和方法”结尾，其实不必再加此项内容。

（3）落款

在正文的右下方注明计划的制定者和制定时间。机关单位的计划，如果在标题中已经含有这两部分内容，此处可省略。上报或下发的计划，要在落款处加盖公章。

此外，与计划有关而又不宜在正文里表达的材料，可以附在正文后面，并在结尾的下一行，也就是所附材料的上一行左侧，以“附”字标注。

（四）计划的写作要求

1．符合政策

计划的制订，必须从党的政策高度来考虑，结合本单位、本部门的实际，该做的努力做，不该做的坚决不做，以此强化计划的指导意义。

2．考虑全局

制订计划必须胸怀全局，具有整体观念。任何单位在制订计划时，都必须正确处理好局部和整体、目前和长远，以及国家、集体、个人三者关系。

3．切合实际

计划虽然面对未来，但并非凭空想象，而是根植于现实的，现实情况是制订计划的根据和基础。凭主观意志，想当然地定措施、想办法，制订的计划指标或是“可望不可即”，或是“唾手可得”。这样的计划毫无用处，甚至会给工作造成损失。

4. 明确具体

计划的内容必须具体明确。无论是任务、指标，还是措施、步骤，都应当写得清清楚楚，切忌含糊不清、职责不明。要分清主次，突出重点，避免像报流水账似的泛泛而谈，应具体说明什么时间应达到什么标准（或指标）和怎么做。

5. 集思广益

在制订计划时，一定要注意调查研究，走群众路线，集思广益。只有这样，制订的计划才能经受住考验。因为计划的内容，是需要大家共同努力才能实现的。脱离群众的计划，要想使之变成群众的自觉行动，只能是一句空话。

6. 留有余地

事物本身受多方面因素制约，发展过程中往往会发生意想不到的事情。因此，我们制订计划时，既要充分估计主客观方面的积极因素，也要注意留有余地，以备在实际执行过程中对计划做必要的灵活修改、调整、补充，使其更趋完善。

××厂文印车间第四季度增产节约计划

为响应厂部关于“创造利润×××万，增产节约做贡献”的口号，特制订本计划：

一、全车间全季度增产节约总指标为××万元

1. 产量指标。全季度保证完成×××印令，较上季度提高百分之××；较上级下达计划提高百分之×。每月完成数：10月××令，11月××令，12月××令。

2. 质量指标。争取全季度甲级品率高于百分之×，报废率低于百分之×。

3. 降低原材料消耗担标。油墨单耗定额降低百分之×。每月节约车油××公斤、煤油××公斤、揩布××公斤。

二、具体措施

1. 调整劳动组织，充分利用现有设备，在10月上旬前开始实行三班制，并将产量落实到机台。

2. 10月中旬前组织讨论，公布岗位责任制。

3. 加强思想教育工作，严格执行操作规程，经常进行机车维修检查，防止工伤和停车事故。

4. 为了促使三班互相衔接，加强各班之间的联系，建立健全会议汇报制度：每星期五开各班车长会议一次，每两天开三班值班长碰头会一次，每半月开全体技工技术研究会一次。

×年×月×日

文书示例

春节前工作安排

为保障小区业主过一个欢乐祥和的春节，现就春节前各项工作安排如下：

1. 各部门将春节期间值班表于 2015 年 1 月 20 日之前交至综合事务部。

2. 综合事务部工作安排：

（1）1 月 20 日之前将放假通知张贴出来。

（2）食堂工作安排，大年三十晚安排两桌，大年初一至初三每天加两个菜。

（3）协调好各部门之间的工作。

3. 环境部工作安排：

（1）1 月 15 日开始，对小区环境进行清理。尤其是楼道及楼梯间，清理业主堆放的杂物，易燃易爆物品，防止发生火灾。

（2）安排好春节期间的值班，加强保洁工作。

（3）1 月 27 日之前，协调绿化对小区山体进行一次彻底的浇水。

（4）年三十晚安排三名人员对烟花爆竹等垃圾的清理。

（5）加强与环卫部门的联系，保证垃圾及时转运。

4. 安防部工作安排：

（1）节前对所有安全隐患进行一次大检查，并对安全隐患做好预防措施。

（2）对所有消防器材进行一次大检查，尤其是小区楼道、楼梯间的杂物、易燃易爆物品协助环境部进行清理。

（3）加强对小区的防火防盗进行宣传，做好宣传横幅，并对重点部位进行排查。

（4）做好员工的安全保障工作，防止发生非工作减员。

（5）大年三十晚，安排 22 人，对小区烟花燃放进行防控。

5. 客服部工作安排：

（1）年前重点进行催费工作，到业主家进行拜访。

（2）年前对小区业主是否在经世皇城过年情况进行摸底。

（3）对小区发出温馨提示，水电气的控制。

（4）对装修工作进行管控。

6. 工程部工作安排：

（1）对小区所有设施设备进行一次全面检查，确保业主水电气的有效保证。

（2）安排好春节的值班。

（3）对突发事件的处理进行一次培训。

以上安排，请认真落实。

××物业管理有限责任公司管理处

2015 年 1 月 10 日

××学校加强安全工作计划

为了切实加强学校安全工作，牢固树立“安全第一”思想，强化全体师生“保一方平安”的政治责任意识和法制观念，根据上级《关于进一步加强各级各类学校安全工作的通知》要求和教育局安全工作会议精神，根据学校实际特制订本工作计划。

一、工作总目标

认真学习贯彻执行教育部颁发的安全工作指示精神及学校有关安全工作的相关规定，建立健全有关学校安全的领导机构和规章制度，按照“谁主管，谁负责”的原则，层层落实签订安全目标工作责任书，做到措施到位，责任到位。经常向家长、学生进行安全教育，教育内容要以交通安全、消防安全（生产安全）和防中毒、防传染病、防盗窃、防爆炸、防侵害、防突发性事故为重点，加强法制教育、自防自救教育与防火防灾教育、食品卫生与健康教育等，增强广大师生员工的防范意识，提前消除事故隐患，提高自我保护和自救能力。

二、具体工作和措施

定期分析学校的事故隐患，加强研究，及时处理有关问题，把事故隐患消除在萌芽状态。

1. 建立健全领导机构和有关规章制度，层层落实责任……（略）
2. 定期对实验室、仪器室里的易燃、易爆物品进行全面检查……（略）
3. 对学生进行交通安全教育，预防交通事故的发生……（略）
4. 加强上课安全，完善其制度……（略）
5. 加强学校值班、值宿工作，强化值班人员的责任意识……（略）
6. 后勤人员要加强校园校舍安全检查……（略）
7. 全体教师要重视食品卫生工作，有人专管……（略）
8. 学校少先队要积极配合学校值班、值日教师和公安……（略）
9. 严格执行大型活动审批制度……（略）
10. 贯彻执行《计算机信息网络国际联网安全保护管理办法》，加强学校计算机信息系统的安全管理……（略）
11. 严格管好教师和学生进出入，实行封闭式管理……（略）
12. 加强发生意外事故时师生自我保护教育……（略）
13. 根据教育局精神，严格执行重大情况请示报告制度。凡发生重大事件，必须及时报告有关领导和部门。

××学校保卫处（盖章）
××××年×月×日

二、总结

（一）总结的概念与特点

总结是对过去一定阶段内的工作、学习或思想情况进行回顾检查、分析评价，从理论高度概括出经验教训，用以指导今后实践的书面材料。

总结是在工作或活动结束后做出的反省、回顾，是自身实践活动的真实反应。因此，总结者应本着实事求是的态度，对自我情况进行客观的评价，更要通过分析研究，将感性认识上升到理性认识，在一定的理论高度上，概括出系统的、用的经验，以便指导实践。综上所述，总结具有回顾性、客观性和理论性的特点。

总结和计划既有区别又有联系。其区别主要是：计划制订于事前，是拟定一定时期的具体任务和完成任务的具体步骤、方法和措施；总结形成于事后，是对计划执行情况的检查、分析和评价。其联系主要是计划是总结的依据，总结是对计划完成情况做出的判断，也是新一轮计划制订的依据，新一轮计划的任务、指标、措施、步骤的确定都要参照上一阶段的总结；计划回答的是“做什么”“怎样做”“何时做”，总结回答的是“做了什么”“做得怎样”“为什么会这样”。计划与总结是对同一行为的两种认识和管理手段。

（二）总结的分类

从不同的角度，可以将总结分为不同的类型：

- 按照性质来分，总结分为综合性总结和专题性总结。综合性总结又称全面总结，是对本组织一定时期内工作的全面总结。专题性总结也称单项总结，是对某一项工作或某一个问题的总结。
- 按照内容来分，总结分为工作总结、思想总结、学习总结和生产总结等。
- 按照范围来分，总结分为地区总结、部门总结、班组总结和个人总结等。
- 按照时间来分，总结分为年度总结、季度总结和月份总结等。

（三）总结的结构和写作方法

总结由标题、正文、落款三部分组成。

1. 标题

总结标题的写作比较灵活，主要有以下六种形式：

- 由单位名称＋时间＋内容范围＋文种名称构成。如《××学院 2014 年上半年科研工作总结》。
- 由单位名称＋时间＋文种名称或时间期限＋内容范围＋文种名称构成。如《××教育局 2014 年工作总结》。
- 内容范围＋文种名称构成。如《教学工作总结》。

- 公文式标题。这是类似省略发文机关名称的公文标题形式。如《关于农业生产情况的总结》。
- 根据内容概括式的标题。这样的标题主要用于经验总结。如《做好思想政治工作，为经济建设服务》。
- 正、副标题。正标题概括总结内容，类似第五种标题形式；副标题标明单位名称、内容范围和文种名称。如《加强素质教育，促进学生全面发展——××实验中学2015年素质教育工作总结》。

2. 正文

（1）正文的结构及写法

正文由前言、主体和结尾三部分构成。

① 前言。前言又称“开头”“引言”，是对工作情况的简单介绍，是为进一步阐述主体内容服务的。

② 主体。这是全文的重点，要叙述做法、成绩和不足，详细分析经验教训，从中找出规律性。总结的主体由两部分构成：

- 基本情况。基本情况是简要介绍有关的工作背景、环境，阐明承担的任务。在这部分也可以做简要的工作任务回顾，以及完成任务的基本情况，或将主要的成绩、经验、问题提出来，给读者以总的印象。
- 经验。经验主要是指正反两方面的经验。它是对基本情况进行分析、研究、综合和概括，把认识提高到理性高度的过程。

③ 结尾。结尾是正文的收束，应在总结经验教训的基础上，提出今后的方向、任务和措施，表明决心、展望前景。这段内容要与开头相照应，篇幅不应过长。

（2）正文的格式

常见的正文格式包括以下几种：

- 条文式。即把总结的内容提炼成若干要点，按内在的联系排列，分条目列项，逐次安排。
- 标题式。即把总结的内容按逻辑关系分成若干部分，并在每一部分加上小标题，用来标明每部分的要点。
- 三块式（五段式）。即把总结的内容根据人们的认识习惯来安排，先是概括主要内容，表明基本观点，接着陈述事实，叙说过程，对取得的成绩分析研究，比较综合出经验，最后指出存在问题或提出要求，整体上就是三块式。实际上也就是通常所说的“程式化”的写法，即按“情况——成绩——经验——问题——意见”五段顺序来写，所以又叫“五段式”。
- 贯通式。这种写法重在考虑时间和空间的逻辑顺序，紧扣主题、顺着主线，文字前后贯通、一气呵成。往往不分条目，也不用小标题，不分章节，适用于内容比

较单一的总结。

3．落款

总结的落款位于正文的右下方，包括署名和日期。署名如置于标题之下，落款处则可省略。公开发表或给上级机关的总结，署名位于标题下方；个人总结的姓名多写在落款处。

（四）总结的写作要求

1．要坚持实事求是原则

实事求是、一切从实际出发，这是总结写作的基本原则，但在总结写作实践中，违反这一原则的情况却屡见不鲜。有人认为“三分工作七分吹”，往往在总结中夸大成绩、隐瞒缺点，报喜不报忧。这种弄虚作假、浮夸邀功的坏作风，对单位、对国家、对事业、对个人都没有任何益处，必须坚决防止。

2．要注意共性、把握个性

总结很容易写得千篇一律、缺乏个性。当然，总结不是文学作品，无须刻意追求个性特色，但千部一腔的文章是不会有独到价值的，因而也是不受人欢迎的。要写出个性，总结就要有独到的发现、独到的体会、新鲜的角度和新颖的材料。

3．要详略得当，突出重点

有人写总结总想把一切成绩都写进去，不肯舍弃所有的正面材料，结果文章写得臃肿拖沓、没有重点，不能给人留下深刻印象。总结的选材不能求全贪多、主次不分，要根据实际情况和总结的目的，把那些既能显示本单位、本地区特点，又有一定普遍性的材料作为重点选用，写得详细、具体。而一般性的材料则要略写或舍弃。

××大学 2014 年工作总结

2014 年是我校全面落实校内综合体制改革的各项具体措施、争创新的办学效益至关重要的一年。在校党委的正确领导和广大教职员工的共同努力下，我们以人事管理体制改革为突破口，通过精简机构、压缩编制，实行全员聘任、竞争上岗，并配合实施各类人员考核办法，改革校内工资分配制度，初步建立起适应学校发展需要的科学管理体制，以及约束与激励相结合的有效运行机制，进行了后勤、产业、财务改革，奠定了教学、科研、学科建设主体改造基础。改革已初见成效，全校教职员工精神面貌焕然一新，改革观念与竞争意识深入人心，管理水平、服务质量明显改善，学校呈现出蓬勃发展的良好势头。

一、“211 工程”建设与学科建设（略）

二、教学工作

对课堂教学情况进行督查，首次开展了毕业设计（论文）答辩检查；启动了成人教育学分制试点工作，编写了 93 门成教课程的教学大纲，再次全面修订和完善了各学科、专业的“硕士学位研究生培养方案”；建立了院、系研究生学籍管理档案和导师管理档案，实现了老师教学、研究生学籍、研究生课程考试的计算机管理；建立了研究生课程考试题库，实行了题库考试；深化研究生英语课程的教学改革和考试改革，对 2013 级研究生英语课程实行了分类考试。

加大对教学工作的投入力度，确定了 4 项校级教育教学改革重点研究项目，并投入研究经费 30 万元。

进一步严格教学管理，充分发挥教学督导团的作用，加强常规教学检查，完善教师教学评价机制。

加强基础教学，提高教学质量，在全国性统考和竞赛中取得了较好成绩……

加强教学基地建设……

三、科技与校产工作（略）

四、人事管理体制改革和师资队伍建设

1. 大力推进第二轮人事管理制度改革，改革顺利完成并取得显著成效……

2. 不断适应形势发展的要求，加大了师资队伍建设力度。

五、内部管理、办学条件和办学环境（略）

六、对外合作与交流（略）

七、校园网络建设（略）

八、其他工作（略）

九、存在的主要问题

1. 办学层次有待于进一步提高……

2. 学科建设与管理仍然缺乏良性循环的运行机制，学科结构有待于进一步调整，学科特色与学术优势不明显，学科梯队老化以及对重点学科建设力度不够等问题，仍然是制约学科建设速度与质量的重要因素……

3. 办学条件需要进一步改善……

4. 校办产业……

5. 国有资产管理制度尚不够完善，资产管理职责范围有待进一步明确。清产核资与产权界定工作有待加强……

××大学

××××年×月×日

文书示例

××小区物业管理处××××年工作总结

一年来，在房产处各级组织和领导的关心和帮助下，在各兄弟单位的理解和支持下，××小区物业管理处经营班子和全体员工经过不懈的努力，实现了年初预定的目标。现将××区物业管理处××××年各项工作总结如下：

一、经营管理情况

完善各项规章制度，建立内部管理机制，管理处经营班子始终把提高物业服务水平、扩大服务范围、由内部服务逐步走向外部服务、争取从市场中获取效益当作今后可持续性发展的必由之路。而要实现这一目标，优质服务是根本的基础所在。为此，我们本着实事求是的原则建立了一系列适应市场经济发展需要和公司发展需要的规章制度，并加大检查落实力度，使各项工作有计划、有方法、有依据、有目的地稳步展开。同时，坚持“以人为本，诚信服务”的原则，改善服务态度，提高服务质量，“想业主之所想，急业主之所急”，各类服务人员认真履行职责，恪尽职守、热情主动、文明礼貌、公正廉洁，及时处理业主报修及投诉等事项，维护业主的合法权益。针对沉陷区业户的特殊情况，制订了一系列服务办法，坚持按照全市最低物业费标准 0.2 元/m^2/月向住户收取费用，并且物业服务费用收支情况公开。对于不在物业管理范围内的维修工作，施工单位维修不到位的，管理处也都无偿给予及时修缮，物业报修电话公开。管理处严格按照物业服务合同约定的内容向业主提供服务，规范物业服务收费，提供质价相符的服务，杜绝“收费不规范、承诺不兑现、服务不到位”等现象，提高行业诚信度。

二、物业管理费用收取情况

管理处上下团结务实，服务意识显著提高。物业公司只有不断提高服务质量，才能最大限度地满足商户和业主的需求，才能稳步提升物业收入，树立良好的企业形象。通过管理处全体员工的汗水浇灌，长新小区上半年的工作扎实而富有成效，2008 年度共收取物业管理费 26 万余元，其中长新小区二期住宅的物业费收取率超过 70%，网点的物业费收取率也超过了 50%。物业管理人员深入每家每户，认真听取住户的意见与建议，积极采纳并完善。

三、具体维修工作情况

在小区的基本建设及维护方面，管理处维修班积极响应管理处领导和公司的指导方针，努力完成每一项任务，认真对待临时出现的问题。在即将过去的这一年里，管理处办公室的报修电话每天接报不断，然而，维修班的同志们却始终怀着一颗火热的心，没有因为休假而停下手中的工作，也没有因为天气炎热而延误工作进程，大家不分上班还是下班，不论白天还是黑夜，都是尽早赶到现场并认真完成任务。在工作中，他们无论多脏多累、干到多晚，却毫无怨言。一年来，维修班处理各类维修共计 2 000 余项，保证了小区业户有一个舒适安全的生活环境。

××××年是公司快速发展、硕果累累的一年，无论是经营效益还是企业品牌，都充分得到社会、市场、业户的认可，公司领导也得到社会的高度评价。作为××物业的员工，我们深感自豪和充满信心，当然我们也倍感压力，那就是公司快速发展对管理处的要求、公司品牌对物业管理服务品牌的品质要求。

新的目标、新的任务、新的挑战。面对机遇和挑战，我们有理由相信在公司的支持、关爱和帮助下，通过全体员工的精诚努力、协同奋进、开拓进取，××物业××小区管理处的未来发展必将前程似锦。在跟随公司发展的同时，××物业管理公司及公司全体员工也必将得到更大的发展，实现公司和员工价值的最大化，实现公司和员工事业的可持续性发展。

××××年×月×日

思考与练习

一、2015 年某市财经委员会制定的主要经济指标计划为：商品纯购进 23.8 亿元，商品纯销售 20.4 亿元，分别比上年增长 11%和 13%；民营工业总产值为 39.6 亿元，增长 6%；国有工业总产值 38.5 亿元，增长 5.6%；财政收入为 15.67 元，增长 8%；外贸收购总值 22.23 亿元，增长 5%……请将其列成表格。

二、下面是一篇总结的内容提要，请据此写出总结的标题。

某地区地处祖国边陲，商品经济欠发达。其原因在于农牧民受传统观念束缚，奔小康的意识不强。为改变落后面貌，地区党委宣传部采取了一系列措施，狠抓宣传、鼓动工作。他们的做法是：深入调研，联系实际宣传党在农村牧区的各项方针政策；抓典型，为农牧民奔小康示范引路；传播致富方法，拓宽宣传面。

三、例文修改：有的计划不写“开端部分”，可有些计划又把开端写得很长，内容杂乱。下面是一个银行办事处为开设办本科班而制订的一份教学计划，请对此开端进行修改。

近几年，我们银行的青年职工越来越多，已经成了骨干力量，他们在经济战线上发挥着积极的作用，展示了我国银行事业的希望和前景。但也不能忽视，一些青年由于理论水平低、文化素养差、科学文化知识贫乏等而感到做的工作没有意思。根据中国人民银行总行的要求，为提高在职干部文化水平，我们办事处开办了本科班，脱产学习一年半，招生对象是在银行工作三年以上、大专毕业的同志。为了更好地完成学习任务，我们教育科计划如下：

……

四、写一篇本学期的学习总结，要求格式规范、内容属实。

赏

剖玄析微　雅俗共赏

赏

光与影的交错——影视

单元导读

电影是一门年轻的艺术，电视的历史则更短，但流传于世的影视作品的数量却难计其数，有关影视作品的鉴赏文章更是浩如瀚海，选入本单元的五篇影视作品鉴赏文只是大海里的几朵浪花。它们也许不是最好的，却也各具特色，能分别抓住所赏析影视作品的特点予以评说，给予我们不同的欣赏经验的分享。

本单元学习影视作品欣赏，通过学习五篇影视作品赏析文章，引导同学们学习、掌握赏析影视艺术作品的方法，提高自身的艺术修养和审美能力。

一、散文式电影的精品①

——电影《城南旧事》赏析

阅读提示

散文式电影是与“戏剧电影”相对而言的一种电影类型。这类电影不遵守传统的戏剧结构形式，不采用贯穿全片的完整情节冲突，而是通过多种叙述手段，用多侧面、多层次、多声部的手法，以自然的日常生活与松散的散文结构表现现实生活中的戏剧性因素。使作品更加接近生活的本来形态，以达到可亲可信的艺术效果。

本文紧紧抓住影片《城南旧事》的“散文式”特点展开评析，循循引导我们领略这部电影的艺术魅力。学习时应仔细品味散文式电影的特点，认真体会作者抓住影视作品的特点进行评说的写作方法。

人们常常以品尝龙井名茶来形容某些散文佳作给读者的审美享受，这样的评价完全可移用于散文式影片《城南旧事》。它的格调淡雅、幽香，略含苦涩而又回味无穷，能引起我们一再欣赏的欲望。散文是印刷在纸上的一行行铅字，容许读者细细阅读，反复吟诵，从容地领会其意境；散文式电影是曝光在胶片上，由蒙太奇连接的一组组活动画面，观众只能“一次过”。要使观众从流转的电影画面中品出一定的“味儿”来，对导演的功力是一大考验。

---

① 选自《中外电影名作》，李亦中编著（上海教育出版社，1987年）。

本片是大陆电影工作者摄制的第一部根据台湾文学作品改编的影片。导演吴贻弓反复研读台湾女作家林海音的同名自传体小说，准确地把握了原著的精髓，提炼出“淡淡的哀愁、沉沉的相思”这十个字作为影片的总基调。吴贻弓在《导演阐述》中，还以散文笔调形象地描述了自己的艺术感觉：“我设想未来的影片应该是一条缓缓的小溪，潺潺细流，怨而不怒。有一片叶子飘零到水面上，随着流水慢慢地往下淌，碰到突出的树桩或堆积的水草，叶子被挡住了。但水流又把它带向前去，又碰到了一个小小的漩涡，叶子在水面打起转转来，终于又淌了下去，顺水淌了下去……”这段描述是导演总体构思的出发点，对我们理解这部散文式电影的艺术特点也很有帮助。

如果说，《天云山传奇》①的特点是通过三个女性的眼睛看罗群，那么，《城南旧事》则是通过一个孩子的眼睛看三个成人。前者尽管打破了传统的叙述结构，却依然有一个中心事件，即围绕罗群错案的平反来展开人物之间的矛盾纠葛与宋薇的内心冲突，后者根本不存在中心事件，三个小故事独立成章（即秀贞与妞儿的故事、小偷的故事、宋妈的故事），结构确乎是够“散”的了。吴贻弓匠心独运，为了把本片拍成如同一条潺潺流淌的小溪而不是相互隔断的三口小池塘，他找到了“形散神不散”的有效途径。首先，在外部形式上以英子的视点作为贯串（全片百分之六十以上的英子的主观镜头特意用较低角度拍摄），非常吻合原著那种儿童第一人称叙述的韵味。其次，以三个故事共同具备的“离愁”作为全片统一的内在情绪，小英子和先后出现的人物一个个相识了，又离别了，最后，她亲爱的爸爸也离去了，一种“淡淡的哀愁”笼罩着整部影片。导演还善于调动电影艺术的综合手段，运用“重复”技巧，让观众在不知不觉中感受到散文式电影的完整性。例如“井窝子”一景在银幕上重复出现四次，造成了一种“物是人非”的岁月流逝感；又如，富有时代气息的《送别歌》在全片的音乐构成中重复出现七次，它那伤感的旋律犹如一条无形的纽带，把表面上互不关联的一个个生活场景糅合到一起来了。

吴贻弓在艺术追求上有一股子“狠劲”。正像苏联一名资深导演 C.尤特凯维奇所强调的：“不仅需要有一个明确的导演构思，而且需要在拍摄影片的过程中把这一构思贯彻到底。”“从根本上说来，善于把自己的构思贯彻始终，这是一个真正的艺术家必具的品格。”吴贻弓在本片中刻意追求一个“淡”字，用他的话来说：“对这部影片，我不主张拍得太满、太长、太实，必要的省略反能引起观众想象。”为此，他对许多充满戏剧性的场面作

① 《天云山传奇》：上海电影制片厂 1980 年摄制，编剧鲁彦周，导演谢晋，主演王馥荔、施建岚、石维坚、仲星火。影片用三个女性的眼睛来看男主人公罗群，表现了以罗群、冯晴岚、宋薇为代表的一代知识分子在当时的历史背景下的不幸遭遇。这是中国第一部正面表现反右斗争扩大化，及历次政治运动给知识分子带来的巨大苦难的影片，被称为第一部启蒙电影。

了“淡化”处理。例如：秀贞与大学生思康的热恋、妞儿遭后父的虐待、秀贞携妞儿出走惨死于火车轮下、小偷同密探和警察的冲突、宋妈的儿子溺毙，等等，都不在银幕上作直观展示。上述场面无疑具有强烈的戏剧性效果，但导演却冷静地舍弃不用，他宁愿借助观众自己的想象与补充，绝不去硬挤观众的眼泪，使全片的统一风格不遭破坏。他的“淡化”处理从另一方面来说，乃是恪守本片以英子的眼睛看世界这一结构原则，做到了凡英子视听范围之外的镜头一概排除，这样，观众就循着英子的眼睛、耳朵去看、去听。从秀贞口中我们听到了她对思康的深情叙述；从报贩的叫喊声中我们知晓了秀贞与妞儿双双身亡。至于小偷与宋妈的不幸，我们跟英子一样，耳闻目睹的都是悲剧发生后的余波，但小偷被捕后那无可奈何的眨眼及宋妈痛失爱子后呆坐在炉灶前的画面，却令我们倍觉辛酸。当然，英子的视野是有相当局限的，但对于 20 年代处在军阀统治下的旧北京，毕竟提供了一定程度的真实写照。我们不难得出观感：“疯女人”不疯，她对未婚夫的一片痴情及对小桂子牵肠挂肚的母爱，其实是人世间的正常感情，她的“疯”乃是社会黑势力逼出来的；“小偷”不坏，他的偷盗行为是他对这个不公平世道的愤懑发泄与反抗；宋妈抛家失子的不幸表面看来是她那不成器的丈夫造成的，实际上从一个侧面反映了当时农村劳动人民水深火热的苦难境况。

《城南旧事》的成功，标志着吴贻弓导演艺术水平的成熟，在第三届“金鸡奖”评选中，他被授予最佳导演的称号。本片演员阵容整齐，小童星沈洁十分出色地完成了英子这一难度很高的银幕形象的塑造；饰演宋妈的郑振瑶则被誉为“以高度的文化素养演了一个没有文化的老妈子”，获“金鸡奖”最佳女配角；影坛新秀张闽、张丰毅在本片中也有不凡的表现；连宋妈丈夫冯大明这么一个配角中的配角，尽管在银幕上仅露面三次，连一句完整的台词都没有，也给观众留下深刻印象。值得一提的是，本片摄制组成员大都是南方人，但他们深入“老北京”中间进行调查了解，通过努力，使影片透出了十足的“京味”，地方色彩非常浓郁。本片曾送往菲律宾参加第二届马尼拉国际电影节，在角逐“最佳故事片”的激烈竞争中脱颖而出，捧回了“金鹰奖”，开创了我国影片在国际电影节上荣膺大奖的先例。外国同行们交口赞誉“《城南旧事》美极了!”认为本片表现的生活内容、人物感情与艺术意境都是中国式的，但又能为各国观众所理解。这就启示我们：影片越具有民族特色和民族风格，就越具有国际意义和世界性价值。

思考与练习

一、仔细体会文中关于散文和散文式电影的文字，试比较文学与影视的异同。

二、文章从哪些方面评说了《城南旧事》“散文式”的特点？

拓展训练

观赏影片《城南旧事》，并谈谈该片在音乐和音响设计上的特点。

二、一个中国的故事[①]

——电影《黄土地》赏析

阅读提示

古老的文化是一个民族前进力量的源泉，我们在进步中需要到传统文化中去汲取力量。但当文化成为一种束缚时，我们要做的就不仅仅是去收集和继承它了，而是需要蜕变革新，浴火重生。

以黄、灰和黑为基色，以广袤无影的黄土高原为场景，处处充斥着沉重和不明朗，《黄土地》作为陈凯歌导演的处女作，除了背负着厚重的责任感之外，还或多或少地意味着他的心境，他用电影的手法讲述了一个并不稀奇却震撼人心的故事。《黄土地》不仅是一部成功的电影作品，也是导演陈凯歌对中华民族的反省和思考。

这部电影正如片中的陕北民歌信天游一样，流淌着苍凉雄浑的艺术血液，承载着厚重的深远的文化使命。

《黄土地》是陈凯歌创作的“一个中国的故事”，是第五代探索电影的代表性作品，其突出特征是：影像表意大于情节表意，情节淡化了，而构图、光影、色彩、音响等电影元素的作用被极大地强化了，以刻意追求的具有象征意味和表现意味的影像，赋予影片超越故事本身的丰富而深刻的审美意蕴。

在《黄土地》的影像系列中，除了 4 个主要人物，“黄土地”和“黄河水”也是导演手中的重要角色。影片一开始就是广袤贫瘠的黄土高原的一组长长的叠化镜头、暖而重的土黄色调，使这块绵延的土地渗透着母亲般的温暖。接下来，在“犁地”一场，地平线置于画面的上端，起伏的黄土几乎占满了画面，人物被挤到了画面的边缘，表现了土地的宽广博大及人在土地面前的渺小、人对土地的依赖和敬畏，还有翠巧爹那艰辛有力的步履，这一切都喻示了一个古老民族在贫瘠土地上顽强寻求生存的文化命题。在影片中，翠巧到黄河边担水的场景反复出现，这担水的动作，不仅是黄土地上人们生活方式的写实，也是我们民族在漫长历史道路上艰难奋进的形象写意。翠巧担着水从黄河边走来，变焦镜头使她身后的黄河水始终处于后景深内，黄土地与黄河，既是影片中人物生存的环境、故事展开的背景，同时又是我们民族血脉与文化精神的象征性体现。

---

① 选自《影视艺术学》，盘剑主编（浙江大学出版社，2004 年）题目是编者所加，文字略有改动。

影片的时空大幅度跳跃；人物性格内向，行动僵滞，环境少变而单一；画面多次出现同式反复；这些都是构成影片风格化的因素。如：顾青住进翠巧家，在表现翠巧爹僵呆坐姿、沉默寡语，憨憨木然伫立，问而不答以及翠巧熟练自如地操作家务这一场面时，镜头角度固定，景别少变，没有移动和变焦；孤灯昏暗，没有强烈光效……这种处理很有表现力，极富感染力地展示了翠巧爹的质朴、中纯，保守中含有的愚昧；同时也展示了形成这种性格的平淡而枯燥的环境形象。在这里，呆板构图，静止摄影和冗长镜头，已不是孤立的表现手法，它本身也成为一种形象，成为这个典型存在的一个构成部分。影片以大量同景别、同机位、同焦距的镜头的运用，来表现在这块贫瘠的土地上，农民日出而作、日落而息的永恒劳苦，记录着日复一日，缓慢而单调地永远重复的农民生存状态，从而深化了这块土地上人们生活的贫困凝滞和精神的简单麻木。

影片镜头处理与画面构图，看似简单，实则蕴含着深意。影片前面有两段“迎亲”的戏：前一次是一个不知姓名的少女的婚礼，弯弯曲曲的小径上，迎亲的鼓乐声透着一丝凄婉，一张张毫无表情的脸，新郎新娘几乎是被人按倒在天地桌前叩头。翠巧躲在门边怯生生地看着这一切，她倚靠的门框上贴着写有“三从四德”字样的红对联。这种“框中有框”的构图有意识地使翠巧处于一个封闭的环境中，使观众感到，她好像正站在殉葬道路的入口处。第二次婚礼是翠巧出嫁，整个婚礼过程中，我们没有看到翠巧，但迎亲队伍与花轿、鼓乐与人群的嘈杂声，都是相似的，喻示了翠巧并未能摆脱世世代代女性那不断重复的被封建礼制、被男权操纵的命运。

影片把写实与写意糅合起来，从而在传统题材与现代电影中架起了一座桥梁。影片有故事，但又不仅仅是在讲一个连贯的故事，还有更多的信息是从故事外传达进来的。在影片故事的叙述主线中，穿插了大段的写意场面，如“迎亲”“腰鼓”和“求雨”都是间离于故事事件的象征段落，以表现创作者追溯长久的民族传统文化的主观意念。震耳欲聋的腰鼓队乐声紧接在翠巧不幸婚姻之后冲出银幕，明丽的天空下，腰鼓阵欢腾热烈的场面，与前面的场景构成强烈的对比；摄影师用跟拍、摇甩等技巧创造出动感十足的击鼓动作，传达了翻身农民的喜悦，以及他们巨大生命力的迸发和他们对新生活的向往。与“腰鼓”的动态摄影不同，“求雨”则通过“静”创造出另一种情绪氛围的高节奏。为了取得强烈的震撼力，影片用了五百个农民，一律上身光膀子，下身黑裤子，头戴柳条圈，排列成行跪在地上虔诚地唱着求雨歌。为了达到仪式化写意的效果，导演采用了夸张的手法来表现世世代代的黄土子民对水的敬畏和乞求。这场戏的后半部分，从极“静”转为极“动”，采用移动摄影，一共安排了六个镜头，镜头内的场面调度是：让农民拼命乱跑，构成一种

人流浩荡的视觉冲击、以表现蕴藏在农民心中深厚的力量和这种力量的盲目性。而憨憨逆人群奔向顾青的镜头，则体现了一种要掌握自己命运的觉悟力量，与前面“腰鼓”段落表达的情绪遥相呼应，完成了影片的意旨。

《黄土地》的主要成就在于它对我国传统电影语言体系的较大突破，影片中，电影的一切表现手段：人物、环境，包括镜头角度、运动与静止、光影与色调、音乐与音响等等，都成为导演手中的角色，传达创作者的主观意念和思考。所以，理解这类影片，我们已不能采用传统的“故事加人物”的模式，而必须懂得创作者对镜头和造型语言的运用，否则就难以理解其中的深意。1985 年，《黄土地》在第九届香港国际电影节上引起轰动，掀起了一场“黄土地旋风”。几年来，这部影片在国际影坛上获得了很高的声誉，人们把它视作中国电影腾飞的标志。

思考与练习

一、仔细体会文中关于黄土地的描写，说说导演想要表达的思想感情。

二、文章从哪些方面描写了对黄土地的情感？

拓展训练

欣赏电影《黄土地》，说说影片表达出对“黄土地”的哪些复杂感情。

三、感人肺腑的爱情悲剧[①]

——电影《魂断蓝桥》赏析

阅读提示

电影《魂断蓝桥》的译名极具东方神韵，既富美感又琅琅上口，且颇符合严复所倡“信、达、雅”之精神，比英文直译的“滑铁卢桥”不知强出多少倍。

在悠扬隽永的苏格兰名曲《友谊天长地久》中，罗伊与玛拉的爱情落下了帷幕。虽然此“桥”非彼“桥（出自《庄子·盗跖》中尾生抱柱的故事）”，但《魂断蓝桥》和“尾生抱柱”的故事所传达的爱情信仰却是一样的——信守诺言、不移不易。在爱情越来越不值得相信的今天，罗伊和玛拉的形象有着永恒的意义与价值。学习时，应仔细体会这篇文章的赏析角度，深刻理解《魂断蓝桥》的艺术性和思想性。

《魂断蓝桥》是一部感人肺腑的爱情悲剧片。影片导演以极其煽情的手段、简约流畅的叙事风格、典型的戏剧结构，讲述了一个至今仍对善良多情的观众具有感染力的凄美哀婉的爱情故事。在本片问世以来的几十年间一直受到中国观众的普遍喜爱。

作为情节剧，这部影片的成功之处正在于它以情感人，全片围绕“情”字，把一段本来并不复杂的爱情故事演绎得凄美决然。影片的前半部展示的是炽热奔放而又一见钟情的爱情遭遇。在滑铁卢车站，上尉军官、风流倜傥的罗伊在桥上突遇空袭警报，邂逅清纯美丽的舞蹈演员玛拉，帮她拾起慌乱中散落一地的东西，并带她到车站防空洞。在拥挤狭窄的空间里，俩人爱意初萌，目光传情。然后是在烛光俱乐部摇曳的烛光下，在优美舒缓的《友谊地久天长》的舞曲中，玛拉与罗依温情相拥，如痴如醉。第二天早晨，玛拉发现自己深爱的罗伊痴痴伫立在窗前，浑身被雨淋湿，玛拉狂奔而出，在雨中与罗伊紧紧拥抱。车站送别一场，罗伊焦急地期待，恋恋不舍地离开，玛拉失魂落魄的眼神，伤心欲绝的脸，构成了影片中让人揪心的离别一幕。“相见时难别亦难”，影片自罗伊开拔出征后，剧情徒转。玛

① 选自《影视艺术鉴赏学》（中国广播电视出版社，2002年），题目是编者所加，文字略有改动。

拉被解雇失业，在与玛格丽特夫人会面之时，无意中又惊闻罗伊“阵亡”的噩耗，悲不自禁但又不愿让罗伊的母亲知道。接着，玛拉病笃卧榻，沦落风尘，打击一个连着一个。观众也像玛拉一样心情愈见沉重、凝滞。及至沦落风尘的玛拉在车站与罗伊意外地相逢，悲喜交加，涕泪涟涟的玛拉的爱情再度被激活。然而曾经深陷苦海的玛拉再也不是那个纯真无邪的少女了。当玛拉意识到自己曾经沦落风尘的经历将会不被罗伊家族所容，并因此给深爱自己的罗伊带来巨大伤害时，她毅然斩断情丝，含恨命归黄泉。影片前半部的欢悦与后半部的悲怆恰好形成鲜明对照，给观众以强烈的情感冲击。

鲁迅先生说：“悲剧是将人生有价值的东西毁灭给人看。”《魂断蓝桥》表现的正是一种“美的毁灭”，一份万般无奈的幻灭。两个主人公相亲相爱却生离死别，心心相印却难成眷属，凄绝缠绵的爱情悲剧更具有一种摄人心魄的艺术魅力。影片中揭示的造成主人公悲剧的原因，不是哪个恶人所为，即善与恶的相争，而是来自战争的灾难、道德的束缚，也就是来自社会环境对人的压迫，来自陈腐观念对人的束缚和戕害。从这层意义上说，影片也具有一定的社会批判的含义。

这部影片之所以能深深地打动中国观众的心弦，还因为影片的题材选择、情节的叙述、意境的表达等方面与国人的普遍审美趣味达到了高度的契合。玛拉式的殉情悲剧实际上正是千百年来中国文艺作品的常见题材。所不同的是中国爱情悲剧的主角是才子佳人，而欧洲则是贵族子弟和平民女郎，这种熟悉的题材容易引起中国人的共鸣。再者，影片中那有头有尾、因果关系分明的情节叙述，利用景物、音乐等手段创造的情调氛围，以及运用小道具表达情感的手法（吉祥符在片中出现 4 次，每次都寄予剧中人一定的情感）等，都切合中国人的欣赏口味。本片故事美、意境美、形式美、演员美，这多种美的叠加表现，也就很自然地使中国广大观众观影后心悦臣服了。

思考与练习

一、你如何看待本片所采用的传统叙事模式？

二、分析玛拉的形象，并找出导致玛拉悲剧的因素。

拓展训练

对照电影《乱世佳人》《泰坦尼克号》进行赏析。

四、当代美国生活童话和文化寓言①

——电影《阿甘正传》赏析

阅读提示

电影《阿甘正传》改编自美国作家温斯顿·格卢姆于1986年出版的同名小说，描绘了先天智障的小镇男孩费勒斯·甘普自强不息，最终“傻人有傻福”地得到上天眷顾，在多个领域创造奇迹的励志故事。电影上映后，于1995年获得奥斯卡最佳影片奖、最佳男主角奖、最佳导演奖等6项大奖。

本文正面评说了影片所体现的立场、观点、艺术特色与艺术成就，从阿甘的不断奔跑中体会向上的精神。学习时，应仔细体会这篇文章的赏析角度，深刻理解影片的艺术性和思想性。

《阿甘正传》是一部蕴意深邃、象征意味浓郁、风格独特的影片；它也是一部融现实、历史、虚构、奇迹和普通人故事为一体的当代美国的生活童话和文化寓言。影片一问世，立即引起强烈的社会反响，受到广大观众的欢迎和认同，成了当年美国票房收入最高的影片。

《阿甘正传》讲述的是一位名叫费勒斯·甘普——阿甘极具传奇和喜剧色彩的故事。第二次世界大战后不久，阿甘出生在美国佐治亚洲美丽而闭塞的小镇萨凡纳。阿甘先天弱智，童年时双腿还有残疾。但他心地善良，乐观向上。母亲给予他伟大的母爱，并想方设法让他受到和正常的孩子一样的教育；青梅竹马的小伙伴珍妮则以纯真少女情怀温暖着他的心。在她们的呵护下，阿甘积极地踏上了极不平凡的人生旅程。他对未来从不抱任何幻想，而是积极地面对现实：“人生就像一盒巧克力，你永远也不知道下一块会是什么味道。”结果，他在各方面都获得了巨大成功，先后当过橄榄球明星、越战英雄、乒乓球明星和亿万富翁，还受到三届美国总统的接见。憨厚、善良的阿甘，在枪林弹雨中脱离危险又跑回危险中，救出一个个战友；发财后把大笔的钱捐给学校、医院，送给巴布的母亲，自己免费为社区修剪草坪。所有这些都体现了阿甘核心性格的诚实、善良和坚韧不拔的精神。这一精神作为数百年来被美国社会主流意识所公认的人性品格和美德，使每一位观众都在他

① 选自《影视艺术鉴赏学》（中国广播电视出版社，2002年），题目是编者所加，文字略有改动。

身上看到了“自己”。而作为阿甘核心性格的表层——残疾和弱智，在这一心理背景下便自然引申为一般人所具有的弱点的隐喻和象征。诚然，并不是每人都有阿甘式的残缺，但几乎又是每人都能从阿甘出于自身不足导致的坎坷经历中回味自己人生历程的不易。阿甘生活的 30 多年正是美国历史上最动荡的时期。在这一时期阿甘几乎经历了所有的热门事件，包括肯尼迪遇刺、越南战争、反战运动、水门事件，以及摇滚乐、吸毒、艾滋病等历史事件和现象。编导让阿甘卷入这些历史事件中，把他置身于这个美国公众道德沦丧又正在觉醒的动荡时代，显然颇有深意。观众观看影片似乎是在重温着一部长达 30 多年的历史和历史中的个人。那遗留下的感伤、遗憾、成功和失败令每个人都细细地品味。《时代》周刊描述了美国公众看电影后的情景：“男女老幼怀着真诚的感伤涌出电影院。孩子们似乎在想问题，成年人在沉思，成双成对的人则互相紧紧握住对方的手。”

《阿甘正传》不仅是反映当代美国生活历史的童话，而且是一部关于当代美国社会生活的寓言。片中包蕴着浓郁的人文主义精神和人生哲理。导演泽梅基斯以一种寓言式的手法向观众推出了一种可称之为“阿甘哲学”的醒世药方。它以一种自然纯朴的人生欲求来对照当代人类被现代化文明激发起的各种欲望和复杂的生存状态，以简单、纯洁、诚实的心灵来反衬现代人类狡诈、精明而实质上的愚蠢。对于阿甘来说，吃、喝、拉、撒、睡是其“自然哲学”中最基本的要义。所以，他可以把受到总统召见的殊荣放在一边，一口气喝下 15 瓶汽水；可以当着总统和众人的面说，自己最想的是撒尿；可以当众脱下自己的裤子，让别人看屁股上的战争伤疤。原本非常复杂甚至产生过重大影响的历史事件，在阿甘眼里变得异常简单和清澈。对与肯尼迪总统与其弟先后被刺，阿甘的结论是做兄弟想必也不容易；越南战争给阿甘的影响只是屁股上挨了一枪；连导致尼克松下台的“水门事件”在他看来也只是保险丝断了，有人打着手电在找电闸而已。面对复杂的人生，纯朴而“愚钝”的阿甘只知道简单地埋头向前跑。而这一“愚钝者”的哲学竟然很灵验。阿甘从一个身有残疾、倍受欺侮的孩子，跑进了大学，跑出了越南战场的灾难，跑出了一连串的人生奇迹。20 世纪 30 年代的风风雨雨，与阿甘同时代的大人物个个精明善算、神气十足，但最终都昙花一现，而唯有善良和傻乎乎的阿甘成了历史的见证人，并且越活越潇洒。这些正说明了一条简单而朴实的人生哲理：社会不会亏待老实人，“只有做傻事的人才傻”。实际上，影片中的阿甘也成了某种道德精神的符码。这种精神就是人的自由精神，它体现为一种不受羁绊、符合人的自由天性的存在方式。在阿甘身上颇有中国哲学中“无为而无不为”的素质，又有西方哲学中奋进不倦的精神。当然，影片在总体上劝人安于现状、听天由命、与世无争，宣扬好人一定有好报的局限思想也是值

得我们辨析的。

与寓言式的手法相关联，影片中的象征、隐喻手法也运用得极为娴熟和广泛。譬如，影片开头在悠扬的主题音乐声中，一片洁白的羽毛飘来飘去，象征着生命其实是普通和平凡的。它可以任着风儿吹——飘忽不定，也可以被阿甘捡起来作为宝贝珍藏。影片中阿甘的故事从街沿的车站讲起，阿甘的人生从母亲送他上车开始，又以阿甘送儿子上车结束。在文艺作品中“车站”的经典象征意义就是人生中的一点。所以上车便象征阿甘人生的开始。再如，影片中有几处着力表现阿甘的“快跑”，“跑”显然喻示着一种人生状态。童年时阿甘受到同学歧视，为摆脱欺凌者的追逐，在珍妮的“快跑”声里，犹如神助一般，腿上的铁箍纷纷散落，迅疾如风地甩掉了所有的人。这似乎也隐喻地告诉人们他甩掉了精神上的枷锁。青年时代的阿甘，为了排解珍妮离去带来的郁闷，突然萌生了“跑”的念头，他像一位圣徒般整整跑了两年多，四次横穿美洲大陆，还跑出了一批追随者。笃真执着的阿甘在不断地向前奔跑中，不断地完善理想的道德境界。这也在某种程度上反映了当代西方社会人们不甘堕落、渴望自救的精神。

《阿甘正传》还是当代高科技与艺术高度融合的产物。影片中从阿甘左右开弓的球拍下如飞梭般的乒乓球，到阿甘参加林肯纪念堂前的反战集会时那人山人海的人群，再到把阿甘扮演者的脸与长跑运动员的身体天衣无缝的组接，都显示出电脑特技的神奇功能。特别是片中阿甘与三位总统握手、交谈的画面，都是现实演员表演与历史资料的拼接与合成。这一将高科技首次运用于社会正剧的实践，既为视觉艺术造型开拓了新的领域，而且也对人类视觉的可靠性提出了严重的挑战，开创了篡改影像史料的先河，其积极或消极意义都是深远的。

思考与练习

一、为什么说本片是文化寓言式的作品？

二、本片哪些地方融入了高科技手段？

拓展训练

对照电影《克莱默夫妇》《雨人》进行赏析。

五、编年史巨作①

——电视剧《三国演义》赏析

电影和电视有许多共通之处，两者都有很大的时空自由，都是在完成摄影、后期加工（剪辑）等制作环节之后放映到银幕或屏幕上的，都是运动的艺术，都有共同的美学特征。正因为如此，人们通常把它们合称为影视艺术。

本文抓住了剧作的主要特点进行赏析，对它的思想内容、人物形象塑造、镜头表达效果及创作风格、审美追求等做了较为深入精当的评论，从而揭示了其改编成功的原因。学习时应着重揣摩文章的赏析角度和层次，从而更深刻、更全面地把握影片的思想内涵和艺术特色。

《三国演义》是我国家喻户晓的古典文学名著，它成书距今已有 600 多年，就其正式刊行到现在也有 400 多年了。几百年来据此改编的各种戏曲、曲艺、影视（据原著部分内容和人物改编）、连环画等，可以说是汗牛充栋，许多人物、情节、对话不少人都是耳熟能详。因而，要将这样一部民族文化的瑰宝改编成电视连续剧，全面展示它的文化风貌，其难度是可想而知的。然而，《三国演义》电视剧的编导和全体演职人员经过近 4 年的艰苦努力，终于把这部名著搬上屏幕，以声画艺术的传播媒体，完成了一次三国时期的“编年史”的创作，再现了 1 700 年前历史征战的全貌。电视剧《三国演义》的表现战争场面之宏大、展示地域之宽广、人物关系之复杂、矛盾冲突之激烈，在国内电视剧史上都是绝无仅有的。今天我们来观赏这部具有史诗般典雅正剧风格的电视连续剧，感受到它确是古典名著改编的一次成功范例，是一部相当有深度和力度的成功之作。

《三国演义》电视剧改编的成功，我认为最重要的一条经验就是：忠实于原著而不拘泥于原著。忠实于原著，这是改编名著的一条基本原则。不然，就不叫《三国演义》了。但是，忠实于原著并不等于照搬照抄原著，照搬照抄从来不会产生好的艺术效果。罗贯中创作《三国演义》时依据的是陈寿的《三国志》史传，但他同时也吸收了民间口头创作，增加了许多想象、虚构和发挥，而正是这些虚构部分最富艺术魅力。今人来看这部小说，改编这部小说必然要有现代的认识和理解，特别是还要遵循电视本身的艺术规律。这部电视剧在忠实于原著的基础上（即不违背结局和大情节），有所选择、升发、深化、创新和

① 选自《影视艺术鉴赏学》（中国广播电视出版社，2002 年），题目是编者所加，文字略有改动。

超越，比原著更精炼、更集中，也更生活化、电视化，使我们不仅看到了原汁原味的罗贯中的《三国演义》，还看到了一部注入新的生命活力、富于现代意识的《三国演义》。就其大的方面来讲，该剧的成功之处主要体现在以下方面：

首先，电视剧对原著的故事情节和矛盾冲突的宏观把握适度。原著70万余字，共120回，事件纷繁，人物众多，其中有名有姓的将近1 000人，对一些次要人物和事件也做了交代。这在小说中可以，但要全部放入电视剧中则不可以。因此，编导们遵循小说原著结构的基本线索，按照电视剧美学原则，对原著结构做了必要的调整，删除了大量的枝节。现在全剧84集，包括群雄逐鹿（1～23集）、赤壁之战（24～47集）、三足鼎立（48～63集）、南征北战（64～77集）、三分归晋（78～84集）五大部分。其中每个部分都可视为一个情节叙述单元，每集中又有一个中心事件；各部分既独立成篇又相互关联，使全剧形成一个有机的整体。全剧以魏蜀矛盾冲突为主线，将吴蜀、吴魏矛盾作为次要线索，并以诸葛亮“隆中对”作为全剧的总纲和结构枢纽，突出了刘备、关羽、张飞、诸葛亮、曹操等主要人物。这样就做到了主次分明，脉络清晰，不枝不蔓。

其次，保留原著“拥刘反曹”的思想倾向，从多方面挖掘剧作意蕴。电视剧不仅继承了原著拥刘反曹的思想倾向性和审美情感，同时还通过视觉形象将这种感情作强化渲染。因此，电视剧《三国演义》给观众留下了许多动人情景和感人场面，诸如“桃园结义”“古城会”“关羽之死”等。又如张飞在失去徐州后的一个雨夜，只身来到刘备的帐篷，关羽连珠炮般地责问他，张飞羞愧难当，拔剑要自杀，刘备打了他一耳光，夺下剑然后兄弟抱头痛哭。这些场景处理，通过气氛、音乐的渲染及演员的出色表演，的确非常感人。

再次，保持原著的人物风貌，使人物性格鲜明呈现。原著之所以能打动人，就是因为它写活了一大批人物形象。电视剧能否让人物活起来，就成了改编成功与否的关键。我们说电视剧《三国演义》获得了成功，很重要的一个原因，就是诸葛亮、刘备、关羽、张飞、曹操等主要人物不仅造型生动，符合人们的想象，而且性格丰满，鲜活传神，在观众面前立了起来。特别是对曹操的塑造还有所突破。剧中既保留了原著中曹操“奸”的一面，又展示了他作为杰出政治家、军事家和诗人即“雄”的一面，性格特征显得真实而丰满。如“官渡之战”中将他与袁绍辈相比，以显示他从谏如流、善于用人的一面；而他杀吕伯奢全家之后表露的“宁教我负天下，不教天下人负我”表现的是他极端自私的为我哲学，杀杨修、害祢衡、斩孔融等暴行又体现出他狡诈凶残的一面。

第四，描写的战争场面各具特色。《三国演义》是迄今为止描写战争次数最多、规模最大、场面最壮观、形式最完备的电视剧。从某种意义上讲，它是战争剧中百科全书式的作品。它有战役，也有战斗；有陆战、水战，也有车战、马战；有战争，更有政治与外交……各有特点，各具特色。有些战争如赤壁之战，打斗场面很少，以斗智为主，实际定位为谋略剧的创作。

除此外，《三国演义》电视剧在画面构图、镜头运用、场面调度、节奏指挥、音乐和演员表演等方面都很有特色，积累了很多的成功经验，可圈可点。

当然，从某种意义上讲，影视是遗憾的艺术，电视剧《三国演义》的改编也难免有失误疏漏和不尽人意之处。比如三英战吕布、过五关斩六将、温酒斩华雄、张飞大喝当阳桥等，就不如小说有气势、传神；有些情节内容显得剪裁不够精华，如为突出主线而把吴、魏一些重要情节也删除掉，却是不够妥当。归结起来，这些地方就是忠实原著有余，创新、突破不足；现实主义精神有余，而浪漫主义色彩不足。但总的来说，电视剧《三国演义》取得的成就是突出的。作为古典名著改编的范例，它所创造的成功经验和不足，都是值得我们认真借鉴和研究的。

思考与练习

一、作为名著改编剧，本剧是如何处理繁和简的？

二、谈谈本剧在主要人物形象刻画方面的特色。

拓展训练

由我国四大古典名著改编而成的四部电视连续剧你都看过吗？请就其中一部写一篇简短的赏析文。